中国高等院校信息系统学科课程体系（CIS2011）规划教材

丛书主编：陈国青

电子商务商业模式创新

刘宇熹　编著

清华大学出版社
北京

内 容 简 介

基于多年来对国内众多创新型企业长期的跟踪调查和深入分析，本书在新的背景下以案例方式入手开展研究，以新视角重新加以分析，拓展了对"商"的新理解。

全书共 8 章，主要内容包括电子商务商业模型原理——商业模式，电子商务商业模型原理——商业模型基础，电子商务商业模型原理——需求搜集、成长资源和盈利构造，商业模式的理解、发现和构建，电子商务商业模式创新、互联网金融模式、电子商务系统建设和创业哲学。本书以具有特色的企业为案例，对其商业模型从盈利模式、需求搜集、业务协同和成长过程等方面进行了独到而详尽的评析，总结出新时代背景下不同商业模型的特点和应用。

本书适合高等院校电子商务、工商管理、信息管理与信息系统、计算机科学与技术等相关专业的本科生作为教材使用，对政府及企事业单位技术及管理人员从事理论研究和企业实战也具有很好的启示作用。

本书封面贴有清华大学出版社防伪标签，无标签者不得销售。
版权所有，侵权必究。举报：010-62782989，beiqinquan@tup.tsinghua.edu.cn。

图书在版编目(CIP)数据

电子商务商业模式创新/刘宇熹编著. —北京：清华大学出版社，2017(2022.7重印)
(中国高等院校信息系统学科课程体系(CIS2011)规划教材)
ISBN 978-7-302-46061-9

Ⅰ. ①电… Ⅱ. ①刘… Ⅲ. ①电子商务－商业模式－高等学校－教材　Ⅳ. ①F713.36

中国版本图书馆 CIP 数据核字(2017)第 004887 号

责任编辑：刘向威　王冰飞
封面设计：常雪影
责任校对：焦丽丽
责任印制：曹婉颖

出版发行：清华大学出版社
网　　址：http://www.tup.com.cn，http://www.wqbook.com
地　　址：北京清华大学学研大厦 A 座　　　邮　编：100084
社 总 机：010-83470000　　　　　　　　　　邮　购：010-62786544
投稿与读者服务：010-62776969，c-service@tup.tsinghua.edu.cn
质量反馈：010-62772015，zhiliang@tup.tsinghua.edu.cn
课件下载：http://www.tup.com.cn，010-83470236

印 装 者：北京国马印刷厂
经　　销：全国新华书店
开　　本：185mm×260mm　　印　张：11.5　　字　数：283 千字
版　　次：2017 年 3 月第 1 版　　　　　　　印　次：2022 年 7 月第 7 次印刷
印　　数：5701～6700
定　　价：39.00 元

产品编号：072287-02

前言

在成熟产业中,企业商业活动形式非常接近,企业之间的竞争有时会非常激烈,为了争取顾客,企业多采取价格和服务竞争。但是,波特①注意到,即使是成熟的产业,仍然存在着长盛不衰的企业,他认为这是核心竞争力所致,是核心竞争力让一些有着同样技术的企业脱颖而出,保持着持续的成长。在新常态下的一些新的领域中,我们越来越多地发现企业经常通过使用新的商业理念、建立新的商业活动方式获得市场的承认,他们的商业形式越来越复杂,而成长却越来越快,财富积累也越来越快,那么如何解释这种企业成长的现象呢?

可能有人会以创新作为解释的理由。传统的创新,几乎全部采取垄断价格策略,但是,现在很多企业的商业行为并非采取垄断价格谋取利润,甚至有些企业也没有什么研发的投入,与其他企业的最大差别在于采取了一个全新的商业模型。那么,什么是商业的理性思维呢?能不能从理论上解释相同技术受到商业活动形式的影响而走向成功或走向失败,解释相同的商业环境,却会有不同的商业活动的结果呢?带着这些问题阅读本书会得到很好的启迪。

全书共分8章,主要内容包括电子商务商业模型原理,商业模式的理解、发现和构建,电子商务商业模式创新,互联网金融模式,电子商务系统建设和创业哲学。本书以具有特色的企业为案例,对其商业模型在盈利模式、需求搜集、业务协同和成长过程等方面进行了独到而详尽的评析,总结出新时代背景下不同商业模型的特点和应用。

本书由刘宇熹执笔编写,在编写过程中得到清华大学出版社的大力支持、鼓励和帮助,在此表示衷心的感谢。由于笔者学识所限,书中难免有遗漏和疏忽之处,敬请读者批评指正。

刘宇熹
2017年1月

---

① Michael E. Porter(迈克尔·波特,1947—   ),哈佛商学院的大学教授(大学教授,是哈佛大学的最高荣誉,迈克尔·波特是该校历史上第四位获得此项殊荣的教授)。迈克尔·波特在世界管理思想界可谓是"活着的传奇",他是当今全球第一战略权威,是商业管理界公认的"竞争战略之父",在2005年世界管理思想家50强排行榜上,他位居第一。

目 录

第1章　电子商务商业模型原理——商业模式 …………………………………… 1

  1.1　概述 ………………………………………………………………………… 1
  1.2　国内外相关研究综述 ……………………………………………………… 2
  1.3　商业模式的结构性定义 …………………………………………………… 2
  1.4　商业生态 …………………………………………………………………… 4
  本章案例　读懂了"阿里"和"京东",就读懂了中国的商业未来 ……………… 5
  本章小结 …………………………………………………………………………… 8
  思考与实践题 ……………………………………………………………………… 8

第2章　电子商务商业模型原理——商业模型基础 ……………………………… 9

  2.1　商业逻辑 …………………………………………………………………… 9
      2.1.1　背景 …………………………………………………………………… 9
      2.1.2　商业逻辑的起点 ……………………………………………………… 9
      2.1.3　案例分析 ……………………………………………………………… 10
  2.2　成长基因的构造 …………………………………………………………… 10
      2.2.1　背景 …………………………………………………………………… 10
      2.2.2　构造成长基因 ………………………………………………………… 11
      2.2.3　案例分析 ……………………………………………………………… 12
  2.3　商业循环 …………………………………………………………………… 13
      2.3.1　商业循环的逻辑关系 ………………………………………………… 13
      2.3.2　固安捷案例分析 ……………………………………………………… 13
      2.3.3　商业模型运行的条件 ………………………………………………… 14
  2.4　商业模型的设计原则 ……………………………………………………… 16
      2.4.1　背景 …………………………………………………………………… 16
      2.4.2　商业模型的设计原则 ………………………………………………… 18
  本章案例　总结近百年最顶尖公司的十项共性 ………………………………… 19
  本章小结 …………………………………………………………………………… 24
  思考与实践题 ……………………………………………………………………… 24

第3章　电子商务商业模型原理——需求搜集、成长资源和盈利构造 ………… 25

  3.1　需求搜集 …………………………………………………………………… 25

    3.1.1 挖掘和创造需求 ·················· 25
    3.1.2 明确隐蔽的需求 ·················· 26
    3.1.3 建立商业渠道 ·················· 27
    3.1.4 刚性需求与弹性需求 ·············· 29
    3.1.5 情感需求 ······················ 30
    3.1.6 需求的全局性 ·················· 31
    3.1.7 分析需求障碍 ·················· 32
    3.1.8 微信的崛起 ···················· 34
  3.2 成长资源 ························ 36
    3.2.1 成长资源的内涵和特征 ············ 36
    3.2.2 成长资源的投入 ················ 37
    3.2.3 成长资源的形成 ················ 38
    3.2.4 成长资源的锤炼 ················ 39
  3.3 盈利构造 ························ 40
    3.3.1 盈利构造的内涵 ················ 40
    3.3.2 盈利观念 ···················· 41
    3.3.3 盈利构造的方向 ················ 43
    3.3.4 分摊成本 ···················· 44
    3.3.5 设计价格 ···················· 45
  本章案例 拉链制造公司 YKK ············ 46
  本章小结 ·························· 50
  思考与实践题 ······················ 50

第 4 章 商业模式的理解、发现和构建 ········ 51

  4.1 商业模式的力量 ···················· 51
  4.2 商业模式的内涵和特征 ·············· 52
  4.3 商业模式的本质 ···················· 53
  4.4 商业模式的演化和重构 ·············· 54
  4.5 商业模式的境界 ···················· 54
  本章案例 150 辆大巴免费坐,却盈利 1 亿多 ···· 55
  本章小结 ·························· 56
  思考与实践题 ······················ 57

第 5 章 电子商务商业模式创新 ············ 58

  5.1 概述 ···························· 58
    5.1.1 商业模式创新的意义 ·············· 58
    5.1.2 电子商务商业模式 ················ 58

5.2 B2C 电子商务模式创新 … 59
5.2.1 亚马逊 … 59
5.2.2 天猫 … 62
5.2.3 京东商城 … 63
5.2.4 当当网 … 64
5.2.5 凡客诚品 … 64
5.2.6 苏宁易购 … 64
5.2.7 唯品会 … 65
5.2.8 中粮我买网 … 65
5.2.9 大麦网 … 65
5.2.10 哇噻网 … 65
5.2.11 B2C 中国购物市场数据分析 … 66

5.3 C2C 电子商务模式创新 … 67
5.3.1 淘宝与 eBay … 67
5.3.2 免费也是商业模式 … 69
5.3.3 拍拍 … 70
5.3.4 中国网络零售市场特征 … 71

5.4 B2B 电子商务模式创新 … 72
5.4.1 海尔 … 72
5.4.2 固安捷 … 72
5.4.3 Salesforce … 72
5.4.4 阿里巴巴 … 73
5.4.5 慧聪网 … 78
5.4.6 B2B 与 B2C 的融合 … 79
5.4.7 中国电子商务 B2B 市场特征 … 80

5.5 O2O 商业模式分析 … 80
5.5.1 概述 … 80
5.5.2 行业 O2O 公司问题分析 … 82
5.5.3 电商和实体店的博弈 … 84

本章案例　17 个最新的商业模式 … 87

本章小结 … 93

思考与实践题 … 93

第 6 章　互联网金融模式 … 94

6.1 综述 … 94

6.2 互联网金融模式分析 … 95
6.2.1 互联网金融行业发展的推动力 … 95

  6.2.2 互联网金融的全产业链 ··· 95
  6.2.3 互联网金融的跨界融合发展 ··· 95
  6.2.4 互联网金融模式 ··· 97
6.3 P2P 模式 ··· 98
  6.3.1 中国 P2P 的产生 ··· 98
  6.3.2 P2P 平台的发展 ··· 98
  6.3.3 P2P 产业链发展的基础 ··· 99
  6.3.4 中国主流的 P2P 发展模式 ··· 99
  6.3.5 风控 ··· 100
  6.3.6 核心成功因素 ··· 100
  6.3.7 P2P 行业未来趋势 ··· 100
6.4 众筹 ·· 101
  6.4.1 众筹的模式 ··· 101
  6.4.2 奖励类众筹 ··· 102
  6.4.3 股权众筹 ··· 103
  6.4.4 其他众筹模式 ··· 104
6.5 互联网证券 ·· 104
6.6 互联网保险 ·· 105
6.7 供应链金融 ·· 106
  6.7.1 供应链金融定义及现状 ··· 106
  6.7.2 供应链金融案例 ··· 107
  6.7.3 供应链金融决定因素 ··· 108
6.8 互联网银行 ·· 109
  6.8.1 互联网银行概述 ··· 109
  6.8.2 国外互联网银行案例 ··· 109
  6.8.3 互联网银行的核心竞争力 ··· 110
  6.8.4 互联网银行存在的问题和发展趋势 ························· 110
6.9 第三方支付 ·· 111
  6.9.1 第三方支付概述 ··· 111
  6.9.2 第三方支付行业现状 ··· 112
6.10 征信 ·· 113
6.11 虚拟货币 ·· 114
  6.11.1 概述 ··· 114
  6.11.2 虚拟货币的风险 ··· 115
本章小结 ·· 115
思考与实践题 ·· 115

第7章 电子商务系统建设 116

7.1 电子商务系统设计架构 116
7.1.1 电子商务系统的结构 116
7.1.2 优秀电子商务网站设计要素 117

7.2 电子商务系统建设过程 118
7.2.1 电子商务系统开发周期 118
7.2.2 系统分析规划 118
7.2.3 系统设计 119
7.2.4 系统实施 120
7.2.5 系统的运行与维护 122
7.2.6 主机网站建设 122

7.3 设备的选择 124
7.3.1 服务器硬件的选择 124
7.3.2 操作系统的选择 124
7.3.3 数据库的选择 124
7.3.4 Web服务器软件的选择 124

7.4 电子商务系统优化 126
7.4.1 操作系统和网络的优化 126
7.4.2 硬件平台的扩展 127

本章小结 129
思考与实践题 129

第8章 创业哲学 130

8.1 创业行动 130
8.2 创业机会的发现 131
8.3 如何面对和创造机会 133
8.4 面对危机如何行动 137
8.5 行动的积累 138
8.6 创客机制 139
8.7 微创新 139
8.8 行动哲学与知行合一 140
8.9 行动哲学与百年老店 141
8.10 行动哲学与坚持 142
8.11 行动哲学与顺应潮流 143
8.12 有智慧的行动 144
8.13 共赢行动 145

8.14 创业成功需要持久努力 ………………………………………………… 146
8.15 挫折的价值 …………………………………………………………… 147
8.16 成功的含义 …………………………………………………………… 149
8.17 有意义的冒险 ………………………………………………………… 150
8.18 创造是成就事业的基本方法 ………………………………………… 151
8.19 未来的商业发展 ……………………………………………………… 152
本章案例 这50家创业公司真正改变世界 …………………………………… 159
本章小结 ……………………………………………………………………… 170
思考与实践题 ………………………………………………………………… 170

附录A 电子商务专业术语（英汉对照） ………………………………… 171

参考文献 …………………………………………………………………… 173

第1章

电子商务商业模型原理
——商业模式

学习目标

通过本章的学习,读者将能够:
- 了解商业模型与商业模式的区别。
- 熟悉商业模式的结构性定义。
- 理解商业生态。

1.1 概述

在新常态下,商业模式成为管理学院、商学院课堂,特别是那些高收费课堂上最重要的内容。但是现在,似乎这个热潮被另外一个说法所代替,那就是互联网思维。从创业角度看,两者都有必要学习,但相对而言,前者更受关注。

有时人们会以为商业模型也是竞争手段,但是仔细分析以后,这个说法可能有一些问题,因为商业模型并不是商业模式。自熊彼特[①]提出创新概念并形成了外生性创新理论以来,创新理论成为经济学的热点。创新被普遍定义为"技术的首次商业化运用"。它的含义包括,商业是创新之本,首次运用是创新之魂,企业能够在竞争中胜出在于它能够突破既有的传统,形成了全新的商业运用。技术存在的意义在于被运用,也许技术在没有商业化之前它就普及存在。随着创新的作用被认识,越来越多的企业需要新的技术,以外生和自然形成的技术不足以满足企业对技术的需要,这样就产生了一些相关的问题,比如创新与研发到底是否有关,或者创新是否由研发决定。这些年很多的研究都把创新等同于研发,而把商业化给忽略了。这种将商业活动简化为一个质点的认识并不是个别现象和技术处理,而是有着深厚的认识背景与传统,这种认识背景将商业化认为是自然活动,甚至等同于营销、客户关系等一些具体的技术;另外一种认识把创新成功与否与企业家能力相联系,因为在熊彼特

---

① Joseph Alois Schumpeter(约瑟夫·熊彼特),是一位有深远影响的美籍奥地利政治经济学家,被誉为"创新理论"的鼻祖。1912年,他发表了《经济发展理论》一书,提出了"创新"及其在经济发展中的作用,轰动了当时的西方经济学界。《经济发展理论》创立了新的经济发展理论,即经济发展是创新的结果。其代表作有《经济发展理论》《资本主义、社会主义与民主》《经济分析史》等,其中《经济发展理论》是他的成名作。特别是一谈到"创新",熊彼特的"五种创新"理念时常被人引用和提及,是"创新理论"和"商业史研究"的奠基人。

看来，企业家唯一的职能是创新，他的活动规律决定了创新规律。这两个倾向导致了人们对创新的研究忽略了商业化本身，也缺少这方面的工具。

随着互联网时代的到来，商业方法让企业出现兴亡分界岭，特别对于创业是否成功，起重要作用的不再是技术。因为技术几乎全部公开，没有任何技术障碍和法律障碍，创业企业却出现截然不同的发展轨道与经营结果。特别是一些表面上看起来根本无法盈利的项目，最后形成了巨大的商业帝国。人们不再以可行性思维认识商业，不再将是否盈利作为判断依据，没有明确的投资回收期，甚至也对私人品与公共品的界线也有意识地模糊化；还有的把过去的产业概念丢在一边，使用了生态的概念，用一个商业活动把一系列市场要素组织起来，大家同时有了自己的需求。开始对忽视商业作用的创新理论逐渐放弃，引发了对商业模式的关注。

1.2 国内外相关研究综述

Chesbrough[①]（2003）认为，同样一项技术，采用两种不同的商业模式加以开发，结果会产生不同的经济效益，也就是说，技术的价值是依赖于商业模式的。这个认识应该是向创新理论提出了挑战，因为技术的价值过去是通过创新完成的，现在则是通过商业模式的重新设计完成的，而商业模式的重新设计与运营是创新吗？

Rappa[②]（2000）认为商业模式就其最基本的意义而言，是指做生意的方法，是一个公司赖以生存的模式，它应该是一种能够为企业带来收益的模式，也是企业确定自身在价值链中的位置以赚取利润的一种做法。作为普适性的定义，它可以包容传统商业活动，而且把盈利作为商业的根本目的也没有得到彻底颠覆。另外它描述了一个事实，商业模式是一个行业通行的商业做法，被称为稳定存在的商业形态，打破这种方法并取得成功被称为商业模式创新。但是通过创业进入已经盈利的行业，使用的是模仿的方法，除了技术和组织方式，更重要的是商业模式。商业模式由此变成了经济学非常重要的一个因素，它独立于产品或技术，深刻地影响着企业的市场地位。"商"学经过管理学的百年发展终于与管理学分手，出现了一个并不基于营销理论的独立分支。

1.3 商业模式的结构性定义

为了抽象出不同企业商业模式的共性及本质，很多学者对商业模式进行了结构性定义。Timmers[③]将商业模式定义为产品流、服务流和信息流组成的体系结构，Hamel[④]提出商业

---

① Chesbrough：开放式创新理论的创始人 Henry Chesbrough（亨利·切斯布鲁夫）教授。2003 年，哈佛大学技术学和企业学教授 Henry Chesbrough（亨利·切斯布鲁夫）曾出版了一本名为 Open Innovation：The New Imperative for Creating and Profiting from Technology《开放式创新》的研究专著，亨利在书中提到：企业的创新模式正在从封闭式创新走向开放式创新，现在的竞争优势往往来源于更有效地利用其他人的创新成果。

② Rappa：北卡罗来纳州立大学的 Michael Rappa 教授，是高级商业分析院商业模式教授，技术管理的杰出教授。

③ Timmers：Paul Timmers 是最早开展商业模式研究，最早给商学下定义的学者之一。

④ Hamel：加里·哈默尔是 Strategos 的创始人和董事长，也是伦敦金融学院"战略与国际管理"的访问学者。美国《财富》杂志也称他为"当今商界战略管理的领路人"。在 2001 年美国《商业周刊》"全球管理大师"的评选中，哈默尔荣膺第四。

模式应分为四大要素：**核心战略**、**战略性资源**、**顾客界面和价值网络**，Weill 和 Vitale[①]（2001）则认为商业模式尽管具有不同类型，但都可描述为消费者、顾客、联盟、供应商还有商品、信息和现金流之间的关系和作用，我国学者魏炜、朱武祥从**定位**、**业务系统**、**盈利模式**、**关键资源能力**、**现金流结构**、**企业价值**等方面构建了六要素商业模式模型。在这些学者看来，把商业模式结构化就可称其是一个理论，或者可以构建一个模型。

模型是讲因果关系的，用结构性的定义，是一种分析方法。结构模型是一个假设，或者是一个定义，然后让后面的人去验证。这些定义或者假设通常是以观察为前提，从某一些事例中提炼、概括或者推测、等价，形成一个所谓的逻辑框架。这些框架以自己的角度进行分析，它们有假设前提，但是否严格，并不决定这些模型是否成立，只要将影响因素做了解析，模型便算是构建起来了。

比如上述的 Timmers 模型，作为商业模式的定义，其描述的是产品流、服务流和信息流在商业活动中缺一不可，商业模式就是描述三者关系。这是从流的角度认识商业的，将其模式化，将三者确定下来，就形成了特有的商业模式，如果想改变商业模式，则要改变三者的内容或者组合。

Hamel 模型的视角应该是从企业战略角度分析的，因为"五力模型"既包括了内部资源，也包括外部关系。**核心战略**是讲商业模式必须有所坚持，没有核心的方向，企业活动便经常会失去认知，对企业资源损害会很大；**战略性资源**既是竞争优势资源，也是企业发展依赖的资源；**顾客界面**是商业的本质，是与顾客进行沟通的界面，商业模式需要高效率界面作保证；**价值网络**是指企业与周边的关系以及价值是如何创造和分配的。同时，这个模型也会认为，这四个要素缺一不可，商业模式就是描述和控制这四个因素，可以从这个四个因素入手来构建和修改商业模式。

在 Weill & Vitale 的框架基础上，形成了"魏朱"模型，在这一模型中，"定位"是指产业链定位，是企业核心战略的具体表达，在商业活动中，顾客对企业的要求是其必须明确自己的定位。"业务系统"主要是指流程，是在切入产业链后的内部组织活动方式，不同的组织方式对价值网络要求不同，所需要的要素也不同。比如同样的物流公司，有的是人工优势，表现出来的顾客界面关系是人性化，而另外企业则以技术优势，表现出来是标准化和快速反应。"盈利模式"用简单语言表达就是用什么方法获得盈利，你追求的是什么盈利？如果追求投资盈利，则是创业利润；如果你要做一个百年老店，则要有经常性利润，降低成本，增加收入，以最小的成本获得最大收入便必然成为核心原则。"关键资源能力"是指企业能够建立业务系统的资源是否能够受到控制，以什么方法进行控制。"现金流"是企业命脉，现金流中断，则企业无法生存，这个模型很强调现金流结构，使模型更加具有创业的针对性，当然，其他企业也需要这种分析，企业隐伏最大的困境是企业大量的在途资金，即使收回来，也存在着巨额成本。"企业价值"既是指企业财务价值，也指企业的社会价值。"魏朱"模型将企业商业活动以观察为基础做分解，仍然以六个因素缺一不可，模型会用上述次序表述，其意为可以用这个次序来思考和构建自己企业的商业模式。

对这些模型，人们研究多以证实为主，你想证伪并不容易，但是，证实什么呢？是六个因素缺一不可、还是各自的比重、还是次序。命题很难建立。在实践中，人们可能会按这个模

---

① Weill & Vitale：Weill（韦尔）和 Vitale（瓦伊塔尔）在 2001 年创建了一个评估电子商务企业生存能力的框架。

型构建模式，也许能够证明这些因素的重要与不重要，或者这些因素的变形方式与过程。

1.4 商业生态

商业模式还是重新构建商业生态，这一视角需要专门讨论。在商业生态概念出现前后，有商圈、产业链等概念相继出现，商业生态是一个比这些概念更大的概念。商圈是指商店以其所在地点为中心，沿着一定的方向和距离扩展，吸引顾客的辐射范围，简单地说，也就是来店顾客所居住的区域范围。在商圈内，消费者可以获得购买的便利，否则就不会有顾客理你。有人居住的社区，不建立商圈，这些人会特别不便利，而存在了商业，便利了这些人，也会便利其他人。没有人流，商圈就会走向衰亡，没有居民生活保障的地方就经常会变成鬼城。大连万达应该就是商圈的构造者，所以它们走到哪儿，哪儿就旺，原因是商业是居民的刚需，他们以商圈思维策划。万达通常是一个构造商业生态者，用商业模式角度，成为让大家都赢的关键角色。

产业链是将产业连接起来的系列产业链环，是从初级品到成品及服务的序列。"魏朱"模型是商业模式中的一个重要概念，定位是指在产业链的分工，它有可能因为重新构造商业模式而使得产业链内各环节重新分工，但是，通常它不会重新构成生态，除非这个商业模式吸收了外部的有利因素，改变了产业链的环境，通过某一个或几个链环重新构造了产业生态。

但是商业模式经常摆脱了上述这些概念，直接以重构商业生态进行自我定位，形成了一个新的思维方法。

"淘宝"是一个在互联网时代下重构商业生态的经典。你不能认为"淘宝"是一个平台，你不会以为生意完成了，本次演出就结束了。相反，你的演出才刚刚开始，后续所有业务，不管是现有业务的重复，还是不断涌现的新业务，都源于这个生态系统，也融于这个生态系统。2013—2014年"淘宝"新规则的建立，展现了作为阿里生态圈的一分子，"淘宝"如何开始从平台把控者向生态搭建者转变。

先分析一下环境，互联网的确降低了信息成本，不仅是顾客的成本，企业成本也在大幅度下降，不论网络企业怎么讲他们财务困难，相比他们处理的信息，非网络成本不知道要高多少倍。在这种背景下，能够让卖家有"自己的舞台，自由地舞蹈"，就是一个巨大的转变。中国已经成为创业的国度，虽然不及美国和以色列他们那么着重于创新创业，但以寻找机会的模仿创业动力仍然极强，不仅阿里，整个社会都如此，阿里给这些企业提供了一个方便的工具，是以极低的信息成本（直接成本为零）吸引企业来此经营网店。

阿里的口号是"彻底打通卖家触达买家的通道"，从有线网络到无线微淘，借助于"新浪微博"打通买家和卖家之间的通道，促使卖家能够利用互联网思维去经营自己的客户。2013年上半年，"淘宝"加大了对"店铺动态"的推送力度，以支持那些勤劳的卖家不断推出新品、优惠等活动。"淘宝"还改进了无线端的淘伴和"我的淘宝"，利用用户订阅这种工具，帮助卖家维系和召回老客户。"淘宝"就是要打通卖家和买家的信息通道，让卖家能够发挥主动性和聪明才智，利用这些通道与自己的目标人群建立关系。

阿里已经有了明确的盈利模式，通过金融工具获利，就是这样的微薄盈利却在美国上市时产生了巨大的溢价，通过金融服务不仅能盈利，也使自己成为具有金融性质的企业，还形成了第三方服务的商业生态理念。引入了众多的第三方,如品牌商、导购服务商、品牌服务商等,一起来搭建更多的舞台,当这些服务到位时,阿里不需要具体管理,也不需要投入,却可以通过金融获得利益。

一个生态的建立是困难的,理论上,生态圈中的所有生命都是同时开始的。如果缺少生命力,也许这个圈就会崩溃,但即使如此,那个开始就能够运行并且还能够不断共同优化和成长的生态圈运行起来有多么困难?一个最大的障碍是一个产品通常花费一点成本就可以推广,现在让生态中所有环节都被推广,成本有可能成倍地增长。优秀的商业模式不仅要建立这样的共生共存系统,还要考虑其运行初期的投入与后期的前景。阿里做得好,其标志是,初期以平台为网店服务,并且借助了一些浪潮和国情,后期则放水养鱼,还不断引入养分,让所有参与者不断获益,而早期进入网内的企业因为获益而成为吸引其他人的典型,后加入者只能被动和被选择地加入。

本章案例

读懂了"阿里"和"京东",就读懂了中国的商业未来

中国电子商务是中国经济增长的一大引擎,为中国经济近十年的高速增长贡献了不少力量,其势头早已领先全球。"互联网+"已成为中国重要的战略规划,可以说,电子商务将是中国未来"治理"全球贸易的一项重要工具,中国未来的定位应该是全球产品的分销中心。

电子商务的本质在于:最快、最好地使"产品"和"消费者"发生关系。中国电商的5大模式分别为**产业链模式、平台模式、O2O模式、特卖模式、社交模式**。京东是产业链模式的典范,而天猫是开放平台模式的代表。我们就通俗地对比"阿里"和"京东"这两大霸主的区别。

1. "阿里"是大平台,"京东"是大商家

这得先从刘强东的"十节甘蔗"理论说起,他认为:一个产品从创意、设计、研发、制造到定价五个环节应该由品牌商来做。然后接下来的营销、交易、仓储、配送到售后这五个环节应该由零售商来做。

京东定位就是这后五个环节:以交易做基础,延伸至仓储、配送、售后、营销等其他环节。所以这些厂家跟京东合作,只需要专注在产品的生产阶段,流通环节交给京东来做,比较符合专业分工的理念。可以说,京东是零售服务商,是为品牌商打工的,这就是京东的**自营电商**。

阿里是**平台电商**,定位即:上述十个环节仍然需要由卖家自己来做。阿里作为平台仅提供展示机会和流量来源,但需要尽可能地招揽各种卖家,然后给卖家一个站点,由卖家自己更新和维护,并向他们收取保证金、服务费、提成等费用,而卖家自然会以市场需求为导向,所以最终形成了一个品类繁荣的大集市;因此"淘宝"的品类相当丰富、五花八门、应有尽有、有求必应,这就是"万能的淘宝"的由来。

问题1:自营电商和平台电商相比,有什么区别?

思考启示:"阿里"是大平台,"京东"是大商家。

2. 阿里是横向发展,京东是纵向延伸,一胖一瘦

因此,"阿里"的定位是帮卖家赚钱,"京东"的定位是给自己赚钱。令人啼笑皆非的是:"阿里"根本没有帮卖家赚到钱,而"京东"也从来没有给自己赚到过钱。

这是为什么呢?

对于阿里的"淘宝"或者"天猫"来说,卖家得到的仅仅是流量,为了争抢流量往往还需要付出更多的额外成本:不仅要被价格战拉下水,还要不停地购买广告位(价格水涨船高),竞争成本暴增,生存状况普遍艰难。这也是越来越多卖家放弃淘宝的原因,于是这也被概括为传统电商瓶颈来临。

所以,阿里是没有帮商家赚到钱,但是却让很多消费者受益了,因为中国的消费者确实可以买到更加廉价的产品,当然这也是一把双刃剑,因为很多假货充斥进来了。卖家的入驻性决定了管理的难度:口子放开了,假货自然进来了;口子收紧了,产品就不繁盛了,这种两难局面是阿里的开放平台定位决定的。

而在京东上面,60%产品都是由京东经手的,京东就好比是一个互联网零售企业,批发产品在网上卖,赚取的是产品差价。在京东下单,付款到京东,打包和发货也是京东,售后也找京东。所以京东要有庞大的采购团队、销售团队、客服团队、物流团队。

京东这种集中采购、广泛派送的模式必然对仓储有很大需求,必须要做物流。京东早就在江苏宿迁(刘强东老家)建立了总面积达6000多平方米的全国呼叫中心,执行统一标准的客户体系;完善自有物流和配送体系,目前已覆盖1300个行政区县,推出"限时达"、"极速达"、"夜间配"等配送服务,京东员工达7万多名,绝大多数是在仓储和配送岗位上工作。快递员未来还能当作推销员使用,成为O2O的线下流量入口。

京东自建物流,就可以不受其他物流公司的影响,成为少有的能在假期中保证送货的电商。它整合了传统生产型企业和互联网营销端的产业链,从而更容易控制整个流程,这保证了产品质量,赢得了用户口碑和较高的忠诚度,但是京东庞大的物流体系也有弊端,这种发展模式能扩张到什么程度呢?

(1) 不扩张,成本太高;扩张了,人员规模太大,太危险。

(2) 重资产运转,资金被沉淀在固定资产上,资金无法高效周转。

按照刘强东的计划,京东希望未来能拥有60万名员工,这样的扩张节奏,蕴藏的风险十分巨大。管理一个拥有60万名员工的企业,保持零售和物流两个方面的效率第一,绝非想象中那么简单。

做个对比:2013年,淘宝+天猫完成订单113亿张。假设京东物流团队人均完成订单能力不变,需要144万人的物流团队来配送这些订单!马云也这样质疑京东:中国十年之后每天将有3亿个包裹,届时京东还能应付过来吗?

京东需要花更多的成本去维护订单量、产品供给、物流仓储等,这是京东的软肋。所以,京东投入太大,赚的是口碑,没有利润。

3. 阿里是互联网+,京东是+互联网

阿里更像一个互联网企业,是"互联网+";依靠无限扩大商品的种类,让消费者始终有更多的选择,并且抓住了中国经济增长红利:外贸转型、零售业变革、草根创业热潮,甚至山

寨横行、信用缺失等,不断扩张等。成为土豪一点都不奇怪。

而京东像一个传统零售企业,是"＋互联网"。作为一家传统企业,钱需要一分一分赚,效率就是生命,京东注定命苦。所以需要不断引入资本,最终实现上市。然后再通过圈钱继续投入和扩建,竭力保障产业链完整、物流体系顺畅、产品质量和服务过硬,从而扩大消费者数量。

互联网究竟是你的表面还是你的灵魂,决定了你的毛利率！近几年来阿里毛利率一直维持在70%左右,最高时甚至达约78%。而京东毛利率直到去年才提升到约9.9%……

阿里是踩着数百万商家挣扎生存的前提下站起来的,京东是踏着资本的鲜血和烈士的足迹向前行！

问题2："互联网＋"与"＋互联网"的企业有什么区别？

思考启示：阿里更像一个互联网企业,而京东像一个传统零售企业。

4. 阿里开放,京东封闭

阿里思路还是开放模式,比如与其他公司一起合作组建菜鸟物流,仓库都是共享的,物流公司、淘宝卖家、各个企业都可以来使用这个仓储服务。这就会形成一个物流交易的数据,通过分析就知道在什么时间、什么区域、需要什么商品。

于是各类卖家可以将物品提前放入各地的区域中心库,而同时运输成本当然也小过一单一单地寄送给各地的买家,还可以使网购实现24小时到达,这个举措就搭建了一个物流生态,共享资源,极大地推动了中国电子商务的发展。

京东建立起的庞大物流系统是货仓为核心,覆盖到二线城市,这也是其快速送达的根本保障。但京东的物流是独立的物流,京东模式较为封闭。

5. 京东有物流,"阿里"有支付

要是论独立资源,"阿里"的支付宝有超过3亿实名用户,其中活跃用户接近2亿,京东的网银在线虽然未公布相关数字,但相对而言差距不小。尽管在京东和腾讯合作以后,用户可以使用微信支付付款,但微信支付毕竟是腾讯的产品,除了要交费之外,过度依赖微信支付也会影响京东金融延伸业务的发展。

6. 京东在模仿阿里,阿里在模仿京东

京东虽然以自营为主,但其开放平台(POP)业务也在高速增长。从3C产品为主到全品类计划,从全部自营到开放第三方平台。2013年下半年起,京东开始向第三方平台提供仓储服务。在仓储物流部署基本完成后,京东将把60%的资源开放给合作伙伴。刷单、假货、服务差等问题在天猫上有,在京东的开放平台上也就会有！

京东是以3C行业起家,阿里也开始不断入侵其他垂直行业,并且做纵深化,比如文化娱乐业、金融业、交通、教育等,比如通过股权收购,将新浪微博、高德、华数传媒、文化中国、优酷土豆、UC(优视)招至麾下,搭建起了文化娱乐板块；还在移动平台、垂直O2O、云计算服务、视音频服务等领域布下了互联网生态局。此外,阿里还通过投资TutorGroup平台进军教育行业,通过收购穷游网布局旅游业,通过收购海尔和银泰部分股权夯实其物流和实体店领域。

水木然[①]点评：中国即将由"市场经济"步入"资本经济"时代，无论阿里还是京东，都有个共同特点：他们都是"资本运作"的典范，资本的本质不是钱，而是一种支配权，通过支配带来更多的支配权叫做资本运作，通过资本运作优化配置社会财富，从而创造更多的社会财富，就是资本运作的社会价值。

（本案例主要来源于 http://business.sohu.com/20160519/n450275958.shtml）

本章小结

1. 分析了商业模型与商业模式的区别和联系。
2. 分析了不同商业模式的结构性定义。
3. 分析了如何构造商业生态。

思考与实践题

1. Timmers 将商业模式定义为产品流、服务流和信息流组成的体系结构，Hamel 提出商业模式应分为四大要素：核心战略、战略性资源、顾客界面和价值网络，Weill 和 Vitale（2001）则认为商业模式尽管具有不同类型，但都可描述为消费者、顾客、联盟、供应商还有商品、信息和现金流之间的关系和作用。试运用上述一种商业模式定义选一家电子商务企业进行商业模型评析。
2. 自营电商和平台电商相比，有什么区别？
3. "互联网＋"与"＋互联网"的企业有什么区别？

[①] 水木然：真名魏满意，凤凰网专栏作者、天涯社区版主、猫扑版主、天涯社区牛人、网络小说作家、著名网络社评专家、网络营销专家。

第2章 电子商务商业模型原理
——商业模型基础

学习目标

通过本章的学习,读者将能够:
- 了解电子商务企业如何建立商业循环;
- 熟悉如何构造成长基因使企业可持续发展;
- 了解商业模型运行的必要条件和充分条件;
- 理解商业模型的设计原则。

2.1 商业逻辑

2.1.1 背景

商业能够发生,离不开一个基本条件,即商业上的供求双方共赢,或买卖双方的利益协调。传统观念认为,这个原理太基础了,100多年前,半个经济学家和半个管理学家在评论商业规则时说,企业家不赚取利润,就是有罪的,从此研究市场的视角转向企业的视角,而不再是以顾客的视角。管理学基本上以这样的视角研究了100年,只在近年来才转向"为人民服务",真正为顾客考虑。

什么叫企业家视角呢?就是所有管理都是为了让企业增加利润。经济学对企业利润有所限制,因为利润太高,必定会限制众多人们获得这个产品或服务的享受。他们从秩序的角度、效率的角度、效益的角度分别研究,至今人们也没有摆脱这个传统。

国内外的管理学者开展了两项研究,一是基于需求角度开展的研究,二是基于企业形成过程开展的研究,基于企业形成的理论是创业理论,而基于需求角度开展的研究涉及商业逻辑。

2.1.2 商业逻辑的起点

商业逻辑的起点是什么?双赢理论没有给出答案,商业模式模型也没有给出这个答案,但这个问题却涉及千家万户的企业生存。起点又被称为是自变量,以函数来看,没有自变量,就没有结果变量。让结果出现必须得对自变量赋值,在数学式上写一个数或者一个变量容易,但在日常商业活动中,什么是自变量和如何赋值自变量呢?没有一点创造性根本就做不到。

如果赋值了,有了自变量,是否会自动产生结果呢?不一定,不然这个世界就没有亏损到底的破产企业了。会把自变量引入到变量的商人可能在业务层面获得了成功。构建商业逻辑核心之一是构建这个引导关系,或称函数关系。数学上写个函数也不难,但是把这个函数生活化,也不是一般人能够做到的,只有有天分的商人才能够做到。

关于结果变量直接地说,就是利润。能够把"为人民服务"的事引导到自己的利润上,才实现了双赢,这本身是两回事,但有智慧的商人就可以做到。下面来讲讲国美的故事吧。

2.1.3 案例分析

当年,黄老板在北京打拼真的不容易,也不能说没有挣到钱,但是发展遇到许多困难,而且看不到前景。他来到天津,看到天津郊区房租低到不好意思,与北京相隔 100 多公里,却出现这么大差别。1998 年前后,北京人来天津办婚宴酒席,不论坐火车,还是租车都划算。天津与北京整体物价差距几倍。作为潮汕人的黄老板看到这个差距,决定把电器商店搬到天津,在郊区租下百十平方米楼层,把自己的电器和厂家的电器放进去,形成了一个专卖电器的空间——"电器超市"。

自变量是什么呢?形成了一个问题,这个问题就是购买电器的人到底在哪?在城里,还是在郊区?许多人都认为是在城里。我认为黄老板有创造起点的本领,因为城市里土地昂贵,地产商不会在城里建房子,新房子不会在城里,那也不是在农村,只能在郊区。另一个问题是到底是旧房子的人购买电器多,还是新房子的人购买电器多,答案很清楚,新房子,一切从新的开始,这是人性。到底到城里购买电器还是到黄老板的店购买电器,那就要比较一下谁的价格低服务好了。黄老板这个地方房租便宜,因此,可以在相同进货价格情况下让利给顾客,价格便宜,还分解出一些成本给服务,就有高一点质量的服务。一切具备了,顾客离着近,又便宜,又一次性购买选购完成,还有一些送货等服务,当然就可以吸引所有新购房的顾客。

但到现在,也只是构造了自变量。但同时他还构造了盈利。先降低成本,然后再压低进货价,也是降低成本,再迫使上游供应商提供货物结算时间比行业惯例长三个月的资金占用。虽然有点违背传统商业道德,但却获得极大的盈利,还通过这个办法形成了滚雪球效应。会把自变量变成盈利的原则其实很简单,就是或者再降低成本,或者再提高收入。

2.2 成长基因的构造

2.2.1 背景

能够使商业起点盈利是业务层面的基本商业活动的要求;是与前面讨论的双赢比较吻合的商业原则,但它并不是双赢的全部内容。如果现在盈利,将来却不能盈利,这家企业可能很快就没有顾客了。

这些几乎是完全竞争的日常商业，并不能代表全部或者消费额度越来越大的商业活动，人们花钱越来越多的是耐用品、服务业。如果一家觉得还不错的服务企业，人也熟悉了，服务方式也清楚了，却不明不白地黄掉了，顾客花了许多时间，走了许多路看到的却是一个关门的结果，损失会比较大。如果购买了以后，想找配件或让他们维修一下也找不到了，你购买的那个耐用品，就是一件废品，你会如何想呢？

或者上次你跟着某家旅行社去旅游，服务真的不错，结果这家旅行社现在黄了，你还得再找一家，很费劲的事情。在这样的情况下，你通常会希望它活着，至于它是否盈利和盈利多少，你便不会太关心了。

但是，在急切的社会，人们只认得钱，就会变成根本不顾及这些顾客的要求，也想不到顾客在盈利与企业存活之间会选择后者。

企业认为，今天挣钱，明天会继续挣钱，今天挣的越多，明天也会那样挣。在投资者的推动之下，就会把眼前的钱看得很重，而把企业的未来看得很轻。这种心态加剧了所有人的急切致富的心理，攀比成为一种常态和惯性，沉着、冷静、自然、潇洒都没有了，钱成了目标。这样的企业只有第一个层面的商业模型，而没有第二个层面，这是极其不完整的。

2.2.2 构造成长基因

从横向看，什么样的企业会有越来越多的受益者，或者有越来越多的市场普及率呢？就是能够坚持把适当的盈利作为前提，保持着相当高的成本用于基因构造的企业。

假设有一个物种有相当优越的基因，这个物种可以在不太严格的环境，成为所有物种的顶层。达到顶层的含义是什么呢？就是居于竞争优势地位。在商业活动中，处于这样地位的企业特征是，其产品市场接受度高、占有率高，竞争对手不容易进入，有越来越强的发展能力。这些与盈利并没有太多的关系，但是，正如德鲁克所说"利润是创新的成本"，我将这句话修改成"利润是企业塑造基因的成本"。这些指标作为表征，都不是原因，而是结果。把利润作为目标，投资人把利润全部收走，或者上市的目的是为了敛财，而不把利润投入到基因形成之中，这个构造成长基因的函数就不可能建立起来。如果一个企业经过有意识的成本投入，形成了一个比较优秀的基因，企业发展所需要的外部营养根本就不是问题。

不要说现代金融环境，就算是百年前，优秀企业也不必发愁找不到外部的营养和土壤。如果一个企业认为自己已经有了居于优势的成长基因，它以什么方式让基因发挥作用呢？那些贪财的人会利用基因挣钱、上市套现，但是那些头脑清醒的人则会以稳健、保守的方式利用这个基因，基本方法是复制自己。这是最有效的竞争方法，也是排除竞争对手的方法。其原理是，如果你不自我复制，则会有人复制你，与其如此，不如自己复制自己。其实优势物种做的就是这些事。

能够形成基因是企业能够长久存在的原因，也是企业可以吸收周围营养得到不断普及的原因。因此，培养基因成为一个新的目标函数，而利润是它的自变量。构造这样的函数难吗？相比前一个函数，这个更加不容易，但是那些比较持久发展能力的公司，多能够构造出这样的函数。

前面讲的黄老板，把业务层面的经营方法，不断地变成公司的核心工作流程，再用公司的制度来保证这个流程运行顺畅、不走样，进一步形成了公司的文化。即使黄老板在监狱里，这个公司还是按照那个流程运行。二十多年过去了，这家公司仍然保持着当年的基本流程运行,它们到处复制自己,虽然还有点赚钱过多,甚至对上游有些残酷,但对下游,对社会进步总体上是一件好事。

把你所创造的自变量需求引导到利润,即创造了一个 X 变成 Y,再将利润 Y 变成了企业成长的基因 Z 的过程,形成了两个连续的函数,$Y=f(X)$ 和 $Z=f(Y)$,它涉及中间那个变量 Y,它不仅需要合理分配成长资源,还要创造地形成 Y,而不是简单地把 X 变成 Y。

一个有智慧的商人,是将这两个函数连续做好。能够做到这样,需要连续创造,而不是只把 X 创造出来就可以自然而然收获了。这个观点,正是不能把商业与数学等同起来的原因。在这里,虽然商业过程似乎可以用一个嵌套的函数表达出来,但是一旦嵌套就不能表达创造的含义了。

一个新的问题是,如果你已经获得了企业成长的基因,这个基因会是形成百年老店的根本原因吗?也许会有人以为如此,但我认为,这种等待的行为,并不是真正有智慧的商人的作为。我们见过许多小店,周围的人都以此为生,几十年前它就在,现在还在。既不大,也不小。在珠海有一家已经办了多年的客家饭店,就是这样。如果说它没有特色,可能也早就关门了,如果说有特色,它为什么不会推广到其他地方办分店呢?而且我也没有品尝出其特色。

观察以后的答案是:它有地域局限,因此保护了自己,没有人能够以他们那样的宽敞的停车场和比较便宜的饭店价格,使得周围那些老客户成为熟客。这种局限让其他人进不来,但是它也走不出去。因为,这里的条件是他们自己在几十年创造的,那些人们还认识不到这是资源,但这种资源也许其他地方没有,或者有,他们也不会明白。从根本上说,他们并不明白自己是如何活着的,是否存在规律。

深刻地认识 Z,并不是商人的普通能力。这个道理几乎连成为中国首富的一些人也不太明白。比如史玉柱,他靠脑白金起家,却将挣来的钱用于游戏开发,害了许多青年。自己能够清楚地认识自己的短处,叫反省能力;自己能够认清自己的长处,叫认识能力。一个成功商人,最危险的地方在于不清楚自己,迷失了自己,坚持不了自己曾经的业务和核心能力,随波逐流,结果放弃了优势产业,后来人们都不认识他到底是谁和到底是做什么的。

深刻认识 Z,就是把 Z 引导到需求上,让更多的人认识你是一个需求的创造者,并且是这个需求的最佳保障者。借助于众多的需求,获得盈利后,将盈利用于深刻地认识和运用这个成长资源或基因。可能又有人听不明白了,盈利怎么用?深刻地认识需要成本,这是额外的支出,这个支出也许没有预算,这就需要有盈利保证成本可以开支。

2.2.3 案例分析

史玉柱从珠海撤出后,欠了珠海许多的钱,他拿了一张自己开发的配方,还有一个汉字输入软件,后者在市场上已经不值钱了,他只能扔掉,只能凭借那张生物医药的配方。他去了江苏一个农村,租了一个比较便宜的地方,把那个配方制作成了一种保健品,起名叫脑黄金,卖给想考上大学的孩子。也花了许多钱做广告,几乎人人都听过,但效果极差。作为保健品,是不容易检验的,但给高考的考生,应该是可以检验的,他们分数是否提高因素很多,而脑黄金不过是其中的一个因素。

在惨淡经营了几年以后,他们注意到了中国出现了一个基本国情,被叫做游子社会。这就是从1992年开始的"孔雀东南飞"造成的年轻人去广东、福建、浙江、上海、江苏打拼,寻找事业。10年过去了,这些人开始有了自己的事业,因为有了事业,所以很忙,回不去家,也尽不了孝,大家都需要一款尽孝的载体,他的悟性让他感觉,人们很需要这个。他做了一个十分通俗的广告,"今年过年不收礼,收礼就收脑白金",用两位老人的动画做画面(这是相当节约的,因为没有用代言,他将节约下来的预算投入到播放上),在一个广告时段播放两三次,把那些老年人激励了起来。

其实,年轻人知道这个东西不一定管用,但他们事业成功后,需要用钱来代表他们的成功,而老人经过收看广告以后变得很需要,他们没有钱,即使有钱宁愿让人骗,也不会自己购买脑白金,结果孩子在老人们的暗示下,不得不买,形成了一个巨大的消费浪潮。

史玉柱创造了X,也用规模化生产形成了Y,还构建了Z,但是他恰恰缺少了对Z的认识,他不懂得重新认识自己。中国现在以及未来,尽孝产品还是缺少的,让年轻人相信,脑白金就是管用,把脑白金做大,就会有一个谁也进入不了的市场。

一个完整的商业逻辑是创造X,获得$Y=f(X)$,再创造性打造Y,形成$Z=f(Y)$,再将Z引导到更大和长远的X,形成了一个封闭的商业循环。企业按这个循环运转的轨迹成长,不要改变自己,就一定会成就一个百年老店。

2.3 商业循环

2.3.1 商业循环的逻辑关系

商业循环并不是从产品、收回货款再重新生产的循环,而是不断把需求找到并给予满足,在顾客得到满足的前提下,企业获得利润,再将利润用于成长基因的锤炼,再将基因与周围的资源整合起来,为更多的需求服务,是从需求到需求的循环。它由三个逻辑关系决定,一是需求搜集到企业盈利,二是企业盈利到成长资源,三是从成长资源到需求搜集。企业能够活着,是因为它能够把三个活动开展起来,并且联结、运行起来。企业能够生存是因为围绕这三个活动和三个逻辑关系。但更为重要的是,企业能够获得成长是因为企业能够开展这三项活动并遵循三个逻辑关系。

许多企业只重视两个活动和一个逻辑关系,他们也能够看到需求,甚至可能是一些全新的需求,但他们的目标只是为了追求利润,而没有有意识地将利润投入到基因形成之中,企业没有用于成长的资源,这样的企业不可能获得成长;有一些企业有所进步,能够有意识地将利润用于自己独特的资源投入中,使用了所谓的核心竞争能力的概念,培养了自己的核心资源,但却并不知道该利用这一资源扩大市场,满足更多人的市场需求。

它可能会很稳健,但也可能被竞争对手所挤压,因为竞争对手可以利用你这个先入者的麻痹大意发展了自己的客户,也培养了自己的能力,当这家企业想挤掉你,是很容易的事。真正的成长,是培养你自己的优势基因,将这个基因适时地引导到更大的需求上去。不论对成长而言,还是对企业稳健的生存而言,三个基本的商业活动缺一不可以,三个逻辑关系也缺一不可。

2.3.2 固安捷案例分析

有一家美国百强企业,叫固安捷。90年以前,它是一家出售电机的企业,偶然的机会,其创始人注意到企业都可能会有一个需求,他们的一些配件并不是时时都需要的,但企业必须要准备着以避免因为缺货中断了生产,如果中断生产企业的损失会很大,有时还会很危险。他向一些企业建议由固安捷来为这些企业提供配件,经过计算,配件的价格比企业的进货加库存维护及资金占用成本加总要少得多,这些企业当然愿意。

固安捷建立了库存,为芝加哥的一些企业提供便利的供货保障。因为是集中库存,存在着规模效应,成本不断下降,但在客户端来看,其节约并没有变化,因此价格也不会变化,因此,其盈利在不断增加。由于其保障越来越好,服务越来越周到,这些企业就把更多的配件供应交给他们。固安捷利用各个企业之间供货冗余,大幅度降低库存,并形成了对上游生产企业的优势和局部垄断,经过与上游企业的协调,再次大幅度降低库存。固安捷在芝加哥经营了十年以后,形成了基本的商业逻辑,完成了需求搜集和盈利构造两个活动的定型,也初步确定了自己的成长资源。

第一个逻辑关系,把需求搜集与盈利联系起来已经完成,第二个逻辑把盈利变成成长资源已经初步实现,现在该是这家企业向其他城市推广的时候了。他们把这个模式推广到美国其他各个工业城市。这时,固安捷自己已经没有库存了,它通过供应链协调和以规模为要挟,将库存压缩到上游企业。如果把这家企业初期发展看成是一个利用库存的规模经济为生产企业做第三方库存服务的公司,那么**它现有的只是一本可以为企业提供服务的产品名录**,这成了他们的成长资源,他们以一个优化了十年的流程为基础,再通过边扩张边优化保持着商业逻辑的循环。

百年的固安捷流程基本没有改变过,它们是世界最大的生产性服务公司,他们也要订货,也要发货,却没有生产车间,也没有库存,它们的成长靠的是那部产品名录。名录中有35万种是正规的,还有5万种是非正规的,这是按企业订货的稳定性进行的分类,一旦稳定,便可进入正规目录。

我们可以从这个案例获得什么认识呢?基因是企业成长的基础,需要长期打造和优化;基因形成需要十年以上的时间;基因需要有载体,固安捷的基因载体是产品服务目录,除了目录还有服务流程与产品目录的形成流程。

2.3.3 商业模型运行的条件

1. 必要条件

商业模型能够运行需要几个条件,有必要条件,也有充分条件。必要条件是,如果没有做好,就会运行中断;如果达到充分条件,商业模型运行会变得很顺利。

所谓的必要条件包括下列几项:**第一,三个逻辑的顺畅**。关于这个内容已经做了分析,把这个作为必要条件。企业家的一个重要使命就是认真控制自己的三个逻辑,而不仅是三个变量的创造。**第二,持续现金流**。商业模型的原理以追求成长和长期发展为目标,短期只考虑了利润,但是利润并不代表现金流,而现金流却是企业几乎无法摆脱失败命运的魔咒。现代金融在很大程度上是帮助初创企业运筹这个现金流的不足。原因很简单,创业企业特别缺钱,为什么呢?因为他们需要用钱打动顾客、成熟产品和流程,钱从哪儿来?传统的方法是自己想办法,举债或原始积累。但现代金融把钱与权交换一下,让那些有想法、有动力的创业者去做,投资者为企业提供一些额外的要素,钱是第一要素,而且钱能够变成一切,它可以让创业者通过溢价和变现有一些成就感,也没有失去控股权(只是失去一些企业股权),但不只是钱这个要素,还有创业者比较缺少的管理及其他要素。因此,引进外部资金变成了一个重要渡过亏损期的方法。造成亏损的原因是收入小于支出,因为这个原因,许多项目被淘汰了,坚持亏损是让那些竞争者望而却步的重要原因,这样等于说创业成功不仅要看项目,还要拼资源,类似于消耗战。但是,却可能因为影响和转变了消费者而产生了新的需求,也可能让那些挺不住的竞争对手,消失在风里。如果一个项目有持续的现金流最好,但是如果做不到,你心里一定要有数,何时才会有,什么条件下才会有,通过什么途径获得这样的资源,以保持现金流不中断。一个想成为百年老店的企业,没有现金流的规划,应该是不会成功的。**第三,不要触犯法律底线**。如果把法律比作一个箱体,上面是允许你做的,下面是不允许你做的,你要注意上面通常并没有什么意义。如果你把上面当作下面,你这辈子不会有事,但也不会有出息。法律规定上限的本身就是对法律的误解,不论是法律的制定者,还是草民,都是人类之不幸,但却在我们的周围天天发生着。说没有出息的原因是,在法律允许之内,你所有做的都不是创新,因为法律很清楚你所做的事情,法律是用来规范人们的行为的,对不清楚的事情,它无法规范,清楚了的事情,你还有必要创新吗?如果没有创新,你还能够有出息吗?所以,不触犯法律,必须加上"底线",解释并理解清楚底线的含义,否则人们就不清楚应该如何做。不要触犯法律底线,它是刚性的,不要以为上线可以触犯,或者别人触犯了没有处罚他们你就没有事。达到百年老店,需要有这种小心翼翼的态度,而不是冒法律风险的态度。其实,我们经常面对着不合理的法律,这需要我们抗争、申诉、游说、学术化。人们以为这没有用,也许对个人没有用,但对社会肯定有用,而且也没有影响你什么正常的生活。警惕自己在法律底线内,才可能做到这样的生活。我不赞成抗争的结果是改朝换代,因为没有根本性的改变,而是希望能够逐渐走上制度优化之路,这需要的是改良精神。这些法律底线包括,纳税(不要讲光荣,也不要讲主动纳税,正常纳税)、产品安全、基本功能承诺的遵守、员工以及相关利益者的保障承诺。

2. 充分条件

充分条件是社会责任,它对企业只有好处,没有坏处。因为顾客都有注意力,都有善良之心,你要做到量力而行地从事社会责任,把这种责任的实现,用多种方式,而不是一种方式实现,形成社会营销的效果。

多赢也是检验商业模型的充分条件,用赢者大于三来检验一个商业模型,也可以得到企业是否可以顺利成长的根据。

多赢标准是为了否定双赢的标准。双赢标准已经深入人心,它从企业必须以谋取利润的一者为赢变成了至少顾客与企业同赢,才能让企业获得市场。为何要用多赢代替双赢呢?一个重要原因是,现在社会需要构造商业生态,而商业生态的含义是多赢,而不只是上游的双赢。它来自于创造商业生态的商业模式原则,而这个原则需要有具体化的指标来表达,这就是多赢。多到什么程度?多大于等于三。

海洋馆的故事是一个十分经典的商业故事,不论其真假,但却十分清楚说明这个原则。一个海洋馆经过几年赔钱以后,出售给了别人,经过二次亏损,转到某人手中,虽然比起自己建设便宜了许多,但持续亏损,也让他苦不堪言。情急之下,一个十分古老的办法被逼出来——找朋友吃饭,摆一桌鸿门宴,朋友不出个主意,大家就先别吃饭。这是一个重要的商业原则，不然人们要朋友干什么？朋友不是给钱，或者放弃原则找关系，朋友是介绍信息，提供办法的。大家憋了许久，终于有一位朋友提出来一个不是办法的办法，"你再花两万元，一万元做广告，一万当奖金，广告的内容是'谁给我出个主意让海洋馆不再亏损，奖金1万元就是他的了'"，这位海洋馆的经营者听后，拍掌说，好，大家喝酒。第二天，在当地媒体上出现了这则征集想法的广告。到周末，就有一位小学老师，提出的方案被公司采用了。她的办法很简单，但却也有点复杂。这就是，"十四岁以下的孩子全部免费"。可能许多人听了，恍然大悟，但接着又一声议论，这也没有什么。但是，这个办法让海洋馆很快扭亏为盈。大家恍然大悟的原因是知道了，孩子来海洋馆，大人得陪着，孩子不花钱，大人得花钱，所以，找到出钱的人，使海洋馆能够有足够的现金收入，抵偿成本以后，有所剩余。但是，这家海洋馆在出售什么？却不是人们能够看清楚的，而且可能连老板说不一定都看不清楚，或者讲不清楚。

第一个问题，谁是顾客（Whom）？或者说你想为谁服务？有人认为是大人，因为大人交钱了。但是，这是错的，因为如果顾客是大人，你就要服务好大人，让大人满意，但如果孩子不满意，孩子不来，大人还会来吗？排除了大人，剩下就是孩子。听到此，大家觉得这个道理是对的。这是打破传统商业思维的关键，传统商业思维是谁给钱，谁是顾客，现在则是谁有顾客，谁就是顾客，其他的事你可以先不要管。**第二个问题，孩子有什么需求（What）**？如果你不认真分析并不能让你手里有的资源（海洋馆）发挥最大效益。分析以后，知道孩子有好奇心，有求知欲，有无预期约束，也有让大人理解他们的心理，其中，好奇心是核心。那么如何激发好奇心，利用好奇心如何策划节奏，如何利用求知欲，让孩子真正理解海洋生物知识。如果经营得好，孩子不仅可以来，还会重复来，还会邀请小朋友来，并回去讨论，如果以此线索继续加深，则还可以举办各种知识大赛，创新大赛，让海洋生物的知识变成生产力。**第三个问题，海洋馆的本质是什么**？它是展览企业，还是科普机构？必须把它看成是科普机构，因为你使用了免费方式。所有免费现象的共同之处是产品或服务具有公益性，如果你把它定义成企业，那么就无法解释免费，所以，定义成科普与免费是相辅相成的，相互说明的。谁应该是科普的主办人？政府，现在企业替政府办了这件事，就一定得让政府知道，是否给予政策支持并不重要，重要的是要让政府替它公关，成为当地一项成就。也就是让政府感受到赢。即使是科普机构，它也承担着教育的功能，因此社会也会有所赞扬，如果还没有主动赞扬，则海洋馆召开研讨会让大家来赞扬。所以，这也是让社会感受到具有一定的慈善意义的机构存在的意义，让社会感受到海洋馆的可赢之处。**第四个问题，经常去海洋馆的家庭会有什么样的结果**？亲子，或者家长与孩子之间有更多的共同语言，通常崇尚科学的交流，使家庭更加尊重科学，家庭氛围更加深厚，相互尊重、学习中进步的氛围更加热烈。不论家庭关系，还是家庭教育都可以获益。

在这个基础之上，当地海洋知识应该相当普及，说不定会为未来形成海洋产业打下基础。加在一起，可以达到五赢或者六赢。

2.4 商业模型的设计原则

2.4.1 背景

构造生态，让更多的成员参加到生态之中，这是最高的商业境界，如果人人都说你好，你的事业不成功都难；让更多的人达到赢的并不是只做不说，它经常需要宣传，特别是这种公益类的项目，通过社会的赞扬和政府的肯定，可以给企业发展带来外部优越的环境。不论是Uber，还是阿里，这些企业都是商业生态创造的高手。

商业模型成立需要条件，其中国情条件既不是必要条件，也不是充分条件，它是与企业持久成长的目标相一致的条件。

在前面，讨论了好的商业模型要能够保持在运转中成长，采取的方法是独立地发现一个全新的需求，通过不断投入形成成长资源，再利用成长资源让更多的需求受惠于这个商业模型。但是，如果这个需求并不那么大，也不能持久，这个商业模型就回到商业模式了，只解决业务层面的两个变量之间的一个函数关系问题，如果说需要引入一个新的函数，这个函数将一定是以创新为目标变量的，即回到熊彼特的"利润是创新的成本"这条道路上去。但是我认为，这并不是全部企业发展之路。

怎么样才能找到既普遍又持久的需求呢？基本方法是国情方法。我们回顾一下。所谓国情是指存在于一国之内，由长期不变的原因决定的人们行为特征的概括，比如"中国进入了游子社会""现在的中国是眼镜时代"等。国情所概括的行为特征，既不会永远存在，但也不会很快消失，这样就让一些需求可以保持相当长时期的稳定，从而给商业带来了一种新的认识方法。

以游子社会为例。改革之初，很少一部分人离家，但是到了1992年，大量的北方国有企业技术人员、政府公务人员以及教师，还有那些不太安分的中青年，纷纷下海，来到南方。接着1999年中国开展了大学扩招，那些无法为北方经济所吸收的学生，也纷纷到南方谋职，并且这种趋势越来越强烈。而自始至终的打工潮，也让许多人来到南方。造成了谋取事业的年轻人（部分中年人）与父母分离。这种现象可以有不同的概括，比如空巢老人，以从老人照顾的角度看待的现象，还有留守儿童，与老人在一起，来降低自己的教育成本。但是，只有游子社会可以用来商业设计，一个脑白金，把游子不能回家尽孝，用一个社会普遍认可的产品代替自己尽孝的需求给暴露出来，形成了一个巨大的市场，也让史玉柱成为了中国富豪。

游子社会会永远存在吗？不会。有三个原因，一是中国的市场化进程会让现在的年轻父母不再留恋自己的家乡，在独生子女的社会中，孩子在哪，他们就会在哪。当目前的这些老人不在人世了，目前的中年成为老人了，游子社会便不会存在了，这是最重要原因。二是中国经济正在区域均衡化，北方与南方的经济增长速度差距正在缩小，而且还会继续缩小。经济增长会带来机会，因此，年轻人的就业不会大幅跨地域。三是如果把老人们总是收到某种尽孝产品作为满足的假设想得过强，人们总会希望，游子"常回家看看"，游子社会的产品化，可能会被其他方式所代替，尽管游子社会还存在，但因为经常游走于事业地与故乡之间，而变得没有太多的意义。这三个理由决定了游子社会不是永远的国情。但是，创业者是否会因为这样的原因而放弃了这个判断呢？如果是的话，就显得太幼稚了。其实，它还会存在，只不过未来会逐渐减少比例，而不是会突然消失。

游子社会消失了，但就中国而言，尽孝是不会消失的。还有，尽管有八项规定，但人情往来也不会消失。相关的市场需求可能总量会下降，但是不会消失，如果创意到位，其他方式的商业还会存在。

从国情角度，可以创造属于自己的商业，因为我们特别强调自主定义国情。以前面的游子社会为例，从不同视角认识父子分离的现象，只有游子社会这个定义才可以推出，在中国尽孝市场几乎变成了刚性需求。如果企业家意识到这个国情会持续 20~30 年，先在这个市场中培育企业，再将自己在市场的信誉转变成一个基本国情的需求——一般尽孝市场，或者以脑白金为对象，做深度研发，使其能够解决老人们的一些问题，需求就被转换到真实的老人养生产品，也一样会有市场需求。

商业的本质是为了提升人们的生活品质，这需要启发顾客，让他们感受自己的需要，前期的顾客是后期顾客的老师，因为他们用自己的行动、感受促进产品发展，甚至为企业的产品与服务定型付出了深度的代价，早期的顾客是伟大的。

2.4.2 商业模型的设计原则

从企业角度看，伟大的顾客应该受到尊重、照顾、优惠，这就是先予后取的商业理念。与之相反的商业理念是先取后予，其含义是让顾客多一些付出，而企业则要承担全部产品寿命期的全部服务的价值。这种方式是高保障的，对顾客而言，经常也十分重要，所以也有相当多的成功的例子，并且也作为商业模型设计的一种原则。由此形成了两个表面上相反的商业模型设计原则。

（1）先予后取的商业模型设计原则。

这一原则以市场需求前期贡献大于后期，需要对前期顾客进行补偿作为假设，形成了先低价，后高价的商业设计。传统上，这种先低价后高价的商业行为被视为垄断策略，如果是针对竞争对手，特别是以低于成本价的低价，则被称为掠夺定价，在一些国家被认为是非法的，属于不正当竞争。近年出现了大量的业务间内部补贴的零价格策略，因为涉及社会品供应（这是我为了方便而创了一个名词），这些产品无法商业化，虽然有价值，但以前多属于社会行为性质，现在通过商业将其免费，以满足人们的社会需求，但企业却能够通过强化人们的社会行为，使其被控制，然后构建起某种具有垄断性质的市场，再通过这些需求的资源化，转变为企业利润。最典型的是腾讯及社交网站。这种极端的类型多被称为免费经济。就同一产品而言，创新初期市场很难启动，企业特别需要有顾客参与体验，希望他们在使用过程中发现产品的各种问题，包括安全隐患、各种不便、外部条件，这些问题有时候并不是产品的设计者能够体验到的，因为他们没有机会将这种产品运用于某种特定的场合，他们无法想象到顾客会这样使用产品。不论对产品改良，还是产品说明的正式化，这应该是一个不可缺少的过程。成熟的市场更加重视这一过程，因为他们在正式投放产品以后，如果不加以说明和限定，法律纠纷会让企业很快破产。在中国这样的市场，企业在早期市场做这种投入的主要目的是让顾客成为市场的领导者，也就是通过他们的购买示范和消费示范来引导后期顾客购买。早期顾客给市场带来的价值是巨大的，在传统经济中，他们以亲身感受验证了企业的承诺，使企业的商业假设得到检验，形成了客户端的知识，不仅为完善产品提供了知识，也为使用产品提供了知识。后者有可能扩大使用领域或者增大了产品的附加值。这些给企业带来了利益，也给后期顾客带来了利益，使其避免了试错成本，在极端的情况下，如果是网络经济，还会通过数量效益为后期顾客提供利益。如果企业存在规模经济，也会让企业在顾客增长中获得成本下降的收益。所以，上述情况下的商业模型选择先予后取原则应该是正确的。

（2）先取后予商业设计原则。

如果产品技术相对成熟、功能相对完善，如果不需要对顾客进行教育，如果不存在明显的网络效应,如果存在着顾客端的保障性障碍,则先取后予的商业原则更加有效。从顾客角度看,最大的消费障碍来自于对未来产品功效的保障,因为未来的时间往往不能谈判,很容易产生对未来的恐惧,他们担心现在购买有明显功效的耐用品,在未来可能变成一堆无用的废品,不仅没有用,还在占用空间。这些恐惧包括维修、保养、消耗品、配件、升级等,如果企业不能有效地保障,顾客这种担忧会无法启动市场。有一些企业利用产品定义的技巧,把这样的"耐用品"拆分为两个部分,一个部分以低价出售,长期消耗的产品以高价出售,形成了局部垄断,这种商业模型让顾客苦不堪言,摩托罗拉以及许多打印机企业都使用了类似的商业模型,本质上是利用顾客们的贪便宜的心理,用先予后取的方式索取利润,得到的结果是这些自以为聪明的企业现在都度日如年。相反,一些高承诺的企业,往往在购买时不仅有高的承诺,还以高的收费来表达自己的承诺具有可靠性,形成了先取后予商业模型的典型案例。三十年来,有一些家电企业至今仍然比较平衡地发展,海尔在1984年时,就确立了高价高保障体系,而同期的许多企业都不见了,说明这种原则的巨大的生命力。现在的一些产品,如果没有后期保障根本无法运行,如净水器,但几乎没有企业愿意以30年的免费强制服务为顾客做保证,如果有,这个市场将会比许多产品都有生命力。没有绝对正确的商业模型设计原则,在很大程度,选择这两个原则之中的一个,是企业家或者股东们的态度决定的,一个想马上提升股价然后变现退出企业的董事会,与想打造一个百年老店的企业,选择的原则不会相同。

本章案例

总结近百年最顶尖公司的十项共性

截至2013年12月28日,市值在1000亿美元以上,成立时间在1900年之后的,非行政垄断型企业如下所示:

1911年成立,IBM,市值1989亿美元(IT科技);
1916年成立,波音,市值1028亿美元(航空航天);
1921年成立,斯伦贝谢,市值1163亿美元(石油服务);
1923年成立,迪士尼,市值1297亿美元(文化娱乐);
1933年成立,丰田,市值1879亿美元(汽车);
1956年成立,伯克希尔哈撒韦,市值2900亿美元(金融投资);
1962年成立,沃尔玛,市值2524亿美元(商业零售);
1963年成立,康卡斯特,市值1341亿美元(文化娱乐);
1968年成立,英特尔,市值1266亿美元(IT制造);
1969年成立,三星电子,市值1914亿美元(IT制造);
1972年成立,SAP,市值1015亿美元(IT软件);
1975年成立,微软,市值3095亿美元(IT软件);
1976年成立,苹果,市值5107亿美元(IT科技);
1976年成立,VISA,市值1392亿美元(金融服务);
1977年成立,甲骨文,市值1678亿美元(IT软件);

1978年成立,家得宝,市值1135亿美元(商业零售);
1982年成立,沃达丰,市值1892亿美元(IT电信);
1984年成立,思科,市值1159亿美元(IT制造);
1985年成立,高通,市值1233亿美元(IT制造);
1987年成立,吉利德科学,市值1149亿美元(生物制药);
1995年成立,亚马逊,市值1827亿美元(IT互联网);
1998年成立,谷歌,市值3714亿美元(IT互联网);
1998年成立,腾讯,市值1125亿美元(IT互联网);
1999年成立,阿里巴巴,市场估值1200亿美元(IT互联网);
2004年成立,Facebook,市值1411亿美元(IT互联网)。

如果将世界上所有1000亿美元市值以上的企业罗列出来,这个名单将要长得多。

如果从1900年开始做一个划分,我们看到,绝大部分的欧洲顶尖企业都消失了,而美国的顶尖企业绝大部分仍然保留在榜单上。这是什么原因造成的呢?

因为自从19世纪末以来,美国超过了欧洲,成长为全球规模最大的市场。立足于这个全球最大的本土市场,美国的新兴行业优秀企业能够通过规模优势,轻易地战胜其他地区的竞争者,获得了成长为全球顶尖企业的优先入场券。而欧洲企业,在全球产业革命的大浪潮中,渐渐地被边缘化了。

1. 谁能够适应市场的变迁,谁就能够成就百年老店

1)斯伦贝谢

19世纪末,石油工业开始获得快速发展,欧洲的壳牌石油、BP石油是市场中最早的巨无霸。石油开采的难度越来越大,于是孕育了一个新兴的专业技术服务市场。1921年,斯伦贝谢成立,作为最早的石油探测和钻井服务公司,斯伦贝谢在一开始就已经奠定了技术领先的地位,1927年发表的《钻井电信号研究》是这个行业的基础技术之一。

斯伦贝谢最早作为一家欧洲公司,本身就是欧洲科技领先水平的体现,但是如果一直扎根于欧洲,斯伦贝谢不会有今日的行业地位。"二战"前后,世界石油市场格局发生了巨大的变化,美国市场的地位越来越重要,墨西哥湾的石油开采业蓬勃发展。斯伦贝谢1940年将总部迁至美国休斯敦,将业务重心及时地转移至美洲市场,由此获得了进一步发展壮大的空间。

在竞争激烈的石油服务市场,没有任何一家企业能够靠自己的技术保持长久领先,因此依靠行业地位积累的资金不断收购,补齐短板就成了重要的法宝。从20世纪50年代开始,斯伦贝谢几乎每一年都要收购几家公司,1952年收购Forex公司进入钻井市场,1956年收购Johnston Testers公司成为综合性测井公司,1993年收购IDF公司成为钻井液服务供应商,2010年收购史密斯公司成为钻头生产巨头。

正是通过适应市场的业务调整和收购扩张,斯伦贝谢不断向新兴的更有发展前途的蓝海前进,在一百年的时间里不断壮大,才成就了这家石油能源产业链里"最年轻"的顶尖企业。自20世纪20年代以后,世界范围内,再也没有诞生过一家石油行业的顶尖跨国企业(非国企)。

2)波音公司

1903年,莱特兄弟研发出世界上第一架具有实用性的飞机,并且创办了自己的莱特飞机公司。当然，今天我们知道，莱特并没有笑到最后。1916年成立的波音公司，在早期的飞机公司中并不起眼，和很多当时的主流飞机公司一样，波音的业务以政府的军用订单为主。一直到"二战"结束之后，波音才脱颖而出。"二战"是改变这一切的根本力量。"二战"之前，军用业务才是市场主流，但是随着"二战"的结束，飞机的市场结构发生了巨大变化，传统的军用市场萎缩，大型民用客机市场开始兴起和壮大。1957年，在原有空中加油机基础上改进的波音707喷气式民用客机大获成功，获得了上千架的订单，波音从此在商业客机市场上奠定了领先位置。在当时所有的军用飞机公司中，波音是最早做出转型决定的，正是这次及时的转型，让波音笑到了最后，成为航空航天市场的新王者。

在历史上，波音不是第一架飞机的研发者，不是第一架民用飞机的开创者，但是波音在民用客机市场上改进的产品，最好地适应了客户的需求，在安全、空间、舒适性和性价比上，最大程度地满足了客户的需求，于是波音就成功了，持之以恒，就将这份领先一直保持到了现在。

波音的成功告诉我们，具有灵敏的市场反应能力，时刻坚持产品的微创新，是成就伟大企业的一条重要道路。

2. 商业模式的创新同样很重要——迪士尼

20世纪20年代，好莱坞的电影产业开始兴起，迪士尼也在这个时期开始投身创业的浪潮。1928年，迪士尼推出首部以米老鼠为主角的世界最早的有声动画片，掀起社会热潮，随后迪士尼推出了世界上第一部动画长片《白雪公主与七个小矮人》，第一部宽银幕动画片《小姐与流氓》，直到近一百年后的20世纪90年代，仍然是迪士尼推出了世界上第一部数字技术的动画片《玩具总动员》。正是这些领先的多媒体技术的引入，让迪士尼的动画片始终拥有着同时代作品中最好的视觉体验，带来了广泛的社会影响力。

但迪士尼的探索不仅于此。迪士尼之所以能够超越同时代的所有文化媒体企业，获得更大的商业成就，在于他建立了文化行业独一无二的商业模式。迪士尼认为，对于电影产业来说，故事不是最重要的，形象才是核心。

围绕着永恒的角色形象，延伸出来迪士尼乐园和玩具销售的下游产业链，才使得迪士尼拥有了更大的市场规模、更低的成本支出、更长久稳定的利润回报。

迪士尼带给我们的启示是，创新的产品可以带来一时的成功，创新的商业模式可以带来一辈子的成功。

3. 金融并购是获得规模成本优势的另一个重要手段——康卡斯特

20世纪60年代，有线电视行业开始兴起，康卡斯特在这个时候只是美国一个三线小城市的有线电视服务商。作为同质化竞争的行业，想要在产品上实现创新并不容易，经过十几年的管理经验积累，在成本效率上发挥到极致之后，康卡斯特走上了大规模收购扩张的道路。

1986年，收购Group W Cable公司，将规模扩大一倍，1988年收购Storer Communications Inc.公司成为全美第五大有线电视运营商，1992年收购Amcell，1994年收购Maclean-Hunter's美国业务，成为全美第三大有线电视服务商，1998年收购Jones Intercable公司，2000年收购Lenfest Communications公司，2002年斥资475亿美元收购AT&T Broadband

Cable Systems 公司,从此成为美国第一大有线电视服务商。

4. 站在巨人的肩膀上借势发展——微软

1975 年,比尔·盖茨创办微软,在早期只是一家默默无闻的小型软件公司。苹果的出现改变了他的命运。

1980 年,IBM 为了推出全新的个人电脑与苹果抗衡,广泛将零部件外包,英特尔赢得了芯片合同,微软赢得了至关重要的操作系统合同。这份合同是微软发展史上最重要的转折点。

由于时间紧迫,程序复杂,微软甚至以 5 万美元的价格从一位程序员 Tim Patterson 手中买下了一个叫 QDOS 的程序,然后稍加改进后提供给 IBM,这个系统就是后来我们熟知的 MSDOS。随着 IBM PC 的普及,微软的操作系统很快就成了行业的标准。此后,微软加强研发,在新一代的 Windows 系统中引入视窗化技术,一代代地更新,伴随着个人计算机行业的壮大而不断强大。

微软的成功告诉我们,站在巨人的肩膀上借势发展,是小企业上位的一条重要捷径。

5. 遥遥领先的技术水准,广泛的专利壁垒,封杀了几乎所有的竞争者生存的空间

1) 英特尔

1947 年,在美国贝尔实验室工作的工程师肖克利发明了晶体管,这项技术的发明是现代 IT 工业的里程碑式创新,肖克利也由此获得了诺贝尔奖。

但创新并不是企业成功的必然保证。1955 年,肖克利离职创办了肖克利半导体实验室,吸引了大批才华横溢的年轻工程师加入。只是在糟糕的管理之下,这家新生的企业很快就分崩离析了。号称"八叛逆"的八位传奇工程师再次离职,合伙成立了硅谷早期声名显赫的仙童半导体公司。1968 年,"八叛逆"中的诺伊斯和摩尔再次离职,成立了英特尔。

1971 年,英特尔推出全球第一个微处理器,1980 年成为 IBM PC 的芯片标配,此后随着个人电脑产业的兴起而不断发展壮大。

英特尔的成功,不可否认是技术创新的成功,从微米到纳米制程,从 4 位到 64 位处理器,从奔腾到酷睿,从硅技术、微架构到芯片与平台创新,在 IT 计算机行业的最前沿技术领域,英特尔一直是创新的领导者。

2) 高通

1985 年,高通公司成立,早期主要从事移动通信技术在运输行业的应用服务,1989 年最早推出了基于 CDMA 技术的移动通信解决方案,从此成为这个新兴的通信行业的标准制定者。从 2G 到 3G、4G 技术的演进发展过程中,高通公司累积了 4000 多项 CDMA 专利技术,始终主导着移动行业的技术发展步伐。

随着智能手机时代的来临,高通的移动微处理器第一个支持安卓操作系统,随着安卓的广泛普及,高通也成为了移动芯片行业的霸主。高通的成功,和英特尔的成功是很像的。在一个高技术领域,通过高投入的研发,遥遥领先的技术水准,广泛的专利壁垒,封杀了几乎所有的竞争者生存的空间。除非行业发生大的变革,高通的地位就是无人可以威胁的。

6. 持续微创新的成功——Facebook

Facebook 2004 年成立,是 21 世纪最新一家崛起的 IT 互联网巨头。Facebook 是美国最早一批的社交网站之一,通过持续的体验改进,很快受到了年轻人的欢迎,2006 年后从校园市场向全社会网络发展,2008 年超越 Myspace,自此一直引领着西方的社交网络市场。

Facebook 的成功,是持续微创新的成功,不断改进的产品体验,让 Facebook 超越了一个又一个的行业领先者,发展成为新一代的互联网巨头。

在互联网时代,不再是只有美国的创新者独领风骚,中国的创业者也开始加入进来,跻身于全球顶尖企业的行列。

7. 创新商业模式的同时适应市场发展及时转型

1)腾讯

腾讯 1998 年成立,最早是 ICQ 即时通讯产品的跟风者,通过产品的改进和商业模式的创新,成为世界上最早的社交网络平台。2003 年后,腾讯进入迅速成长的网络游戏市场,并且依靠社交平台的流量优势和优质产品体验取得了巨大的成功,成为世界上最大的网络娱乐公司。

2011 年腾讯推出微信产品,及时向移动通讯平台转型,再次获得巨大成功,成为世界上用户量最大的移动社交平台。

腾讯的成功,第一是创新商业模式的成功,第二是适应市场发展及时转型的成功。

2)阿里巴巴

阿里巴巴公司 1999 年成立,最早是一家面向中国外贸行业的信息服务公司,2003 年推出淘宝交易市场,与 eBay 易趣展开竞争。淘宝通过创新的支付宝担保交易技术解决了电商行业的信任问题,通过免费的 C2C 交易商业模式迅速聚拢了市场人气,只花了三年时间就将 eBay 驱逐出了中国市场,成为这个行业新的领导者。

2010 年后,阿里巴巴推出天猫商城、阿里云服务、菜鸟网络、余额宝、众安在线保险等新业务,在互联网商业、物流、金融等领域持续扩张,成为世界上最成功的互联网巨头之一。阿里巴巴的成功,第一是创新商业模式的成功,第二是适应市场不断发展的成功。

(本案例主要来源于 http://mt.sohu.com/20151121/n427430208.shtml)

问题 1:研究发现这些公司在其成功的数十年间采用的战略始终符合哪些基本法则?

思考启示:法则 1,品质优先于价格(追求产品的差异化,而不是降低价格和对手竞争);法则 2,收入先于成本(公司的重心是增加收入额,不是削减成本);没有其他法则(所有必要的改变都必须遵守法则 1 和 2)。

这些全球顶尖企业共同的成功因素如下所示。

(1)立足于全球规模最大的市场,立足于一个新兴的持续高速增长的蓝海市场,在行业发展的早期格局未定之时进入。

(2)要么是行业最早的创新领导者,从推出的第一个产品之时开始就一直引领着行业发展的步伐。

(3)要么是最早一批进入的行业竞争者,通过微创新改进产品体验,通过优秀的管理不断进步,实现在一大堆的竞争者中突围而出。

(4) 要么是新兴发展中地区的追赶者,通过低劳动力成本优势,在低端市场上不断扩张,以差异化策略与行业龙头竞争,然后在市场环境发生突变时实现弯道超车。

(5) 将 IT 技术引入传统行业,提升运营效率,降低成本,是传统行业新兴巨头获得巨大发展的重要动力。

(6) 质量只是企业获得成功的基本要求,但并不能保证企业超越竞争对手,因为你的任何一个优秀的竞争者都把质量看得很重要,对于消费者来说,前三名的产品质量没有区别。

(7) 创新的产品,优秀管理之下持续的微创新体验,创新的商业模式,是企业从优秀走向卓越的关键原因。

(8) 规模带来的成本优势,是企业在一个快速成长的市场中持续保持领先的重要竞争力,因此收购扩张就不可或缺。

(9) 基业长青的企业,总是那些能够不断适应市场变化,具有敏锐触觉及时转型的企业。

(10) 价格策略获得成功的前提是通过技术或商业模式创新带来的成本降低,而不是自杀式的营销扩张。

本章小结

19 世纪的创业机会集中于欧洲市场和传统行业,20 世纪的创业机会集中于美国市场和 IT 行业,21 世纪的创业机会集中于中国市场和互联网新兴行业。因为中国拥有 13 亿人口,快速稳定增长的发展空间,这是一个巨大的蓝海。在这个市场中成长起来的优秀企业将获得相对于西方企业更低的劳动力成本优势,他们拥有着无敌的竞争力。在可预见的十年内,中国将取代美国成为全球最大的市场。在新兴的 IT 互联网行业,中国也已经成为和美国并肩的全球创新中心,孕育顶尖企业的沃土已经具备。

理顺商业逻辑,构造成长基因,形成商业循环,创新商业模型是打造百年老店的基础。

思考与实践题

1. 电子商务企业如何建立商业循环?请举例分析。
2. 如何构造成长基因使企业可持续发展?请举例分析。
3. 商业模型运行的必要条件和充分条件是什么?请举例分析。
4. 商业模型的设计原则是什么?请举例分析。

电子商务商业模型原理——需求搜集、成长资源和盈利构造

学习目标

通过本章的学习,读者将能够:
- 了解企业如何挖掘和创造需求,如何明确隐蔽的需求,如何建立商业渠道,如何找到刚性需求、弹性需求和情感需求;
- 理解如何利用需求的全局性,如何破解需求障碍;
- 掌握成长资源的内涵和特征,了解成就百年老店的企业,如何进行成长资源的投入、形成和锤炼;
- 了解盈利构造的内涵,熟悉传统盈利观念和现代盈利观念的区别和联系,了解盈利构造的创意方向,理解如何通过分摊成本和设计价格来实现盈利。

3.1 需求搜集

3.1.1 挖掘和创造需求

不论是企业,还是创业者,最大的问题是找不到需求。是需求未被揭露,或需求还没有明确,还是需求被隐藏了起来,或是需求分散不容易集中?学界把解决这些问题的活动总体上称为需求搜集,并认为,这是商业活动的开始。

需求到底是什么?人们习惯地把需求当作需要与购买力的结合,两个条件缺一不可,但现在人们的需要越来越多,而忽略购买力。

人的需要数量和类别上是无止境的,如果说人们的需求是有限的,有约束的,恐怕是因为购买力在起作用,如果把所有的东西都免费,这个社会面临的将不只是浪费的问题,更重要的是人们会变得贪得无厌。大量的需求还是由购买力决定的,不能把所有需要都当作需求,否则企业将承担太多的负面社会责任,企业做了好事,却让社会出现了退步。这其实就是说财务能力,决定了你的消费层次、消费数量。以你的世界来看,如果你可用于消费的钱多,你可以到处安家,可以到处交朋友,你家与国家或世界同此大小,但如果没有钱,可能连你的家乡都走不出去。这就是人们需要变富的原因,财务自由是基本动力。

与需要相比,钱永远是没有足够的,这样就给企业带来了一个巨大机会,人们的需求在不断因为钱的增加而提升，而其结构由需要的层面规律决定。

需要是人性的体现，最经典的需要分析是马斯洛的需求层次原理。生存需要主要由食衣用住行决定，达到满足以后，人们开始追求安全，这两个层次的需要构成了生存性需要，如果不能满足，人们则会惧怕，所以，也有学者将其概括为保健性因素。在满足了生存性需求以后，人们需要社会交往、尊重和自我实现，它们统称为成长性需求，依次提升。生存性需要与钱有密切关系，成长性需要虽然关系不太直接，但也与钱有关，而且当后面的需要得到满足以后，又会回到生存性需要，正是此时，这些生存性需要已经不再是简单的生存性需要，而叠加了社会交往、尊重以及自我实现的需求因素。换言之，需要具有叠加性，这是当代创业者特别需要重视的方面，如何挖掘和创造需求，需要通过这种叠加和组合加以实现。

大量的需要是为了创造财富而出现的，它们是生产性需求。比如车间、仓库，对居民来说，没有直接的意义，但因为它们利用规模经济的原理，从而形成了需要，这就不是马斯洛的需求理论能够解释的。类似的还有大型生产设备和专用设备，都是为了实现专业化和规模化。而铁路、高速公路和互联网这些基础设施，则既是为人们出行或者交流服务，也为企业提供生产性便利。这些便利又通过生产性活动转化为成本节约，哪里有成本，哪里就会有它们的身影。如果它们能够做到一些降低，例如降低交易成本，这样涉及人们生产活动的基本成本要素，将进一步增大人们财富创造的动力，也提高了社会财富量。

如果把社会分为顾客和企业，前者为了更好地活着，他们的需要由人性决定，后者是为了更有效率，更有效益地生产，他们的需要由追求以利润为核心目标的动机决定。当他们有钱的时候，他们的需求就会形成。

还有另外一类需求，这就是政府的需求。如果没有外部约束，这种组织的需求会变成毫无约束，因为他们的钱来自于纳税人，如果他们想增加税收，理论上是完全可能的。他们的需求经常令人不能理解，比如建设一个世界最高的建筑，成为地标，或者让人登上月球。但不管公众是否理解，政府仍然有可能维持着他们的想法。现在政府经常用政府购买的方式与市场取得联系，并且全球都呈现出越来越强的政府需求扩张的趋势。如果创业者不去研究政府的需求，引导政府需要，也可能政府有钱，就会很任性，随意浪费了公众的财富。

此外，社会机构的需求也不可藐视，但人们尽可能地将其转化为一般需求（公众或者企业的需求），美国把天气信息作为经营对象的企业不在少数，但仍然有如教会这样的组织以捐赠为收入来源，以慈善之名服务于社会，如教育等。当然国外需求更是许多企业需要重视的，只不过，它只是地域的区分而已。

3.1.2 明确隐蔽的需求

尽管中国有梁稳根这样的以做装备为主要业务的富豪，但二十多年来，不论是中国还是世界，首富都产生于服务于普通消费品或服务的市场。这并不奇怪，因为多数情况下，消费在国民收入的比重是第一位的，只有中国在特殊的历史条件存在着例外。所以，我们还是把普通消费需求作为重点。

普通消费需求具有极大的分散性，个体差异千奇百怪，由此形成了许多需求的基本特征，需求隐藏性就来源于这些特征。

相对企业而言，需求总是十分隐蔽的。当然可能也许存在着企业故意看不见的情况，这是因为如果看见，可能会损害他们的既得利益。

Uber要解决的问题是人们每天都遇到的。人们出行极其不方便,原因是出租车供给存在着问题。人们为什么会依赖出租车呢?因为人们交往的范围增大,人们更需要一台进出自由的汽车让自己更加省力和方便,但是私家车存在着停车难和停车贵的两大问题。停车难使人们步行减少的空间为寻找停车场的时间所抵销,而随着私家车的增多,停车费也在快速增长,而私家车购买、行驶的费用远不及租车。人们对租车的依赖让出租车行业迅速发展,但其牌照管理却造成了世界性难题,政府发放牌照,却无力管理牌照,一个省事的办法是委托管理,从而产生了一个巨大的利益团体,出租车管理公司。他们不仅以控制牌照的方式获得额外利益,这个利益类似于税收,加在出租车司机与乘客之间,使价格不得不提升,市场容量受到挤压。他们还从其中活生生衍生出垄断能力,控制着出租车行业车辆,影响出租服务价格。他们的垄断还延伸到在人们都需要打的的时候,司机却在换班,而换班是出租车司机不敢违约的事情,造成人们越是需要出租车的时候,会越打不到车。

这个问题似乎早就存在,但没有企业真正付诸于行动去解决。在中国八项规定出台以后,租车公司开始盛行起来,因为公车取消以后,一些以乘坐公车为主要出行方式的人,不得不选择既体面又方便的租车公司,他们收费高了许多,但却提供了稳定可靠的服务。其中的浪费仍然存在,最大的问题是车辆闲置,而且也有可能存在着使用公款租车的行为。有了这种基础的服务,满足这一需求的便车也开始使用订购,而网络的发达让这种订购变得方便可靠。其实这种方式在美国这样的人口密度较低的国家与出租车产业是同步存在的。

Uber所产生的背景是在高度管制的国家,避免腐败是社会的基本共识,特别是这种明显的小贪。这种模式在社会上早期也出现过,这就是真正的搭便车现象。美国也给装载人数多的汽车一些便利或特权,以鼓励人们相互搭载。但毕竟没有利益保证,也没有因此形成责任与产权。Uber想出了一个办法,让签约方从出租车司机转变为软件公司,使所有私家车主只要愿意搭载,都可以成为临时司机,并且通过他们的软件进行监控。Uber成功地把两个方面的意愿整合起来,在此之前,他们任何一方都觉得打车难这事与己无关,大家只会骂,却不能将它明确解决,这个问题始终处于原始概念下的隐蔽状态。

隐蔽状态有两种情况,一是大家不知道自己的需要,这可能是受到多方面的影响,传统习惯势力的影响最大,而且人们也有一些依赖的习惯,一旦解决不了,不是从市场出发,而是就事论事地找政府、骂政府,以为是政府的工作存在着问题,其实,创业企业的新的价值主张往往是自己独立提出并解决,大家知道以后都会"恍然大悟"的问题。二是大家太分散,缺少一个中心企业把分散需求整合起来。大家攀比着不愿意行动,但直接的影响是分散会导致企业规模化经营不足,从而大家购买的服务愿意出的钱达不到弥补成本水平,这也是阻碍企业行动原因。

面对隐蔽的需求,创业的重要任务是明确,不仅要明确需求者的痛点,还要明确你所解决痛点的能力与方案,让顾客们感到物有所值。一旦所解决的痛点被解决,这个解决方案就成为市场上流行的概念和标准。这是需求搜集的第一重要任务。

3.1.3 建立商业渠道

个体的需求差异导致了需求的分散,它们不仅不容易观察,甚至连顾客自己也因为缺少相互提醒而不能察觉,这又强化了需求的隐蔽性,更为重要的分散导致顾客相互之间距离变远,而企业会因为距离造成交易成本过高,而让交易不经济,从而无法形成规模化生产,并通过规模化生产为更多的顾客提供低成本的产品。企业所能够做的最重要的事情是让需求集中起来，商业渠道建立成为企业的一项重要工作。

传统上的需求多是明显的，容易理解，而且具大众化。企业的主要任务在于建立物理上的企业与顾客之间的联结，谁连接得好，谁就可以让顾客跟随从而锁定顾客，建立起基于渠道的市场垄断，即便现代经济，这种方式仍然也很重要。它基于两个前提条件，一是传统需求，不需要启发的自然需要，二是由此而产生的人人都有的需要。所以，只要有人的地方，这种销售网络都可以完成三个功能，一是我会给你提供那个商品的承诺的信息披露，二是我给你提供那个商品的物理实现，三是只有我能够提供最好的那个商品的竞争性广告。

但是现代商业越来越多地将上述活动分离开，信息活动与物理活动可以不同步，从电话销售到电子商务，再到移动电商二者大步地走向了分离。甚至渠道的物理空间也被压缩，变成了现代物流，它们不需要中间环节，甚至也不需要仓库，大幅度缩短了商品供给时间，产品的新鲜度与及时性都得到了有效保证。在这两个条件下，即便需求再分散，也不会使生产有问题，只不过，这些需求会以时间差别，让规模化生产不那么容易，经常会以另外的方式，实现规模化生产的组织。

需求搜集的活动是将隐蔽的需求暴露并集中的活动，暴露需求的过程是企业发现顾客的问题，提出解决方案，并以价值主张的形式为顾客伸张新的生活方式的活动，如果顾客存在着需求形成的障碍，企业要想办法帮助顾客化解这些障碍。

价值主张的含义是建议顾客用这种方式解决他们的需要，它有两个意思，一是如果使用了这种方案，可以为顾客提供一种价值，这种价值可能是成本节约，也可能是赏心悦目的需求形成。前者叫痛点，它的起点是生活中的难题，后者被称叫痒点，是在收入提高下形成的全新需求。如果说前者具有刚性，后者则具有弹性。二是企业的倡导，用企业所提供的方式来解决问题，当顾客接受这种方式的时候，就意味着，人们的生活是由企业提供的，人们生活方式不再是自然的，而是工业化式的。

价值主张非常重要，其意义在于启发和教育顾客明确自己所处状况的困难并给出前景，接受企业提供的解决方案，并进入一种新的生活方式，它既有公共性质，也有私人性质。公共性质是它会产生行业性影响，因为教育与启发的结果可能是人们变成了顾客，却不见得来这家企业接受服务，也可能启发了潜在创业者成为潜在竞争对手，进入这个行业变成了直接的竞争对手。其私人性质是价值主张的内容隐藏了我是这个问题解决方案的提供商，我可以做到，还可以包含，类似"只收脑白金"这样的话题，暗示不接受其他企业的产品，产生排他的作用。

用什么进行价值主张呢？价值主张的基本原理是搭载，而不是价值主张本身，因为价值主张的内容是对顾客需求的研究与自己解决方案之间的对应，而价值主张指其方式要有效，基本原则是价值主张的内容要能够或容易为顾客所接受，也就是，不论什么样的价值主张都需要通过影响或强制来改变顾客的态度。这些方式包括广告、课堂宣讲、学术研讨、媒体宣传、文艺作品（故事及其他文艺作品）、领导行为及新闻传播、行政推动、明星示范，以及社交、经验分享，还有企业在生产或者营销过程开展的如产品包装、产品说明书撰写、产品或企业名称、人员促销时的推销词等。

并非价值主张的方式越多越好，不论多与少都要以价值主张的形式能够与内容相一致为原则，以打动人为目的。脑白金的广告许多人都记得，许多人都认为恶俗，但市场的反应是积极的,他们做了十几年,仍然保持着原貌。可见,"恶俗"的说法可能过于理想或浪漫了。这很值得商学家们反思。

3.1.4 刚性需求与弹性需求

需求存在着强度,不同强度下的需求,人们的行为差异很大。中国曾经出现了一波购房热,在很大程度上,它变成了刚需。一个重要原因是儿子要结婚,女方要求男方必须提供住房,购房对许多年轻人来说,变成了刚性需求。

刚性需求的重要特征是人们必须购买,这意味着,不论花多少钱,人们也得购买。战争或自然灾害,导致了粮食极度缺乏,价格疯涨,但人们即便变卖家产,也得吃饭,它表现为刚需。如果人们没有钱购买,则会铤而走险,因为它是不得不消耗的东西。

与刚性需求相对的弹性需求,这是随着收入增长而形成的需求,它与人们的消费能力有关。当收入不足时,这类需求变得很少,而当人们收入持续增长时,它就变得十分旺盛。奢侈品需求多会出现在收入快速增长的社会或阶层,是因为奢侈品具有极高的弹性。

盛世的珠宝、颓世的黄金是讲了两个事情,一是盛世时容易形成弹性需求,而珠宝往往可以满足弹性需求,至少是弹性需求旺盛的重要表现,所以,珠宝的生意好做;二是颓世通常是社会混乱、物价飞涨,黄金在人们收入大幅下降的背景下,是最佳的保值工具,而且未来的不确定性决定了,即便在涨价仍然可购买到人们的必需品,这种极具需求刚性的商品。

我们分析需求强度的原因是要让创业者明白,为什么你的产品出售不掉,你的服务没有人气,一个重要原因是你没有搞清需求强度在其中起着重要影响。一群人中,对相同的产品有不同的需求强度,这是人们的财富或收入差别造成的,你的产品总会有一部分人需要,关键在于你的商业设计,要使你明确你针对的是什么样的人群,他们的平均收入与财产状况,对价格的敏感性如何。比如,同样的菜式,你可以做成快餐,提供给那些工作压力大,时间紧迫的"穷人",也可以做成精品,用极其讲究的材料、加工过程、消费环境、服务流程使顾客感受到美味的同时,还体会到服务与环境。"没有卖不掉的商品,关键在于商业设计",这话有些绝对,但是如果说其中还有一些道理,这个道理就在于商业设计可以把需求弹性考虑在内,把你想服务的那群顾客,他们到底想从你这里要点什么搞清楚,有针对性地进行设计,通常会达到他们所需要的价值。

在商业设计中,如何提升需求刚性程度,是优化商业设计的重要方向。上述两种人,都有一定的刚需,前者是针对吃饱而言的,而且要快些吃饱,但麦当劳高明之处在于,他们还设计了独特的口味,让人们在需要快些吃饱时,也能够锁定自己的消费。另外一种人,如果经常去这样的地方交流、洽谈,也会变成他们的刚需。在吃快餐的人看来,后者太奢侈,而后者则认为不去不行。这意味着弹性需求与刚性需求可以转换,而一旦弹性需求成为刚性需求,这个生意便容易完成了。

海洋馆门票开始出售不掉,是因为顾客没有分离,高弹性需求与高刚性需求混杂,也没有运用商业方法把人们的需求刚性化。但将14岁以下和14岁以上人群分离以后,使用了价格手段将两群人分隔,14岁以下孩子对海洋馆的需求变成了刚性——需求强度大幅度上升。事实上,只要免费,什么东西都可以出售掉,只要它略略有点价值。但出点子的人最重要的商业重新设计是找到家乡的一个刚需,这就是监护人责任,这个责任他必须完成,由此使他们交钱的事变成了一个必需的活动,而一旦进入,则可以通过学习,慢慢增加需求强度,部分人可能变成了主动的学习者。

万达借助于刚性的商业需求发展起了自己的产业——商业地产，碧桂园借助于人们对教育的刚性需求率先做大了房地产，成为当时的中国首富。许多时候，只要认真分析和设计都可以找到人们必需的需求，如果你加以有效引导，就成为你的蓝海。

3.1.5 情感需求

脑白金的需求者到底是什么人？如果说是老人，老人们对脑白金的看法是"没钱"，或者说，在相当焦虑的一个时间阶段，老年人对自己的营养品并没有认真的需求，何况这种健脑、不可检验的产品，他们可能会把那些称其为"爸爸、妈妈"的人推销的企业产品购买回家，但却不愿意花钱在这种市场性产品上。按传统的商业思维，这个市场并不存在。现在脑白金找到一群可以为之买单的人，这就是他们的孩子。其实，如果单纯是孩子的市场，这些有事业经营并且有见识的年轻人，也不会相信这个产品真的能够解决什么问题，但是如果他们父母让他们购买，他们则会形成一个强大的需求，这个需求也被那些叫爸叫妈的推销人员看到。这个需求是什么呢？是情感需求。

情感需求与常规的需求不同，常规的需求是本人的需求，而情感需求则是一群人的需求，在这里是两个主体的需求，中间的变量通常并不是企业能够加入服务就可以做到的，企业所需要做的是暗示——这个产品可以满足两方的情感需要。脑白金做到了。

把产品转换为情感产品这种事情并不特别困难，但因为缺少理论指导，所以企业并没有那么多的充分理由去做，使我们这个社会的情感满足存在着极度的缺乏。不论是父子、母女、夫妻、子女之间，还是社区之间都缺少这种满足的方式。

情感需求是人类的重要需求，任何产品或服务都可以将其附加进去。这里需要对附加值进行深化。

传统意义上的附加值是指产品物质上加入进去的新的劳动，使相同的物质可以获得更高的价值，但是这种加入主要是指生产过程，并不针对需求。但实质上，如果需求价值不增加，物质价值仍然不会发生改变。将物质产品向精神需求方面的延伸是重要价值增长方向。也就是说，任何产品除其基本功能外，还可以加入更多的功能，这一加入的过程才是附加值的本质。当然，这一过程需要生产活动，但也不尽然是复杂的生产活动。

脑白金本是一种保健品（至少企业定位是保健品），但经过广告的价值主张，它变成了游子社会的尽孝产品，其价值不仅仅是针对家庭，还有利于中国向市场经济过渡，其原因是游子是一个社会问题，而不流动，不产生游子现象，中国就不可能真正进入市场经济。

这样，形成了一个重要的需求搜集原理，将一些产品以其基础功能为基本需求，企业应该寻找并使其附加新的价值。这些价值包括：便利、情感、审美、健身、趣味、教育、公益。此外，还有节约（节能等）与环保也应该在这个概念之中。

正如前面所讲到的需求层次分析所指出的，上述这些需求都不是生存需求，而是发展性需求，这些需求会随着人们收入增长而增长，这些需求的弹性很大。它们不是奢侈性需求，因此，不会给社会带来额外负担，消耗资源也不会增加过多；也与技术创新没有太大关系，对企业要求相对较低，不需要太多的研发投入和试错成本，这决定了它们是许多创业者的重要思考方向，特别是类似中国这样的创业环境，经济已经获得了较大的发展、资源消耗的透支比较严重、传统文化影响相对深远的市场，更需要认真思考这个领域的创业。

不仅如此，这些需求还是无上限需求。从需求层次理论看，这些需求多属于精神范畴，而这个领域不服从边际效用递减规律，相反，却经常出现边际效用递增。这样，满足这种需求所带来的产出可能更具长远性。

3.1.6 需求的全局性

需求是否有好坏？在商家看来，需求有好坏之分，不然有时人们会面对新发现的需求感叹，这是一个十分重要的行业。

互联网出现的时候，开始人们没有意识到它将会带来一场巨大的变革，但随着在互联网领域创业者的行动及其所产生的财富效应，人们意识到，它将带来一个巨大的需求，而且这个需求将会持续相当长的时间。这样的需求会改变所有人的行为，会对社会产生深远的影响，进而形成全新的社会生活。硬件从互联网及移动通信到移动互联网，内容从门户到搜索引擎，再到大数据，形成一波接一波的需求浪潮。

当这样的大的趋势到来时，不是企业是否利用这个需求，而是企业是否能够跟上这波需求，不至于被全新发展方式的竞争对手所淘汰。在这样的需求背景下，需求搜集活动并不需要过多地关注社会、人文以及人们过去的行为，而是要深刻地认识需求出现的全新变化，其活动的重要能力基础是理解能力，通过对一个技术市场化以后的理解，做出正确的判断，然后设计出自己的需求搜集。

互联网以极低的沟通成本将人们联系在一起，因此，人们可以借助于网络做许多关于信息沟通的事情。比如查字典、查地址，都可以借助于互联网实现，借助于它可以查阅企业信息以及各种观点，由此形成了以查阅为基本活动的网络平台。这种平台以免费的方式为通过上网获取信息的人提供服务，而这个服务不再以传统的单向提供方式，用发布的方式，而是用搜索引擎的方式提供。

这种方式在技术上并不难实现，但也有其障碍，这就是想搜索的关键词能够容易获得网络的承认，查到自己所需的信息。这样就需要出现一种模糊查询的方法，为客户提供一种提醒性的功能。发布者分为自愿发布，这是基于"好为人师"的心理特征，有人提出问题，就会有人愿意解释，并且利用了网络的公开性，对答案进行持续优化，而平台并不负责对答案真实性的鉴别，完全依靠阅读者自己对答案的选择；另一类是借助于这个平台发布自己的广告信息。广告有两种，一种是信息性广告，另一种是劝诱性广告。

人们经过一段时间的习惯培养，什么信息都要从这个平台上查询，产品信息的获得也自然会依赖这个平台。对发布信息者来说，如何设计好关键字，让人们容易查询到自己，变成一个关键能力。如果企业这个能力不足，平台企业可以帮助企业提高查询频率，并且根据收费多少提供安置页面位置。

这种极低的成本也将无法商业化的社会需求转换成为商业活动。信息查阅、交友、各种评论都成为商业活动。所谓无法商业化，是指企业不能通过商业活动获得收益，也就是那些活动是没有人为企业买单的。但是，在网络环境中，许多活动的成本大幅下降，这些活动具有社会意义，可以带来社会福利增加，而不会给提供者带来过多的成本。但是尽管如此，仍然不能保证企业愿意提供这种服务，所以企业需要借助于这种低成本的服务让更多的人进入被服务的范围，再通过他们活动所隐藏的需求，挖掘可能的获利机会。据说，这成为互联网思维的本质。

其实，现在许多活动都已经有了新的变化。比如物流产业快速发展，导致了许多人和企业要依赖于物流运输获得生存。有年轻人自己不愿意洗衣，将脏衣服寄送回家，再让家里寄送回来，后来有人就这把这个活动放大成为远程洗衣业务；如果有人要尽孝，物流可以帮助他解决寄送的问题。GPS和北斗定位系统，让人们可以随时定位，不论是寻找道路，还是利用物联网改变人们的生活方式。

在中国高速铁路快速建设，让中国人开始依赖高铁，人们出行、政务和商务都会以高铁作为一个重要参考安排自己的行程。甚至可能还在另外一个城市，就让家人开始做菜，或者朋友点餐，利用高铁和地铁交通系统不会影响按时到达就餐。

概括起来，需求搜集的一个重要方面是要考虑到社会基础设施的重大变革，因为它对需求有着全局性影响，人们会因此改变。

3.1.7 分析需求障碍

为什么明明存在需要，却无法做成产业？这个问题十分复杂，但是，商业模型设计者不能因此而推卸责任，他们必须根据理论来判断，找到问题所在。

简单地说，存在需要却无法形成产业的主要原因是存在着商业障碍，这里主要是指存在着需求障碍。在能源革命过程中，电动汽车被称为是重要的变革方向，但是这个需求却迟迟不能到来。其重要原因之一是充电时间不如加油时间那么短，这种电动车使用起来不那么便捷。

如果当年没有汽油车，也许人们可以接受这种加电的方法，但是现在加油多只用几分钟时间，而充电却需要以小时计算，就造成了人们不会重新选择，而被锁定在传统的方式上。这种障碍是顾客在使用过程中发生的，但因为存在使用过程中的障碍，理性的顾客就不会选择这种新的消费方式。

需求障碍主要表现为顾客端障碍，在上述例子中，顾客的障碍几乎是无穷大的，除非完全没有汽油，或者汽油车运行成本明显地高于电力汽车，不然人们不可能转向新的消费方式。明显地让汽油价格大幅增加相对降低顾客端成本造成的社会风险过大，因而降低顾客端成本便成了企业的方向。显然，提高充电效率，减少充电时间是主要技术创新的方向，但仅仅这种办法还不行。重要的办法是将电池而不是电与车体脱离，形成两个商品，一者出售，一者出租，电池出租给电车时，应该是已经充满电的电池。这样，有可能出现电力汽车更换电池的时间比汽车加油的时间还短，顾客端的需求障碍被消除了。

更基本的障碍是产品的安全性出现了问题。安全带来了人们的恐惧，人们宁可不消费它，也不敢去冒险，特别是拿孩子的生命冒险。

在商业中，这种障碍经常见到。传统的钢笔需要加墨水而不方便，圆珠笔自带墨水，解决了必须准备墨水的障碍。有一种无线话筒，是教师上课的必须工具，但经常会因为没有电而影响效果，甚至在晚上时，经常会因为没有电，也找不到服务人员而降低教学质量，更不用说因为上课中间因为没有电让教师去找服务人员，或者没有发现而影响了教学效果。现在有一种办法，就是把充电电池放在话筒上，话筒底处有一个充电孔，不用时，直接插在充电座上，随时充电。顾客端的使用障碍基于人们的担心，它对产品需求的影响往往是潜在的，具有潜在的体验性，企业也可能看不到，但它是客观存在的。

除了这种使用方面的障碍，还有许多其他障碍。脑白金面临的障碍是有人要，却没有人出钱,找到出钱的人是商业的关键,但问题是出钱的人为什么愿意出钱呢?

还有一种障碍,人们现在没有钱,将来可能有钱。这种障碍是现金购买力的障碍,而不是资产的障碍。他们现在没钱,但将来却有能力赚到钱,或者他们现在就有钱,只是钱并不是那种企业需要的货币,而是财产。这都属于现金性购买力障碍,解决问题的方法是金融方法,可以采用按揭,也可以采用贷款,如果有物品作抵押,则以购买后的物品作抵押,获得现金购买;后者可以银行贷款,即使没有资产,但却有银行认可的人力资本,也可以贷款,比如助学贷款。企业也可以使用其他融资方式,比如使用租赁的方式,降低购买者现金支付数额。中国在这波房地产发展过程中,许多年轻人动用了老年人的资产,来消除年轻人的购房障碍,这是一般的常态,其他国家也不会采取类似的做法,只有中国的特殊市场结构才会让房地产商有这样的办法来化解年轻人的支付障碍。

如果需求过大,表明这个障碍的消除有可能会形成一个产业。物流产业虽然有联合快递这样的背景,但其快速发展却是在电子商务背景下。

当年电子商务是人们都看好的未来商业形态,但是人们也看到了有三大障碍在影响着中国的电子商务。有一位讲演者为了说明电子商务的重要性,在家里给她的研究生上课,因为她家里可以上网,她订购了一餐饭,给学生们吃,并演示什么叫电子商务。但是,她觉得特别沮丧的事情是直到第二天,那顿午餐才送来。

她很久都没有使用电子商务,是什么导致了这个尴尬呢?**物流**。上世纪末,物流还不是一个重要的产业,可能远程物流还有一些业务,短途的业务基本没有。电子商务理论上压缩了生产企业与顾客间的中间环节,但是如果没有物流,这些都处于理论状态。有了这个理论,顺丰率先由背包客发展成为国内物流,浙江的三圆也得到了发展,等大家明白过来,这个市场已经非常成熟了。**另外一个障碍是结算障碍**,那时,中国人对信用卡也不算太熟悉,平常百姓只觉得现钞是钱,其他都不是。更不要说电子结算。阿里看到了这个机会,率先申请了支付宝,并以他们自己的两个平台,阿里巴巴和淘宝为基础,推广支付宝。到2012年,这个支付工具已经成为气候,甚至开始向正规的银行蚕食支付市场份额,形成了一个特有的结算产业。

现在人们正在消除由**体验**形成的电子商务障碍,O2O 就算是一个。

障碍不可怕,人们总会想出一些办法去解决,一旦这些办法成功,有可能会产生一个全新的产业,那些相信想不出办法的人,那些嘲笑者,讲故事的,以及教师们,都可能被这波克服障碍的需求浪潮所淘汰。

有时,这种障碍是相辅相成的。在 2010 年前后,广东许多地方搞了绿道,它用于人们散步,但是这个绿道却成就了自行车业,许多人并不是去绿道散步,而是去骑行。本来自行车作为交通工具,市场大幅消退,但是绿道却让这个产业重新定位,变成了骑行运动场所。障碍起初只是人们没有地方散步,但散步的人也有,却没有想象的多,而骑行的人却不少。

许多消费端障碍也经常如此。前面讲的电动车,电池技术是一个方面,这个障碍消除,只解决了部分问题,而以更换电池为主要业务的充电站出现可能会使加油站业务开始萎缩。

障碍往往是被商品的消费激发出来的。马桶盖现象是因为人们习惯了使用马桶才出现的消费者障碍,人们感受到了不便,是因为想要那个好处,却出现了新的坏处。电子产品出现,造成了电磁辐射,低视力、颈椎病等,这些问题也需要商业来解决。

还有一些障碍是集体性的,如果没有火车、汽车、摩托车,也不需要交通警察;如果没有化学工业,许多污染也不会存在。这个世界就是这样,发展了一个,就会产生另一个新的问题,人们在不断解决问题,也在不断造成新的问题。

分析需求障碍是一件很有趣的事情。例如,打车难、停车难、看病难、入学难、入托难,都是从需求障碍开始的新产业的起点。"难"成为起点,关注难,求取难,变得十分重要。上述这些难是人们共同的,所以这个市场也是相当大。但也经常会有私人的难,解决那个难就可以做私人订制了,如果有相当一部分人有此需要,也可以构成一个小众市场。发现人们的"难",成为创业者的首要任务。

有一些困难无法通过商业解决,比如签证难,这是政府间协调问题,甚至是意识形态的问题。有一些则是政府管制问题,比如中国没有真正的航空产业,全球晚点率最高,无法形成支线、干线航空网络;还有一些,比如关税难,则纯粹是政府不愿意让利于民。

3.1.8 微信的崛起

米聊早于微信,却被微信反超。你提供的产品是你能够驾驭的产业链的长度、力度和精准度。微信是腾讯在 2011 年 1 月发布的一款产品,比小米的米聊晚两个月。微信 1.0 基本和米聊一样,应用场景定义为熟人间的通信工具,简单说,就是可以免费发短信和照片,代替收费短信和彩信的工具。为什么说它的定义是熟人间的通信工具呢?因为刚上线时只有三个功能:

(1) 发送信息;

(2) 发送图片;

(3) 设置头像。

备注和黑名单功能是在微信 1.2 版本才增加的,也就是说,微信 1.0 和 1.1 版本时,加好友是不需要备注的,因为我不会加陌生人,这里只有我特别熟的朋友。微信 2.0 时,微信用户有 400 万,而米聊有 1000 万。所以在微信 1.0 的时代,不管是功能上还是用户数量上,微信一直在追赶米聊。米聊甚至有开发人员说,这是米聊新上的功能,结构图我放在论坛立帖为证,微信几天之后就会抄我们。果然,几天之后,微信就抄了这个新功能——语音通信。但是,微信 2.0 很快就追上了米聊,并拉开了距离。为什么最后成功的是微信而不是米聊?因为你能提供的服务,其实是你能够控制的产业链的长度、深度和精准度。张小龙在微信之前,做了十年的腾讯邮箱,那是全国最大的邮箱服务平台。它有一个很强的功能是超大附件,在超大数据定点传输中负载均衡,系统不崩溃。这并不是改良 APP 界面就能做到的,微信的背后有 10 万台服务器可以支撑文件传输,米聊难以企及,因为米聊本身不是小米的战略性产品,小米不可能囤积那么多的设备去提升米聊传输文件的性能。所以你用微信,永远都会觉得很快,而米聊有时很慢,偶尔会系统崩溃。二者用户的分野在这里开始拉开。

你对世界的洞察在你的产品中,微信和陌陌同时进军陌生人社交,而米聊止步于熟人社交。微信 2.1 里添加了一个新的功能,叫做"好友验证"。随后 2.2 版本推出一个核心产品叫做"查看附近的人"。戏剧化的是,微信发布"查看附近的人"功能的同一天,另外一款和它一模一样的产品在苹果 APP 商店上线了,这款产品叫"陌陌"。凭借"查看附近的人"和"陌生人聊天"功能,它成为了一家在纳斯达克上市的公司。在这个时间点上,张小龙和唐岩(陌陌创始人)考虑的产品应用场景有什么不同?微信首先考虑的场景是:我要拼车上班,那我是不是可以把诉求写在微信签名上：我住哪儿,去哪儿上班,有没人和我拼车？第二个场景是"二手处理"：比如我有二手婴儿车,看看小区有没有需要的人,可以转卖。陌陌的应用场景是什么？这个大家都知道。所以微信和陌陌虽然发布了同一个功能,但是应用场景不一样。增加了"查看附近的人"功能以后,微信的用户从400万达到了2000万,与仍然专注熟人社交的米聊拉开差距。

推出二维码、公众号和朋友圈,微信拉开与陌陌的距离,转向商业社交平台。微信3.0推出"摇一摇"功能,看看这个世界上有谁在跟你同时摇手机。3.0之后,微信用户上亿,米聊永远停留在3000万。如果只是"查看附近的人"和"摇一摇"功能,你一定认为微信跟陌陌一样。但是,微信3.5以后,和陌陌也开始拉开距离。3.5版本,微信加了"扫描二维码",3.6版本,微信加了"微信公众号"。这两个功能是微信历史上的标志性事件：是继续连接陌生人？还是去连接线下更多的内容与商业？通过扫描二维码和关注公众号,我不仅可以找到身边的人,还可以找到企业和商户。到了微信4.0的时候,微信推出了今天把每个人都牢牢粘在手机上的朋友圈。我们可以看到,微信版本更迭的次序是非常重要的。如果没有"扫描二维码",就没有更多的商业加进来；如果没有公众号,没有可供传播分享的内容,这个时候如果开放朋友圈,只靠用户拍照片发图片,你觉得这个朋友圈会是什么样子？所以微信每次到达一个新场景,都有前一步的铺垫工作,这些功能和动作的次序极其重要。朋友圈为什么能变成我们今天生活的主要场景？因为它帮你筛选了所有和你相关的信息。你不需要看任何一个媒体,只要刷刷朋友圈,就可以获取所有和你有关的信息。所以到了微信4.0时代,仅两年的时间,微信用户增长到了4.7亿。

拉动4.7亿用户绑定银行卡,用红包完成了功能到情绪诉求的升级,微信从社交平台变成了生活场景。微信5.0的核心功能就是绑定银行卡。因为之前有了微信公众号,也已经绑定了商家,有无数在朋友圈里做生意的人,在完成交易的最后一步,都必须离开微信,到有支付能力的平台上去,所以对微信来说,做支付这一步非常重要。微信支付的本质是什么？让微信从一个单纯打发无聊时间的产品,变成了有商业价值的产品。接下来一件事,怎么能让4.7亿用户愿意去升级需要绑定银行卡的5.0版本？微信用了一个小方法：推出了一个"打飞机"的小游戏。游戏推出以后,微信上出现了4亿人一起打飞机的盛况。因为微信本身就是一个打发无聊时间的产品,在微信上玩游戏是最顺畅的转化,接着绑定银行卡就可以付费,更长时间地玩游戏。所以微信用了这样一个设计,拉动了4.7亿人一起版本升级。微信6.0的核心功能是什么？红包。"打飞机"拉动了大家升级为5.0版本,让每个人的手机拥有了绑定银行卡的能力,但是发红包让大家有了绑定银行卡的情绪。红包完成了微信支付从功能诉求到情绪诉求的转化。于是微信从社交平台变成了生活场景,成为了我们每个人生活的一部分。

人欲即天理：微信服务了人性的弱点,变成了互联网的大江大海。每每我们激励自己做产品,激励自己创业,都会用一些很高大上、很美好的东西激励自己,说我们要做最好的产品,要有匠人之心,要有工匠精神。但是你知道,太正义的东西,往往让大家觉得沉重。当雷军复盘自己做金山和小米两个产品时的个人心态变化,他提了一条,就是他终于懂得了"人欲即天理"。微信做到了顺从人欲,所以它成为我们互联网的大江大海。互联网的所有的大江大河的发端莫不是在于此。下面我们看看,微信的崛起与人性的缺失,有什么关系？

微信的起点是贪婪。以前手机上发一条彩信两块钱,用微信1.0上传照片不用钱。微信的第二步是满足"懒惰",有了语音留言,就不用打字了。微信3.0满足了人们的窥视欲,"摇一摇""查看附近的人"。微信4.0用"朋友圈"满足了人们的炫耀欲和虚荣心。微信5.0满足了人们贪玩的心态,并成功用小游戏拉动了4.7亿用户同时版本升级。微信6.0用抢红包的小游戏满足了人们爱玩和贪婪的欲望,完成了微信支付的捆绑应用。

3.2 成长资源

3.2.1 成长资源的内涵和特征

在商业模式概念中,没有成长资源这个术语,但商业模型理论中必须有,这是因为商业模型理论是为企业成长服务的,不只是为了企业业务运行服务的,没有成长资源,何谈企业成长?在一些商业模式分析中使用了关键资源,这个概念与成长资源接近,但是关键资源往往与核心竞争能力联系起来,其概念产生于竞争理论。商业模型理论重点在于强调成长,是自我竞争,而不是以吸引竞争对手参与竞争为前提,所以,成长资源的建立并非是为了竞争,而是为了成长,能够顺利成长、持久成长,为打造百年老店提供资源。

所以,成长资源的定义就是有利于促进成长、保证企业持续成长的资源。这样的资源具有什么性质呢?

企业要发展钱是所有企业必须有的,许多人也准备好了,所以,从一般经济学意义上讲的成长的基础在于资本积累对企业并没有太多的意义。尽管创业者经常会把资本看得很重,但是,对于成长,这个要素显得太普通了,它无法将其他要素效应倍增,其他数量性的资源,比如劳动力、设备、土地(矿山)等要素也没有这样的特质。能够放大其他要素功效,使之能够资源化的性质应该是成长资源最基本的属性。这一性质可以分解为下列内容:

第一,同化性。成长资源应该具有将其他要素转化为企业资源的特征,这一特征让企业不需要太多的非成长资源,就可以获得成长,不仅如此,企业还可以控制许多一般性资源。能够同化其他资源的资源一定具有稀缺性,但稀缺资源不一定是成长资源,比如矿山资源是稀缺的,但是它只能面临被消耗。除稀缺性以外,还应该有可以复制的特点,使其他资源在被同化以后,也可以像这种资源一样。

第二,整合性。成长资源应该是能够放大其他要素潜能的资源,这是通过资源间组合完成的,通过整合发挥所有要素的作用,在获得业务运行效应时指向企业成长目标,并完成要素资源化的活动。

第三,流程控制性。成长资源的重要表现形态是流程控制,因为企业成长需要有业务活动做保证,让其他资源能够有序地按成长资源的要求进行运行,实现第一个函数,实现从需求搜集到盈利构造的业务循环,同时还能够保证成长资源自己不断得到强化,流程是成长资源基本表现形态。

第四,专属性。成长资源必须是专属的,它可以代表于法律,但是它只是一些局部资源,不能代表全部成长资源的全貌,其专属性更多是指一种隐含在企业中具有结构性的信息,包括文化、制度、品牌、技术能力及传递以及企业家团队工作流程。它类似于技术秘密,大部分具有不可言状的属性,当然,如果刻意破解,它仍然可以被透视、被描绘、被函数化。

有什么东西可以类似企业的成长资源呢?基因。基因现在被广泛称是一种资源,它其实是一组信息代码,这组代码控制自身的器官将外部营养转化为内部资源,来承载着基因运行,同时也在生命中,同化了所有营养变成组织,也通过繁衍不断复制自己,整体组织的运行方式。当一个生命体死去的时候,它的基因还记录在毛发、骨骼等细微之中,虽然它不能再组织起生命,但或许在某些特定的场合和条件下,它就可能复活。

企业的成长资源应该也是一种具有信息性的东西,这种东西以往并不被企业家所重视,但是,现代商业越来越多的案例表明,没有优质的企业基因,企业不可能获得成长,并且可能很快夭折。

3.2.2 成长资源的投入

在商业模型的原理中讲过成长资源来自于利润的投入。这和德鲁克的观点不一样,他认为,利润是创新的成本,这是因为创新可以带来利润,本次的利润应该用于进一步的创新活动,从而企业能够通过创新得到持续发展。这样的企业是靠创新能力活着的。创新能力所依赖的是成长资源,但成长资源是否全部用于创新呢? 不一定。

"老干妈"辣酱似乎许多年没有创新,或者没有太大的创新,但这家企业越活越牛,不仅在国内持续发展,她们产品还成了许多出国人的得意生活品,成为许多企业羡慕的对象。她们靠什么发展呢? 不是创新。富士康作为一个世界最大的OEM企业,连产品品牌都没有,他们到目前为止活得还不错,他们靠什么呢? 由此可见,创新只是企业许多活法之一,而不是全部。

我们把利润进行分解,其中相当大一部分投入到成长资源之中,利润变成了企业的成本。这和把利润转移到企业之外的投资回报看法是不同的。表面上,作为投资回报,企业没有持续性,更没有发展性,企业只是投资者获得回报的载体。把企业看成是投资者获得资本增长的工具,企业就与事业没有太大的关系。但是许多人希望企业存在,员工当然如此,顾客也会如此,除非企业不再进步。但是投资者会这样吗? 因为投资者的目标是让资本增值,他们需要回报,所以,百年老店经常并不是投资者所追求的,因为他们并不能从其中获益,即便获益,他们也不能得到及时的回报。

这样百年老店目标下的成长资源就与企业作为资本聚合体相违背了,只有企业摆脱了为资本服务,企业才会以百年老店为自己的目标,才会投入于成长资源。是否将利润投入成长资源是企业追求百年老店的分水岭。而这个分水岭从根本上放弃了为投资者服务,或者说,如果投资者创业是为了追求百年老店,那么投资者也应该成为这样的企业成员。

但是,如果企业对利润分配结构处置得当,也许并不会过多伤害投资者,甚至可以让投资者坚持支持企业,并且获得更大和持久的投资回报。换言之,在前面讲到的将一部分利润投入到成长资源,这部分是多少应该体现了企业的战略取向。我们可以简单将其分解为成长资源投入+投资回报,构建一个指标:成长资源投入比率=成长资源投入/全部利润,其值为1时,这个企业完全不考虑投资者回报,这样的企业有可能是家族企业,或者是投资者有意让企业先投入成长资源,采取了将企业养大秋后算账的策略。如果照顾到投资者的利益追求,企业应该有一个相对合理的比例,它是企业最优成长资源投入比率,不过这个比例深受企业投资者对短期利益与长期判断取向的影响。这里隐含了一个重要假设,就是投资者在企业决策中仍然起着重要作用,如果不是这样,企业也不用太过多地考虑投资的利益分配了。

其实,既然成长资源是以企业基因为主要内容的,它就应该具有极强的时间外部性,也就是,当基因稳定以后,只是利用基因,而不需要再对基因进行投入了。从投入结构上看,具有先高后低的特征,但先高的持续时间可能会比较长,而后低也不会达到零,因为基因需要根据环境不断进行完善和调整,也需要成本。但是,这种外部性的确给一些投资者形成一种商业理念,就是先予后取,初期不进行利润分成,而推动企业进行成长资源投入,而后期,则尽可能地对基因进行复制,以回收前期投资。事实上,企业这样的战略可能也刚好回避了竞争对手,因为投资者没有回报,就可以将基因锤炼成熟,而避免了潜在竞争对手的垂涎。

把利润用于成长资源投入,使投资者回报变少,在财务上,是利润下降。从这个意义认识问题,有一些企业前期财务并不好,但却可能赢得长期发展,原因在于其前期投入到成长资源之中,而没有体现到财务利润上,恰好这种投入结构为企业创造了良好的质地。如果你是投资者,应该明白这样的推理更有利于未来投资。换言之,前期如果财务状况好的企业,将来有可能出现问题,投资者应该小心才是。

3.2.3 成长资源的形成

成长资源的形成除需要有利润的转化要控制分配的比例外,还需要什么条件呢?或者如何把钱用起来呢?也许大家觉得这件事情很容易,然而这并不容易,因为它需要创造,需要以商业创意来形成这些条件。这是以优化投入方向为目标的,如果没有这个目标,也可能钱乱花了。也就是说创意是围绕最优的投入,而不是随意的投入。那么为什么说这件事情很难呢?因为想达到成长为百年老店的创业者应该是已经找到了一个自己的蓝海,它很有前景,但对企业来说也面临着困难,这就是这个市场到底如何启动。

而成长的活动是一个扩张市场的活动,对一些陌生的市场,别人不了解你,你如何让顾客信你,这是一个重要问题。所谓的成长资源就是不断让顾客信任的资源化活动。以前所有人经营的经验可以借取,但并没有可以直接抄袭的对象,需要企业针对这个市场进行市场创意。也就是说,在这个领域,创业者要变成企业家,一个重要的工作是认识出新的符合产品或服务所承载价值主张的系列影响顾客需求的维度,然后用全新的方案解决令顾客信任的问题。

有没有一个标准呢?我认为只能参考,没有一个可以解决问题的原理性方法。看看世界知名的百年老店——可口可乐,它们不断把利润投入到成长资源之中,最主要的是广告,持续地用各种方法做广告来保持其市场份额。而另外的控制与塑造放在了它们的配方上,公司声称他们拥有的配方从来没有外漏,为了树立这样一个理念,可口可乐去搞品尝大赛,让许多可乐公司的饮料放在一起,让大家选择,什么样品味的是可口可乐。不管结果如何,可口可乐公司发起比赛的勇气就让顾客信任他们可能真的配方没有泄露。

但实际上,不论什么配方,只要用优选法组织实验很快会找到它的结构。大家如果做类似产业,比如饮料,可以像他们一样维护这个市场,农夫山泉应该是受到启发而形成了一个维护办法。他们的广告人所共知,"农夫山泉有点甜",有点而已,这是消费者的感觉,但是让大家来验证,他们即便不挑明,也许略懂一点化学知识的人都知道他们的矿泉水是含了一些碱性物质的,让人们在口里觉得有点"甜"。

这里只是有点,如果碱放多了,就不是点了,人们一方面会感觉不好,二会怀疑将来会得结石。现在如何保证有点甜呢?就找到与他们标准相同或者相近的水源,然后再在新需求下，人们注意水质和案例的情况下来宣称，他们是在几百米深的水下取水，来说明他们有多么用心在做自己的承诺。

前面我们讲了，成长资源核心是针对顾客价值点进行价值主张，来召唤需求，进而以产品标准和流程标准来保证这个主张，进而用制度来控制这些标准。什么是核心？标准。一个标准，很容易让别人达到，即便你隐藏，也会因为商业侦探而让你很快失去秘密。只有两个原则来引导创意，一是细致地针对顾客价值，所以体验特别的重要；二是明确这个顾客价值，然后根据自己的能力去主张，并且主张是可以得到验证的。

这一系列活动就靠两个能力，一是创意能力，关于捅破那层窗户纸，二是明确能力，把创意出来的方向经过筛选，形成明确的方向，做什么和不做什么明确起来。要做到极致，这是创意，也是防范。许多人以为差不多就行了，恰好你的方向提醒了竞争对手，他们比你做得更好一点点，你就被淘汰了。极致需要创意，不论什么需求，一点瑕疵都没有，这不是企业说的，但也不是现在还购买的顾客说，而是那些想走，还没走的顾客说的。

瑕疵针对的是顾客感受，而不是企业的努力。所以找到瑕疵就是找到那些走掉的顾客，问他们到底为什么要走。但问题在于如果企业没有顾客管理系统，你怎么发现这样的人，又怎么能够联系这样的顾客。根本还在于企业能够站在顾客角度去发现瑕疵并用技术将之改正。这不需要创意吗？

所以答案是，钱要花在创意与明确上，用利润投入到吸收顾客意见形成顾客来源的创意和企业的创意上，不断追求极致，拿出手的东西，是让人难挑毛病的东西，竞争者就望而却步了。与芭比娃娃一样，这个卖了60多年的产品的经历。

3.2.4 成长资源的锤炼

顺利走到百年的企业，其成长资源的锤炼大约要经过十几年。此后他们会做什么呢？从商业模型中看到唯一可能的逻辑是将其用来复制自己。

那些具有优势的物种没有不是扩张自己的，不然人们也不知道这是一个优势的基因，因为它不可能有先验性，只能在成长中得到验证。基因会在成长中去适应环境，生物为什么要去适应环境？也就是基因的一个重要方面是能够从环境中获取资源，或者说一个企业能够得到顺利成长，取决于其稳定后的流程控制中，是否包含了这项内容，如果没有包含，它还不能得到顺利成长。

传统意义上的成长资源是依靠公司自身实力的滚动，这样企业的利润分配有可能要再分出一部分，投入到与企业成长基因相配合的活动之中。成长基因可以看成是成长的软实力，而这些资金则应该被看成是企业成长的硬实力，严格的意义上说，它们也属于成长资源，因为它们对成长也有帮助。但是，这种资源也可以从外部获得，并不为企业独有，如果一些有足够资本的企业家们愿意这样想，就意味着他们并不想把企业的权利流失到企业之外，这种成长的方法应该比较适应于那些风险意识较强的偏向保守的企业家，这些人可能也是一些不熟悉当地情况，或者被要求必须带资进入的人。

前面我们曾经研究过商业规律，滚动规律是最基本的商业规律。如果企业认为自己所培育的优势基因，就应该为企业自己挣钱，那么他们选择这种缓慢的方式也可能有道理。当然，从企业成长基因形成过程看，如果企业认为基因还不那么成熟，还需要适应环境，这也是一种控制风险的办法，不过这样可能会影响到企业财务结构。能够让成长基因发挥作用的外部资源多是企业从外部寻找来的,这些资源可能包括贷款,不论是向银行,还是向商业合作者,或者发行企业债券,都是利用财务杠杆为自己成长基因提供外部营养;企业也可以引进股权,将自己的权力让渡给那些"志同道合"者,这些人可能是私募基金,包括各种创业投资和产业基金,也可能是企业或者私人,也可以通过上市获得融资。

企业能够成长除需要资金以外,还需要其他要素,有时候这些要素变得非常重要。这些要素可能包括相对较低成本的物流、场地、动力等影响成本的企业运营条件,还需要合适的劳动力、管理人员等影响成本也影响产出的条件。

现在企业更多是采取加盟连锁的方法,这是商业合作,以商标、工作流程、人员培训、标准控制等作为承诺,要求对方以加盟费和分成两种方式向旗舰企业提供收益。这种做法利用了当地资金资源、土地资源、原料资源,利用了当地经验与人际关系,进入当地市场,对服务行业非常合适,成为世界快速成长公司普遍采用的商业方法。

这里把成长全部看成了企业的事情,而实际上并非如此。当地政府经常希望企业获得成长,当地政府对推动企业成长往往希望有所作为,尽管这种做法有可能会导致拔苗助长,但政府的不作为,也有可能限制企业成长。前面提到这些数量性资源,有一些必须由政府提供,但有可能没有意识到,比如物流环境,如果没有足够便捷度、网络参与程度不够,也可能让企业成长面临约束。

现在许多国家,都有一些政策工具,就是使用园区或者孵化器来推动企业成长,其中一种叫加速器的概念可能可以帮助企业使用较低成本的融资方案,比如构建了有自己特点的融资平台。当然政府更需要做的是建立良好的市场环境,这个环境就是诚信、法治,以及人力要素所需要的环境,如医疗、教育、培训,以及所有人所需要的物质和精神需求的满足。政府参与成长资源配置,不能由政府决定谁,而应该由那些愿意进入的企业决定,这些企业可能已经完成了基因培育,总部不一定设在当地,但这样的企业进入对当地肯定有好处。需要明确的是,这种政府参与的成长资源配置活动,对于总部所在地很有可能无法获得这种来自政府的支持,这也是许多总部会在成长成熟以后,搬迁到那些有影响力地区的重要原因。

3.3 盈利构造

3.3.1 盈利构造的内涵

盈利需要构造吗?需要,这是因为能够盈利并不是一个简单的活动,在传统意义上,它是限制商业的根本性原因,否则就会有大量的商业存在。但是,现在已经出现了即便不盈利,也可以运行的商业模式,给人们的启发是盈利需要构造。

人们都称这种活动叫盈利设计。设计是对既有的进行组合、拼凑,设计相对来说,比较简单,当然广义的设计也包含了想象,特别是外形上的设计,更要达到不同一般的效果;但是如果商业活动使用"盈利设计"一词,总会让人们感觉设计与创造的关系不大,而主要是安排。所以,我们不使用"设计"一词,而使用"构造",它包含了设计,也包含了创造。

盈利的本质是剩余,别无它说。但是,财务时期不同,盈利概念有着根本性的差异。以年度财务概念为例,叫企业运营利润,它的基本构成是:年收入-年支出,当然,它可以根据不同目的和范围做各种变种,比如毛利是指:年度收入-年度财货性支出,而边际利润则指：年收入－年度变动支出；你也可能使用季度或者月度、半年度的利润来说明问题，不管怎么样，这些概念都是运营的概念，是为了让会计方便而设计的一些概念。但它经常不是真实的，而只是统计意义上的。

另外一种盈利概念叫项目利润，是项目做完以后获得的剩余。比如房地产业开发完成以后，用收入减去全部支出；一次运输活动完成以后，用收入减去油钱、过路费和罚款，还可能加上其他人的工资，而自己工资通常不算支出，车辆磨损也不算支出，除非有维修性开支。司机们都会这样计算自己的盈利。在股市上，人们也多会用事件的方式来看待自己的盈利，而人在股市上的看法更接近一个重要概念——创业利润。

人们在股市上投入的钱，就是全部的投资，即使是多次投入的，人们也经常不会计算它的利息，而只是静态地加总，如果这时的钱叫做价值，那么等到考核的时候，也使用性质一致的概念，叫期末价值。投资利润就是投资全部过程的价值剩余，创业利润也类似这样的概念，就把用退出创业企业的价值作为收益，减去创业的全部投入。

一个以企业作为百年老店的创业者，他通常没有退出企业一说，那就只能是通过估值来计算其价值；而作为投资者，他可能会对创业企业进行投资，使用的概念叫股权投资，将来出售的也是股权，它的盈利就是出售股权的收入减去购买股权的支出。如果只有这些概念，进行盈利设计的空间并不大，如果追求利润最大化，可能只有利用股权概念。正因为这样，人们急于套现，而不会考虑企业长远。正因为这样的原因，我们并不愿意讨论创业利润，甚至项目利润，我们所说的盈利还是以年度利润为主要对象，因为我们主要的目标是为百年老店服务，而不是为投资者服务。

盈利设计企业的盈利战略与其理财观念有关。虽然我们称利润是企业为顾客服务的自然结果，但是构造盈利必然会包含一些策略性因素，无非就是应该盈利的不盈利，或者自然盈利，个别情况也可能会有不应该盈利，却一定要盈利。一个企业为什么会有意识地控制盈利呢？在传统观点看来，这是不能理解的，但加入明确的盈利构造所包含的策略性因素，就应该知道，企业将通过这种行为获得未来更大的图谋（产出），其产出不一定是直接的盈利，但它一定与创业者的使命一致。

当然，不同企业理财观不同，也会影响人们的行为。那些老谋深算的成熟企业家往往就是在如何看待盈利上高人一筹，他们不会过于直接地表现出盈利的渴望，甚至还有意识地放掉盈利机会，最后他们大多成为赢家。从这个意义上看，盈就可能不会赢；而想赢，则就不能盈，或者不能太盈。在这里我们需要区分一下，盈是收益，是溢出，是剩余。多盈，则意味着更大地赚取钱财，它的意义仅仅在于钱财。而"赢"则意味着成功，是不朽，是众望所归，是有口皆碑，赢与钱有点关系，但关系不太大；钱是赢的基础，但不是基础的全部，钱更不是赢的目标。赢不是财务概念，盈是财务概念。

3.3.2 盈利观念

不论年度利润，还是项目利润都可以用收入减去成本来表达，但收入与成本的含义却大有不同。你可以写成 A 的利润＝A 的收入＋来自于 B 的收入分成＋来自于 C 的收入…－（A 的成本＋B 的成本分摊＋C 的成本分摊…）来表达利润。它的意思与传统利润思想大为不同。

传统利润思想以产品本身来经营和核算，A 的利润就是 A 的收入减去 A 的成本支出，企业既不去寻找和发现可以分摊成本的人,也不会将 A 的相关资源出售给其他人,由其他人提供收入。略微有一点变化,就是把时期扩大,用全部产品生命周期的收入减去全部生命周期的成本,这样就可以允许产品经营着亏损期——只有成本没有收入,而在产品上市以后,还会继续因为要推广,影响市场,也加大了营销性成本支出,而必须面对企业的持续亏损。但是后期,企业则会因为大量前期投入被资产化,而增加收益,出现了收入持续超过成本的情形。

也就是说,传统意义上,假设了收入会在持续投入以后形成持续增长,而成本则也会因为前期投入,而持续下降,最终在全部投资生命周期中实现盈利,其利润的大小由这个时期内的利润总额决定。这种利润观点仍然有用,但是,现在人们越来越多地使用现代利润观构建经营战略。这个利润观被人们简单地通俗地称为:"挂羊头、卖狗肉、猪来买单",完整地表达可以写成上述公式。

传统盈利观念与现代盈利观念的差别在哪里呢?传统盈利是以自己作为资产形成的投入主体,再由自己利用。也就是说,利润来自于资产,资产运行的产出不仅可以获得市场接受的产品或服务,也可以成为自己后期节约投入的重要原因。他们为什么要自己投入、自己运营呢?因为垄断性资产才能够产生利润,在完全竞争的市场中,只有具有垄断性因素的资产才可以获得超额利润,垄断利润是超额利润。如果不具有垄断性,资产可以随意流动、模仿、出售、转移,那么很快市场上会出现大量的模仿者,使投入者前期投入无法形成垄断性资产,也无法用收入与成本的变动规律形成先亏后盈的经营模式。

这样做的一个重要条件是,产品生命周期足够长,也就是说,创新并不是那么频繁,产品更迭不那么迅速,所以可以给投入者从容的时间。后来,创新压力增大,这些创新者只好更加借助于专利制度来保护自己。而现代盈利观念则是尽快地建立资产,充分地利用资产的外部性,将同一个资产的不同侧面出售给不同的人,或者由不同的人共同构建资产的不同部分,由此来获得超过产品或服务本身的收益和让更多的主体来分担构建资产的成本,使本来盈利不多的项目,获得更多的盈利,让现在不太盈利的,尽快获得盈利。

比如,交通都会产生外部性,其中地铁的外部性更大。每当地铁口出现时,它的周围都会出现住宅,如果有住宅,则会出现住宅价格上涨。大家受益于地铁,是因为地铁存在着外部性。以项目来论,地铁只能通过出售车票获得收入,但是如果注意到这种外部性,地铁公司就需要将外部性控制起来,在同当地城市管理者协调以后,在规划地铁的同时,就要规划地面地产,通过地铁获得人群流量,而通过地面地产获得收入,这样地铁公司就不再是单纯的地铁公司,而是交通与城市开发公司,整合以后,将从亏损变成盈利。

香港就是这样做的。这里需要几个条件,一是你能够发现外部性,二是你能够将其资源化,三是这种资源转化为你的资产,四是资产可以大幅增加收入,或者其本身的盈利远远高于其他行业利润水平。

在互联网环境中,导入人流成为关键,其重要原因是网络人流存在着极大的外部性,导入人流和增大粘性,可以扩大网络资产能力,进一步才可能将其转化为可提供的收入。其中,最重要是对外部性的认识能力,它又需要有创造力,通过一定方式的商业创意获得额外收入,甚至可以通过这种创意化腐朽为神奇,盘活一个行业或者一大块资源。而这种能力往往不是管理学的能力,也不是营销能力,是经济学的能力。

3.3.3 盈利构造的方向

前面讲到的海洋馆的故事，孩子不再是收入提供者，但他们却必须是服务对象。在传统商业思维中，如果不是收入提供者，就不能成为服务对象，但现代商业打破了这个界线，越不是收入提供者，越得成为服务对象，企业越要伺候好这些顾客，因为他们身上有外部性。这种外部性是可以变成另外一些人的刚需。

盈利构造的创意方向，首先要依靠人们的视野和不局限视角的能力，但更为重要的是经济学分析能力，因为外部性是否存在和外部会产生多少资源都需要依赖经济学的分析。有人会说这些创造了全新商业模型的企业家们并没有做经济学分析，有可能表面上没有，但他们的想法和语言中，一定包含了全部应该包含的经济学内容，或者就是他们运气好，他们做完了，有人认识到这里面的经济学含义加以提炼，使他们更加清晰确信自己做对了，并继续重复这样的做法。

这些外部性，许多是企业弃之不用的。比如，建筑的外墙、电梯等各种墙壁，都成为广告资源，也有的是企业现有技术进行提炼、回收的资源达不到既定单位利润水平，是那些所谓的垃圾，它们都可能成为另外技术的来源。这些资源多是机构的剩余，有空间的、有时间的，在空间十分紧张的情况下，搭人或物便车的方法是利用空驶资源，现在已经被人们挖掘出来，但是，时间上的资源却利用的远远不够，例如大学教室，在假期里基本处于闲置状态，电能也没有因为晚上大量闲置而被储藏起来。现在挖掘比较充分的是人们眼球的外部性资源，多把广告作为利用这种资源的盈利方法，需要创业者跳出这个框框，寻找那些人们还没有注意到的外部性。

团购是一种利用外部性的新方法。每个人都希望有便宜的价格，而企业也希望有人能够以批量订购的方法开展商业，谁来承担这个组织者呢？传统商业有一个中间商，他先来批发，然后一点点地将其销售掉。现在有一个人发起，组织大家一起购买，如果缺少一个人，这个生意就做不成了，所以，每个人购买都是其他人低价格购买的条件，形成了网络外部性关系。

网络效应也叫做网络外部性效应，最直观的理解是，当年如果有一个电话，这个电话对他没有任何意义，即便北京有了十几部电话，当年的皇帝溥仪也只能拿电话做玩具，给另一位有电话的学者胡适打电话，没有内容，只是试试这个东西是否好用。但是当一座城市内的电话数量达到万部时，你如果没有电话就开始觉得不方便了，而现在，如果你没有手机，则许多人认为你已经脱离了世界。

网络效应的外部性纯粹是由使用网络的人数决定的，但团购后来并不完全是这样。因为真正的团购需要先组织，后购买，这种组织成本过高，被组织的人可能会有较大的强制性，由此产生了一个团购企业，他们策划了一些可能会有以某价格购买的商品或服务，以团购价格在规定时间内出售，其价格明显低于厂商的价格，但消费条款多有限制。比如时间不能随意，只能在一些特殊时间，通常是人们不愿意去的时间消费。

其实，它是一种以团购方式形成的价格歧视，它未必是低的质量，却是客户一端低的效用，因此，客户只能以低价格购买，但使用了团购以后，厂商获得了数量上的满足。这个数量前提，也是由消费者互为外部性决定的，只不过现在先有一位冒险者与批发商一样，先将数量订购了下来，再向购买者以团购的名义出售。在本质上，团购企业仍然是批发商，只是商业的起源有所不同,物流方式也有所不同。

互联网为人们提供了方便的信息流,使服务领域以极低成本提供大众性服务消费,而恰好这个以大众为外部性的利用提供了条件,形成了团购的商业模型。重新定义自己,往往也是利用外部性。宜家是家具生产与销售企业,但在几十年前,在他们店里就不再只出售家具,而是把所有与家有关的商品集中起来,称为家居企业。一字之差,使家具出售的外部性变成了顾客的便利,也变成了企业的盈利来源。这个企业在分摊成本方面也有独特的能力,他们看到发达国家人工费昂贵,许多人会修理和安装,就逆潮流而动,将家具设计成可安装、拆卸的板式家具,由购买者来分摊生产成本。

前面也分析过,中国几家大的房地产公司,都是利用外部性的高手。珠海华发,将其住宅建在有严重污染的前山河旁,建设时没有人看好,他们也并没有意识到如果治理好前山河,不仅可以给珠海带来一片好风光,也可以让自己的房价大幅度上涨。

人们会注意到,学校食堂是人流十分拥挤的地方,原因是食堂有补贴、卫生有高规格监管,所以,许多人愿意来学校食堂吃饭。因为有人流,所以产生了巨大的外部性,许多为学生服务的吃饭以外的生意都可以通过食堂得到较好的实现,所以,食堂的主管部门通常会比较有钱。当然,这些生意也需要用商业创意去发现。

3.3.4 分摊成本

在海洋馆的故事中,社会可能会成赞助者,甚至政府也可能给予政策支持,它们都是利润公式中的收入 C 部分。为什么社会会成为企业商业活动的赞助者呢?为什么政府会给予政策支持呢?这是因为企业要将价值主张讲的丰满、清晰,要讲给那些应该听的人听。当企业讲清楚的时候,社会和政府就会明白,企业在为社会和政府做事,在替他们解决问题,他们有理由为企业提供收入。

这样就有一个重要的原理,企业所生产的许多商品是具有外部性的,要把这些外部性出售掉,用以换取获得外部性主体的支持,而不应该把它弃之不管。我们把这个原理作为一个重要的商业原则,即每个企业都应该尽可能地看到自己正的外部性,并向他们进行兜售(营销),获得他们的支持。

这些机构并不会因为你是商业而不支持,相反,这可能是非常节约的一种社会活动或政府活动,如果社会和政府去做,可能花费很大,而且效果很差,相反,他们可以利用你,甚至是支持你做这些商业,使他们在树立形象、实现使命上,获得了你及其他商业的支持。我们把这样的一种理念叫构造生态,因为是构造生态,为他人所用,你去争取一些收入并没有太多的困难,甚至他们还十分高兴。看到正的外部与营销正的外部性使许多成功企业家减少外部压力,在中国也是说服当地长官的重要理由。只有能够为政府提供足够的业绩,他们的审批才会变得容易,因为这些官僚机构也需要审批的理由。

盈利构造的另一个重要的内容是请其他组织分摊成本。减少成本就可以获得利润,传统的办法是利用规模经济,这个原理即便在现代商业中仍然有着基础性作用,也是许多成本下降案例的根源。深化分工,让每个生产环节细化,其根本的原因是它们可以用专用的设备和技术,应对更大规模的需求。

需求越大,规模经济条件越高、专业化程度越强,成本越低,越会吸引更多的人产生需求。有时的重大技术突破产生了某种打破规模经济限制的条件,比如,使用纸的包装使产品销售半径扩大,从生产地到销售地变得经济起来,企业销售规模的突然增大,带来的规模经济和成本下降,让这样的企业获得快速发展。伊利就是这样抢占了先机,获得了迅速发展。即便加盟店,这种规模经济,也是在充分利用广告的规模效应,相同的广告费用下,加盟店可以让单位产品中的广告费用变低。

现代商业则进一步推广了上述方法。以加盟店为例,一个企业如果做出了流程和品牌,就形成了无形资产,这些无形资产如何变现呢?传统的方法是自己投资,不论原始积累,还是贷款,或者上市融资,都是以自己或者以股东为中心进行扩张。但是,加盟店的方法与此不同,其方法是旗舰店不一定出钱,甚至还要加盟者支付一定的加盟费,再让其参与运营。加盟店与旗舰店共同运营着的公司,但成本却是由加盟店支付的,旗舰店只支付管理费用。

Uber 的成本主要是汽车行驶成本,由愿意参加 Uber 的签约私家车司机支付。代驾公司的成本由汽车行驶成本,驾驶员行驶和信息成本,以及系统管理成本构成,第一部分由顾客承担,第二部分由驾驶员承担,第三部分由代驾公司承担。当然,不论 Uber 软件公司,还是代驾公司都没有把全部收入变成自己的,而是事先就确定好了分成比例。在向出租车行业垄断挑战的这波行情中,许多公司要求城市向司机补贴,这是让政府承担部分司机成本(也可以看成是司机的收入),一旦考虑了政府这样的机构进入,就会出现更加复杂的成本分摊,比如建设费用的分摊、税费的减免等优惠,都会成为成本分摊的渠道。

可以将成本支付分为三种情况,第一种是自己全部支付,第二种是企业与外部共同支付,第三种是外部全部支付。最后一种比较少见,大家如果举例,可能会举出贪官们会在各种奢迷的场合消费甚至是官员及其家属的投资让企业家来买单的例子。但这不是正常的商业。在正常的商业中,这样的例子仍然可以见到,如果策划得好,买单的人是愿意做这样的事的。

在海洋馆故事中,如果这个策划是政府做的,政府完全可以大张旗鼓地宣传,这是政府的政绩,因为 14 岁以下的孩子可以免费参观,但买单的人应该是企业(如果亏损)或者是家长。视角不同,关于成本分摊的主体也会不相同。即便是创业者,它也仍然可以以其策划的创业计划书为基础请其他人来投资。

3.3.5 设计价格

盈利构造还有一个重要问题,就是如何设计价格。当年 IBM 需要一个操作系统时,一位在校生盖茨马上答应了,IBM 以长期的市场影响力和产能对这位创业者提出相当低的价格,但盖茨依然答应了,对方要求快速交货,盖茨也答应了。这就是盖茨抓住机会的企业魄力。盖茨知道有一位拥有操作系统的软件写手刚刚因决斗去世,软件产权在他们亲属手里,他决定购买,但对方提出的转让价格是 5 万美元,而 IBM 的购买出价只有 3 万美元,对于商业来说,这是一个无法成交的生意。但是具有商业气质的盖茨却因为这样的生意把他的绿色巨人树立了起来。

盖茨在这样价格下的合同备注了一条,每新装一台 IBM 个人电脑就要向刚刚成立的微软提供装机费 100 美元。IBM 应该没有想到,或者没有预测到,个人电脑市场是巨大的,他们与王安的竞争会引来一波个人电脑产业发展的浪潮,兼容机也会使用他们所提供的标准,英特尔、微软都因此成为这些企业的供应商,而蓝色巨人也在自己获得了长足发展的同时,为微软创造了巨额利润。不久这个刚刚出现的微软成为世界首富的诞生地。

企业的收入不是来自于价格,而是来自于收费。这样定义会将企业的活动变得更加复杂，包含的内容更多。价格通常是指单一价格，如果是一组价格，则叫价目表，它的依据也是收费。收费不仅针对着企业，也针对事业机构，也包括那些非盈利性组织的收入，还将没有产量的服务或者投资项目等均概括其中。对一般的产品收入而言，用收费公式代替收入，通常可以写成：收费＝固定收入＋单位价格×销售量。这个公式可以将价格作为特例，当固定收入为零时，收费变成了传统意义上的销售收入，但当单位价格为零时，它又可以变成项目的总收入。

如果盖茨缺少商业思维，不仅这单生意无法做成，他也可能不会成为未来的世界首富。关键在于他们看到了销售量未来可能的迅猛增长，这个销售量既包含了个人电脑（PC）的销售量，也包含了每台出厂电脑必须安装了这一操作系统这一假设。前者只是他的一个预测，后者则是因为他的商业能力。因为后者需要谈判，谈判取得成功关键要有足够的理由，争取自己利益和恰当的商业主张。

盖茨的主张是什么？就是不论是否真正地安装操作系统，IBM以及后来的兼容机生产企业，每出厂一台电脑都要向微软付费（单价）。盖茨以什么理由提出这个中国人看来有些过分的要求呢？一是因为软件与其他产品不同，它的安装成本几乎为零，而且微软无法监督其是否安装；二是操作系统是所有电脑必须安装的，IBM有理由将这个已经运行的软件安装在所有出厂电脑上；三是美国有足够的诚信环境。而这样的条件，以什么获得对方的认可呢？就是低的固定收入，不论IBM是否成功，这部分钱是IBM必须支出的。固定支付越高，IBM的风险越大，微软要求对方支付低的固定费用，是为了与其共同承担商业风险，这种商业精神成为谈判的基础。盖茨为何要多花钱购买操作系统呢？肯定是为了获得机会、争取时间，更为重要的是，他可能预见到了未来操作系统的价值，特别是上述收费公式可以给他带来的巨大利益。而这样的花费他所得到的是全部产权，这样才保证了当IBM使用开放式设计，允许个人兼容机电脑企业快速发展时，给微软带来了谁也没有想到的市场机会。

IBM愿意让微软共担风险是问题的关键，而微软主动承担风险更是成功的关键。为了承担风险就必须为客户着想，不能占尽全部利益，所以，先予后取并不仅仅是指利益分配，更重要的是可能代表了一种承诺、一种态度。其实，盖茨是一位懂得管理会计原理的人，因为只有边际利润才是利润的真正源泉，只要边际利润足够大，总会让企业在努力中扭亏甚至获得巨大发展。

恰当合理的收费设计是许多商业成功的重要原因。比如，一百平方米都不到的连锁蔬菜小超市，晚上会有两次打折，形成了一个时间上的价格目录，它的收费公式是用时间价目表表达的。打折前是针对那些急切却想保证蔬菜真正新鲜顾客的，第一次打折应该是面对那些对时间要求不太高，对蔬菜新鲜要求也不太高的顾客，等待最后打折的是对蔬菜本身没有要求，只要求便宜的，但却可以冒无蔬菜可以买风险的顾客。它们这样做，等于做了一个声明，他们明天将永远出售新鲜的蔬菜，价格成了他们价值主张的信号。

本章案例

拉链制造公司 YKK

20世纪30年代，一位名为吉田忠雄的日本青年，告别京西，漂洋过海前往上海收购陶瓷。谁也没想到，这个动荡的"十里洋场"会成为吉田日后蜕变为商业巨子的基石。他一手创办的拉链制造公司"YKK"，仅凭一条小小的拉链，创造出一连串惊人的数字：年营业额达 25 亿美元。

年产拉链 84 亿条，其长度相当于 190 万公里，足够绕地球 47 圈；其生产的拉链占日本拉链市场的 90%，美国市场的 45%，世界市场的 35%。20 世纪末，吉田公司已同丰田、索尼等并列一起，成为日本工业发达的代称，而吉田忠雄也成了名闻遐迩的"世界拉链大王"。

1."拉链大王"崛起

1928 年，吉田忠雄 20 岁。他带着哥哥给的 70 日元生活费，离开家乡富士县黑部镇，独自到东京闯天下。

彼时，中国陶瓷畅销于日本，吉田在朋友开的小陶瓷店内，开启了他的工作生涯。后来，吉田被派往上海收购陶瓷。20 世纪 30 年代的上海滩，孕育了国内无数商业巨子，也培养了外来的过客。在这里，吉田的"生意经"从零到一逐渐成形，而这成了他以后制胜的法宝。

日本侵华战争爆发。吉田回到日本帮助朋友拯救濒临破产的陶瓷店，却没能逃过倒闭的厄运。在清理店中遗留货物时，吉田意外地发现一大批别人托为代销的拉链。这些拉链因制作粗糙，品质低劣，长时间积压店中，不少已经生锈损坏。

然而，这些被别人视之为破烂的拉链，却成了吉田眼中的"瑰宝"，他借钱买下了这些拉链，开始了创业。

问题 1：隐蔽的需求是什么？

1934 年 1 月，吉田创办了专门生产销售拉链的三 S 公司，员工只有两人。至此，吉田的肩上扛下了重担——负债 2070 日元，他此后的一切都寄托在了一条小小的拉链上。

当时，拉链在日本的发展并不顺利。日本生产拉链的方式十分原始，完全靠人工装配，一齿一齿地切合、拉柄、布带，使得故障率高，顾客退货、商店存货堆积如山是常有的事。

为了解决这个问题，吉田先到大阪拉链厂，利用订货的机会，了解拉链的制造过程。回来后，就潜心研究改进办法。他研制了一些修理小工具，将退货的拉链一条条拿来修理，记下心得，并用图表说明。令他信心大增的是：经他修理而又卖出的拉链，几乎没有人再退回来。

在三 S 公司三楼的拉链加工厂内，最初那批堆积如山的退货拉链，经过吉田和两个员工的修理，全都作为三 S 牌拉链出售了。卖到顾客手中的三 S 牌拉链坚固耐用，甚至经得起铁锤的打击，加上滑润易拉，就像顺布纹撕布一样发出清脆而轻柔的声响，它的销路越来越畅。东京许多经销商都主动进三 S 的货，并冠以"金锤拉链"的美称。

吉田的拉链销量以每年翻 3 倍的速度上升，三 S 公司也开始生产拉链的部分零件了。公司人员由当初的 3 人增至 26 人，销售网也日益壮大。吉田还清了全部债务，他含泪取回了借据。

1938 年，三 S 公司几经扩展，人员已增加到 100 多人，原有的店铺已不够使用。吉田购地 85 坪，兴建了一座新工厂。三 S 公司也改名为吉田工业公司。

当年，日本实施战时经济体制，除了生产枪炮，禁止国内工商界使用"铜"，而拉链却是以铜为主要原料的。经过反复试验，他决定改用铝作替代品。由此，吉田成为世界上以铝代替铜制拉链的鼻祖。此后，他还研制成硬度高而重量轻的铝合金拉链。

吉田并不满足国内市场,他还积极拓展美国、墨西哥和南美市场,直到太平洋战争的爆发。

2. 绝境逢生

1945年3月10日,美军的一次空袭,使吉田在东京的拉链工厂毁于一旦。

面对废墟,吉田的雄心并未倒下,他看到日本战败后,经济萧条,商品严重不足,便以此为契机,利用自己办厂的经验和技术,招募工人,筹集资金和设备,很快生产出大量拉链。这时,他开始采用商标"YKK",日后闻名世界的拉链王国就此奠基。

企业走上新轨道,吉田没想到,而后发生的一件小事会对"YKK"的发展产生深远影响。

一日午后,一个美国人来到吉田的办公室,提出想看看吉田公司的拉链。吉田拿出公司最好的拉链,报价9美分1条。美国人沉默了片刻,将随身携带的一条拉链拿了出来,吉田试用了后,发觉无论是性能还是设计都远远超过"YKK",而其价格更让吉田错愕:7美分40条!

此事对吉田的冲击十分大,他在回忆当时的情形时说:"我们根本就没有谈判的余地,我全身都在冒冷汗。"尽管企业在不断发展,但日本的拉链工艺仍处于落后阶段。

吉田心里很明白,如果美国的产品进入日本市场,整个日本拉链产业都将崩溃。

"未来将不再是手艺高的匠人的天下,而是靠精良机器制胜的时代。"

可进口一台美国链牙机要3万~4万美元,单靠一家小企业无法承受,吉田倡议业界一起出钱买进口机器,建立一家共同经营的公司,结果无人响应。而后,吉田一咬牙,花1200万日元从美国进口了4台全自动链牙机,而当时吉田公司的资本金才500万日元。

吉田的钱并没有白花。机械运转高速,性能精良,全厂员工都为之倾倒。然而吉田并没有就此止步。

他又做了一件事。

——邀请日立精机董事长清三郎商谈,决定在3年内研制出来100台更好的机器,分批交付使用。

后来,100台新型高速链条机中,其中三三型拉链机,每分钟4000转,12分钟的生产量相当于旧机种一天8小时的工作量。

与此同时,吉田再次把目光转向国外,他期待再次开辟自己"拉链王国"的新疆域。

随着日本与西欧、北美的贸易大战不断升级,吉田预见到,西欧、北美国家必然会通过提高关税来限制日本商品的进口。为了在夹缝中生存下去,他把发展海外业务的策略定为:利用当地廉价劳动力,在海外建厂生产,就地推销商品。

这样一来,不仅降低了成本,巧妙地绕过了提高关税的关口,还不影响自己在当地的贸易。

"把利益还给当地人,让当地人参与经营。"吉田笑称。

盘子大了,工艺上自然也得下功夫。在YKK的众多工厂里,看不到一部使用年限超过3年的机器,公司每年都生产上万台机器供给下属工厂更换使用。

"虽然生产拉链的机器使用寿命很长,但只有前几年才能发挥它的最佳功效,因此要不断更新。"

事实上,从1953年开始,YKK就开始实施设备自制战略,除特殊情况以外,公司拉链和铝型材的制造设备100%是由YKK的黑部工厂制造的。在工厂中,有一半人在技术研究部和制造本公司设备的设备部工作。

1958年,50岁的吉田忠雄终于如愿以偿。这年的拉链产量,完成了年产拉链长度绕地球一周的宏愿。

问题2:该企业的成长资源是什么?

3. 成功的秘诀

有人追问靠350日元起家的吉田,他成功的秘诀是什么?

他的回答是:"我在17岁念高中时读到一本书,给我印象十分深刻,便是'除非你将你所得利益,设法与他人分享,否则你这一生不会成功',这就是善的循环,它给了我成功。"

在吉田看来,"善的循环"就是YKK的核心理念。这种善不是强取而是给予。

为了实现"善的循环",吉田准许YKK公司雇员购买公司的股票,持股者每年可得18%的股息。21世纪初,YKK公司的职工拥有公司股份占比50%以上。同时,他限定公司职工把工资及津贴的10%和奖金的50%存放在公司里,用以改善和扩大公司规模,公司每月以比银行定期存款利率还要高的利率来给存款的职工支付利息。

吉田的这套哲学,对职工产生了很大的吸引力。到1983年底,职工在公司的存款已累积到4200多万美元。此后,YKK每年支付的红利中,吉田占16%,其家族占24%,其余由职工们分享。

同样,面对消费者,吉田也是给予信赖。

1973年10月6日,在世界范围爆发了大规模的石油危机。油价从原先的3美元/桶暴涨至11美元/桶。在其他董事呼声一片中:用涨价来应对暴涨的油费。吉田保持了冷静。

"即使遭受100亿元的损失,我们也要维护客户对我们的信赖,由企业来承担这方面的损失。"

当然,他不忘鼓励大家。"这种状况不会持续很久的。"

果然,几个月后油价开始回落,YKK又渡过了一个难关。

如果说"善的循环"是吉田"笼络人心"的良药,那么,对产品的极致追求则是他建立大业的根本。

当初,为探寻如何研制铝合金的答案,他乘上泛美客机,出国去考察。他在美国观看了福特汽车厂6秒钟出一辆汽车的传送带式的流水线;在欧美考察了众多的精密机械厂和合金厂。他把每天的考察心得,记在小本子上,或用照相机拍下来,当晚无论多累,也要写成文章寄回日本。对有关铝合金、自动化生产线、精密机具与国际贸易等专业知识,他更是孜孜不倦地学习,终于满载而归。

回国之后,吉田以新学到的"闪电战术",马上开始行动。

他将有关铝合金考察结果、个人的建议,悉数交给日立制作所。在他日以继夜的督促下,冶金专家通力合作,终于将适用于拉链的铝合金研制成功。

一种隐形铝合金拉链开发出来了!

虽然隐形拉链在美国早已畅销,但吉田忠雄的铝合金隐形拉链却大有后来居上之势。《洛杉矶时报》1998年的一篇报道称:"YKK公司自己炼铜、自己调制聚酯、自己纺纱捻线、自己为拉链贴布染色、自己制作其独特拉链齿的模具……甚至自制发货箱。"

当外界还在感叹这个传奇时,YKK早已塑造了牢固的老字号形象:一根拉链永远无法成就一件衣服,但它能轻而易举地毁掉一件衣服。

(本案例主要来源于2016年4月4日MBA管理商学堂)

问题3:该企业如何进行盈利构造?

本章小结

1. 分析了企业如何挖掘和创造需求,如何明确隐蔽的需求,如何建立商业渠道,如何找到刚性需求、弹性需求和情感需求。如何利用需求的全局性,如何破解需求障碍。

2. 分析了成长资源的内涵和特征,分析了成就百年老店的企业,如何进行成长资源的投入、形成和锤炼。

3. 了解盈利构造的内涵,熟悉传统盈利观念和现代盈利观念的区别和联系,分析盈利构造的创意方向,如何通过分摊成本和设计价格来实现盈利。

思考与实践题

1. 企业如何挖掘和创造需求?企业如何明确隐蔽的需求?
2. 企业如何建立商业渠道来搜集需求?刚性需求和弹性需求的区别和联系?
3. 如何发现情感需求?如何利用需求的全局性?
4. 企业如何破解需求障碍?
5. 企业如何进行成长资源的投入、形成和锤炼?
6. 企业如何进行盈利构造?

第 4 章 商业模式的理解、发现和构建

学习目标

通过本章的学习,读者将能够:
- 掌握商业模式的基本功能是什么,商业模式的内涵和特征;
- 熟悉商业模式的本质;
- 熟悉商业模式如何演化和重构;
- 了解商业模式的境界是什么。

4.1 商业模式的力量

1. 商业模式的三大基本功能

(1) 持续地厘清、差异化、优化企业的经营思路;
(2) 内部沟通和反省的基本逻辑框架;
(3) 投资者沟通和投资者关系管理的重要工具。

2. 为什么投资者越来越重视商业模式

在超限竞争时代,产品生命周期缩短且行业风险剧增。企业业绩风险与行业风险如图 4-1 所示。

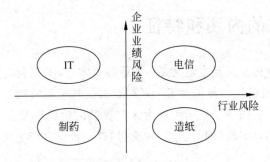

图 4-1 企业业绩风险与行业风险分析

(1) 行业地位和行业本身的风险都高的企业,如电信企业(可能不敌行业内竞争对手出局,也可能由于产业融合导致整个行业整体出局)。

(2)行业地位风险低(新兴企业的进入壁垒高)但行业风险高(整个行业都在萎缩)的企业,如造纸企业。

(3)行业地位相对稳定、行业风险也很低(行业不大可能消失)的企业,如制药企业和农业企业。

(4)行业地位变幻莫测但行业风险低(甚至可能强劲增长),如IT企业。

商业模式不清晰包含的巨大风险,随时可能使企业被颠覆或逐渐变得无关紧要。曾任苹果公司"软件布道师"的盖伊·川崎为了帮助人们找到真正的商业模式,提出了一个商业模式识别坐标。这一坐标以"对客户的价值"为横轴,以"你提供独一无二的产品或服务的能力"为纵轴,如图4-2所示,出现了四个象限。

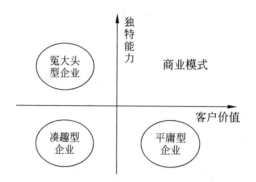

图4-2 企业独特能力与客户价值分析

第一象限:不但你的东西对用户非常有用,而且只有你知道该怎么做。

第二象限:没有人觉得你的东西有用,但只有你在这么做。处于这个象限的企业,可以称为"冤大头型企业"。

第三象限:不但没有人觉得你的东西有特别的用处,还有一大帮人在跟你做一样的东西。这样的企业可以称为"凑趣型企业"。

第四象限:你其实没有什么独到的能力,但你做的东西有一定的用处。这样的企业只能是惨淡经营的"平庸型企业"。

只有处于第一象限的企业,才可能成为拥有自己的商业模式的企业。

4.2 商业模式的内涵和特征

商业模式到底是什么?其基本定义是:企业赢得客户,实现利润的基本商业逻辑。

学术定义:"商业模式是一种包含了一系列要素及其关系的概念性工具,用以阐明某个特定实体的商业逻辑。它描述了公司所能为客户提供的价值以及公司的内部结构、合作伙伴网络和关系资本等用以实现(创造、营销和交付)这一价值并产生可持续、可盈利性收入的要素。"

任何一个商业模式都是由客户价值、企业资源和能力、赢利方式构成的。因此商业模式有五个特征:

(1)它包含诸多要素及其关系;

(2) 它是一个特定公司的商业逻辑；
(3) 它是对客户价值的描述；
(4) 它是对公司的构架和它的合作伙伴网络和关系资本的描述；
(5) 它产生盈利性和可持续性的收入流。

长期从事商业模式研究和咨询的埃森哲公司认为，商业模式包含三要素。

第一，独特的客户价值主张。即"我卖的到底是什么，其独特性何在"，例如绫致服装、麦当劳、星巴克、电影院线等。有时候这个独特的价值可能是新的思想；而更多的时候，它往往是产品和服务独特性的组合。这种组合要么可以向客户提供额外的价值；要么可以使得客户能用更低的价格获得同样的利益，或者用同样的价格获得更多的利益。

第二，独享的资源和独擅的能力。即"凭什么是我而不是别人来卖"。比如直销模式人人都知道其如何运作，也都知道戴尔公司是直销的标杆，但很难复制戴尔的模式，原因在于直销的背后，是一整套完整的、极难复制的资源和成长流程。

第三，独特的盈利方程式。如何让客户价值转化为企业价值，即如何在修高速公路的同时建立收费站。拿立思辰所在的文件输出外包服务领域来说，它总结出了四种不同的收费模式针对不同的客户：企业设备全购置型、全租赁型、半购置半租赁型和全外包型。无论采取哪种方式，立思辰收费模式的优势在于，用户能够清晰地估算自己的文件输出成本并且进行锁定，而且一定能够控制在没有使用外包的水准之下，因为立思辰的利润空间是限制在节约的资金之内的。

4.3 商业模式的本质

商业模式的本质就是一群利益相关者把自己的资源能力投进来，形成一个交易结构。这个交易结构持续交易，会创造出新的价值，每一方会按照一定的盈利方式去分配这个价值。如果每一方分到的价值超过了它投入资源能力的机会成本，这个交易结构就会越来越稳固。

过去的管理理论不提交易结构，现在它却变得很重要，是因为技术进步导致了交易成本的变化，又使得重新构建不同交易结构的可行性空间变得更大了。我们构建了一个六要素商业模式模型，从六个不同的维度去分析这个交易结构。

(1) 定位：企业满足客户需求的方式。
(2) 业务系统：企业选择哪些行为主体作为其内部或外部的利益相关者。
(3) 盈利模式：以利益相关者划分的收支来源以及相应的收支方式。
(4) 关键资源能力：支撑交易结构背后的重要的资源和能力。
(5) 现金流结构：以利益相关者划分的企业现金流流入的结构和流出的结构以及相应的现金流的形态。
(6) 企业价值：未来净现金流的贴现，对于上市公司而言，直接表现为股票市值。

六个要素中，任何一个要素发生变动，都会产生新的商业模式。一个公司有好的商业模式，固然不错，但还不如有一套制订商业模式的能力，有商业模式制订能力则不如有商业模式的思维。

我们接触过的企业精英管理者，大多不具备商业模式思维，而是战略思维和管理思维。

商业模式思维就是：做任何事情的时候，先想一想交易结构是什么样子，会与哪些利益相关者发生什么样的交易。这说起来容易，但需要管理者花时间去关注，并通过对一些概念的解读来慢慢培养商业模式视角和思维。

4.4 商业模式的演化和重构

商业模式的变化有两种：演化和重构。演化，即缓慢地变化，今天多出一个利益相关者，明天又派生出一个来，交易方式可能因此发生各种变化。稳定一段时间后，在某个很短的时间内发生一系列剧烈变化，就是重构。

演化和重构在方向上，往往遵循着一些规律。一般而言，有从重资产向轻资产转化的趋势。我们不反对重资产，但企业可以想办法让自有资金投入得很少，举重若轻。

普罗斯是做工业地产的公司，它在全世界买地盖房子，再租给世界制造 1000 强企业，它却是个轻资产公司，每到一地都发行一个基金，创造一些利益主体，然后把租金的一部分分给这些投资人，用少量的自有资金撬动了全世界的资源，全球基金将近 400 亿美元，这就是商业模式的成功。

同时，一般而言，好的商业模式变动都是从高固定成本结构朝着高变动成本结构转移。另一点是，利益相关者角色会越来越多元化。过去顾客就是顾客，设计人员就是设计人员，现在顾客不但是顾客，还可以是口碑传播者、设计师、质量监督者、员工，甚至投资人。商业模式变得越来越灵活，就像金属液体那样。

4.5 商业模式的境界

商业模式与战略不同，战略首先是选行业，但商业模式不是选行业，同一个行业可以有很多很不一样的商业模式，同一个商业模式也可以用于不同的行业。把同一个模式用于不同的行业，这也是商业模式创新的一个很重要的来源。

大家常说一个模式是 B2B 的还是 B2C 的，其实这只是战略的差异，不是商业模式的差异。有时，在商业模式上可能是一样的，所以严谨点，要从交易结构来看它们的异同。这样，人们就会发现：在一个行业里有一个模式做得很成功，而另一个企业要想成功的最好办法就是跟这个模式不一样，尤其是在互联网与全球化时代。

在传统社会里，一个行业里最后会剩两三家企业，彼此的战略不一样。而在互联网时代，一个行业会剩下很多家企业，每一家都是垄断的，因为它的商业模式是唯一的。比如，大家说微信免费，所以短信就没戏了，这个假定是有问题的。如果微信遇到 WhatsAPP，后者是收费的，第一年免费，第二年收 1 美元，这两个公司谁打得赢谁？答案是：一定都会活得很好。这意味着，同一行业完全可以有很多模式很不一样的公司。

与战略不同，商业模式关注的是结构，以及在这个结构里面"跑"的东西。所以，同样的结构，可以用到不同的行业，而战略是不可以的。

因为存在无数新的组合，这也为商业模式创新提供了很多空间。我们把商业模式升级重构划为五重境界：

第一重,境界最低的就是老产品、老模式,企业只能通过战略、管理、渠道建设这些去形成与竞争对手的差异化,这是最没水平的。

第二重,产品是老的,但是模式不一样,创造价值会不一样。

第三重,在这个行业引入一个新产品,用新模式做这个新产品,这是更高的境界。

第四重,我们不先有产品,我们先设计一个模式,然后再设计一个产品跟它去匹配。

第五重,为利益相关者(不完全是客户)设计商业模式,卖产品给他,这是最高境界。

最后强调,商业模式对全世界所有的公司都是一个非常重要的事情,而关于它的创新其实是很不容易的。

本章案例

150辆大巴免费坐,却盈利1亿多

相信不少人都有过搭飞机的经验,我们知道通常下了飞机以后还要再搭乘另一种交通工具才能到达目的地。在中国的四川成都机场有个很特别的景象,当你下了飞机以后,你会看到机场外停了百部休旅车,后面写着"免费接送"。

如果你想前往市区,平均要花150元人民币的车费去搭出租车,但是如果你选择搭那种黄色的休旅车。只要一台车坐满了,司机就会发车带乘客去市区的任何一个点,完全免费!你是乘客你要不要搭?

居然有这样的好事呀?请先略读下面这则新闻:四川航空公司一次性从风行汽车订购150台风行菱智MPV。四川航空公司此次采购风行菱智MPV主要是为了延伸服务空间,挑选高品质的商务车作为旅客航空服务班车来提高在陆地上航空服务的水平。为此,川航还制定了完整的选车流程。作为航空服务班车除了要具备可靠的品质和服务外,车型的外观、动力、内饰、节能环保、操控性和舒适性等方面都要能够达到服务航空客户的基本要求。四川航空这么大一笔订单当然是为了要提供上述免费的接送服务用途。四川航空一方面提供的机票是五折优惠,一方面又给乘客提供免费接送服务,这一举措为四川航空带来上亿利润。

我们不禁要问:免费的车怎么也能给它创造这么高的利润?这就是商业模式的魔力:原价一台14.8万人民币的休旅车,四川航空要求以9万元的价格购买150台,提供风行汽车的条件是,四川航空令司机于载客的途中提供乘客关于这台车子的详细介绍,简单地说,就是司机在车上帮车商做广告,销售汽车。在乘客的乘坐体验中顺道带出车子的优点和车商的服务。每一部车可以载7名乘客,以每天3趟计算,150辆车,带来的广告受众人数是:7×6×365×150,超过200万的受众群体,并且宣传效果也非同一般。

问题1:司机哪里找?

想象一下在四川有很多找不到工作的人,其中有部分很想要当出租车司机,据说从事这行要先缴一笔和轿车差不多费用的保证金,而且他们只有车子的使用权,不具有所有权。因此四川航空征召了这些人,以一台休旅车17.8万的价钱出售给这些准司机,告诉他们每载一个乘客,四川航空就会付给司机25块人民币!

四川航空立即进账了1320万人民币:(17.8万−9万)×150台车子=1320万。

你或许会疑问：不对，司机为什么要用更贵的价钱买车？因为对司机而言，比起一般出租车要在路上到处晃呀晃地找客人，四川航空提供了一条客源稳定的路线！这样的诱因当然能吸引到司机来应征！这17.8万包含了稳定的客户源，特许经营费用和管理费用。

接下来，四川航空推出了只要购买五折票价以上的机票，就送免费市区接送的活动！基本上整个资源整合的商业模式已经形成了。

我们继续分析：对乘客而言，不仅省下了150元的车费，也解决了机场到市区之间的交通问题，划算！对风行汽车而言，虽然以低价出售车子，不过该公司却多出了150名业务员帮他卖车子，以及省下了一笔广告预算，换得一个稳定的广告通路，划算！对司机而言，与其把钱投资在自行开出租车营业上，不如成为四川航空的专线司机，获得稳定的收入来源，划算！

至于对四川航空而言呢，这150台印有"免费接送"字样的车子每天在市区到处跑来跑去，让这个优惠信息传遍大街小巷。这还不够，与车商签约在期限过了之后就可以开始酌情收广告费（包含出租车体广告）。最后，四川航空最大的获利，别忘了还有那1320万，当这个商业模式形成后，根据统计，四川航空平均每天多卖了10 000张机票！

问题2：本案例的商业模式是什么？怎么盈利？

从四川航空的案例不难看出，商业模式就是打造一个平台，让你在上面既能做好人，又能做好事。模式是要从一个点到一条线再到一个面，再编制一张网，最后形成天罗地网。

老板的任务不是自己在舞台表演，而是编织这张天罗地网，让更多的人去上面表演，任何人上去表演，老板都可以抽成。最近一家公司市值超过微软，就是苹果电脑，它打造了世界上最大的软件平台，上面四万套软件可以下载，手机软件也可以下载，但是没有哪个软件是苹果自己花钱开发的。

这就是苹果的商业模式。凡是成功的商业模式都有这么一个共同之处，找到更多的人给自己支付成本，找到更多的人给自己创造利润。苹果电脑如是，四川航空亦如是。具体来说，我们怎么才能找到更多的人给自己创造利润和支付成本？这里要考虑三个关键词："最大化""利益相关者""提供服务"。

"最大化"，就是最大化企业的价值。比如麦当劳，做到24小时营业后，租金成本不变，让它的生产资料价值最大化。四川航空让司机当起了业务员，让乘客成为汽车的潜在消费者，在某种程度上让消耗者变成消费者，这本身是让企业价值得到最大化发挥。

"利益相关者"，就是在这张天罗地网中的各个利益群体。一套好的商业模式是多赢的。四川航空在设计这套商业模式时，设计的企业利益相关者有乘客、司机、风行汽车公司、航空公司。四方的利益都得到照顾，各取所需。

"提供服务"，就是为各个利益相关者提供服务，从而使得他们为你带来业务。

由此总结，使企业的价值最大化，在企业价值最大化过程中为所有的企业利益相关者提供服务，通过提供服务让他们给企业带来业务，这个过程中所形成的交易结构，就是四川航空的商业模式。

本章小结

通过案例分析和相关定义阐释了商业模式的理解、发现和构建。

思考与实践题

1. 商业模式的基本功能是什么?为什么投资者越来越重视商业模式?
2. 商业模式的内涵和特征?
3. 商业模式的本质?
4. 商业模式如何演化和重构?
5. 商业模式的境界是什么?

第5章 电子商务商业模式创新

学习目标

通过本章的学习,读者将能够:
- 熟悉商业模式创新的意义、电子商务商业模式有哪几种;
- 掌握 B2C、C2C、B2B 电子商务模式创新的具体方法;
- 熟悉 O2O 项目中存在的问题及解决方案;
- 了解 17 个最新的商业模式。

5.1 概述

5.1.1 商业模式创新的意义

国外有一个研究统计发现,人们认为商业模式创新比产品技术创新更重要。但我们不采纳这个观点。商业模式创新与产品技术创新并不是谁更重要的问题,本身就是两件事情,就像问"脑袋和心脏哪个重要"一样没有意义。

我们更主张:同一个产品和技术,完全可以给它配上很不一样的商业模式,都可以产生出运营出色的企业。当然,其中一定有一个能把产品技术价值变现到最大的商业模式。不管是企业经营者还是产品技术开发者,每当产生一个新的产品技术时,就要马上思考怎么样为它设计一个商业模式,让企业价值能最大程度地变现。

反之,如果先设计出一个商业模式,要想发挥出它的最大价值,就一定要有产品技术去支撑这个模式的实现,也就是说,一个好的商业模式也可以引领产品技术的研发方向。

我们过去说产品技术的研发方案一般有两个来源:用户需求和技术本身的生长路径。企业开发一些新的产品,或者组合一些已有的产品技术去解决用户需求问题,这就变成新的产品技术了,属于用户需求驱动。现在,商业模式驱动是第三个来源,由它来引领产品技术的发展方向。

5.1.2 电子商务商业模式

网络经济环境下的电子商务商业模式是指以利用和发挥 Internet 和 WWW 的优势为目标来获得利润的商业模式。电子商务商业模式是企业运作电子商务、创造价值的具体表现形式,它直接、具体地体现了电子商务企业的生存状态和生存规律。随着其应用领域的不断扩大和信息服务方式的不断创新,电子商务的类型也层出不穷,主要可以分为以下六种类型:

(1) 企业与消费者之间的电子商务(Business to Consumer,B2C)。

(2) 企业与企业之间的电子商务(Business to Business,B2B),意指供应方(Business)与采购方(Business)之间通过运营者(Operator)达成产品或服务交易的一种新型电子商务模式。

(3) 消费者与消费者之间的电子商务(Consumer to Consumer,C2C)。C2C商务平台就是通过为买卖双方提供一个在线交易平台,使卖方可以主动提供商品上网拍卖,而买方可以自行选择商品进行竞价。

(4) 线下商务与互联网之间的电子商务(Online To Offline,O2O)。这样线下服务就可以用线上来揽客,消费者可以用线上来筛选服务,还有成交可以在线结算,很快达到规模。该模式最重要的特点是:推广效果可查,每笔交易可跟踪。

(5) B2Q模式,通过在采购环节中引入第三方工程师技术服务人员,提供售前验厂验货、售后安装调试维修等服务。

电子商务商业模式的要素及关键问题如图5-1所示。

商务模式要素	关键问题
价值体现	消费者为什么买你的东西
盈利模式	如何赚钱
市场机会	目标市场、市场容量
竞争环境	目标市场的竞争性企业
竞争优势	进入目标市场的特点、优势
营销战略	对产品和服务的销售计划
组织发展	相应组织结构
管理团队	企业领导者的经历背景

图5-1 商业模式要素及关键问题

5.2 B2C电子商务模式创新

5.2.1 亚马逊

2015年刚刚走出亏损的阴影,现在的市值就已突破3557亿美元,跻身美国前五大公司之一,电子商务王国亚马逊的传奇纪录再次被刷新,它是怎样做到的? 从当初的网络书店,到如今的在线零售帝国、云服务霸主、数据专家、仓储式物流能手……在亚马逊的发展轨迹中,我们发现,如今的成功,只不过是这个传奇王国多年以来低调潜行的厚积薄发。

美国当地时间2016年7月12日,是亚马逊推出自家购物节Prime Day的日子,受此影响,11日的时候亚马逊的股票上涨1.1%,使得公司总市值达3557亿美元。3557亿美元,是个什么样的概念?请看下面这组数据。(1)亚马逊已经成为全球市值第二的互联网企业,仅次于谷歌(4886亿美元);(2)比中国在美上市的所有电商企业——阿里巴巴(1917亿美元)、京东(284亿美元)、唯品会(71亿美元)、聚美优品(5.8亿美元)等的市值之和还要多,相当于1.5个阿里,12个京东,50个唯品会;(3)超越了位列美国第五大上市公司的股神巴菲特麾下的伯克希尔哈撒韦公司(3535亿美元);(4)成立超过半个世纪的线下零售巨头沃尔玛的市值仅为2300亿美元。

1994年,亚马逊在大多数人还不了解网络的时候成立,到现在已经过去20多个年头了。它的成功绝非偶然,亚马逊的崛起有迹可循。

1. 创新驱动业务模式拓展,积极寻找新的利润增长点

(1)以图书发家,创新驱动完成拓展

一直以来,图书都是亚马逊具有战略地位的品类。在图书问题上,通过不断思考和创新,亚马逊开辟了完整的图书市场。

首先,它推出了第三方市场,将二手图书引入在线平台,读者在亚马逊网上买书时,可同时看到该书的新书和二手书的价格,形成一种前所未有的全新体验;其次,亚马逊推出了Kindle自出版平台,允许作者在其网站上制作出版自己的电子书,并发布到亚马逊全球各国平台,更为作者提供最高70%的图书销售分成,大幅简化出版流程和门槛,直接与作者建立联系,掌控了内容生产资源。

接着,亚马逊又借助自家的发行优势,成立了自己的图书出版公司——"亚马逊出版",发力图书出版业务,建立了13个出版品牌;然后,它又凭借电子书业务的经验和技术优势,推出了教科书租赁业务,全面进军教科书销售市场,学生可以相对纸书价格最低2折的租金租赁所需的教科书,同时它还开展纸质教科书的买卖交易平台;最后,亚马逊还通过与出版商的合作,在开展数字阅读业务上要求出版商提供元数据、定价模式、分成比例、业务配合等,完善了基础数据。

(2)从图书到"万货",不断开辟新增盈利点

从1994年至今,亚马逊的定位经历了三次转变:一是从1994年到1997年,成为"全球最大的书店";二是从1997年到2001年,成为"最大的综合网络零售商";三是从2001年至今,成为"最以客户为中心的企业"。

20多年来,亚马逊保持着每年两位数的速度增长,一直在不断地探索新的利润增长点,除了图书,今天的亚马逊已实现了创始人贝佐斯最初的梦想,成为了一家"万货商店",同时,亚马逊还大规模推出了第三方开放平台、网络服务、Prime服务等,更加超越了网络零售商的范畴,成为了一家综合服务提供商。

2. 经营理念——用户至上,内功扎实

"我们的工作不是卖东西,而是帮助消费者做出购买决策",关注消费者,面向消费者,是亚马逊持之以恒的理念,现阶段的目标,也是它最为人称道的特别之处。从实践中可以看出,亚马逊与当前中国电商之间,一个最大的区别,或许就在于此。

(1)以公平原则践行"消费者是上帝"——特立独行的亚马逊

一个产品入驻电商平台后,为了快速促销,平台和商家会怎么做?

以淘宝为例，最初淘宝卖家数量疯长，竞争激烈，卖家们便开始寻求规则中的缝隙，并最终与平台一起，完善和壮大网站背后的运营规则。消费者对"推荐商品""热销商品"的标签以及广告的依赖度都极高，中国的商品还处在"被推送"的阶段，难以出现真正"市场决定"的产品。

而亚马逊的做法是怎样的呢？入住它的平台收费甚微，连促销资源都免费，只在商家产生销售额后，才会产生一部分佣金。看起来不错啊，可是，在亚马逊跟京东大不一样，没有可以收费推广的广告位，没有推荐榜单，站内会定期不定期地策划一些主题促销活动，而活动上推荐的产品，却都是由该产品平时的销售额、好评率等指标来确定的，不涉及推广费用，也就是说，这个平台的发展重点是产品。这么做，就是为了确保推荐的商品都是用户想买的，体验很好的产品，这些原则，亚马逊遵守得相当严格。

亚马逊坚持，提供一个公平的机制，这种公平同时提供给各个卖家以及客户，有利于提高卖家的产品和服务质量。亚马逊很少做如天猫"双十一"之类的购物节，它并不急于通过一次促销来将销售额扩大多少倍。他们要做的是，丰富品类，天天平价，优质服务，帮助客户理性购物，以提高客户的粘性。

（2）自身努力＋亚马逊高效服务，商品大卖不是梦

或许有人会问，在这种迥异于国内游戏规则的平台上，怎么做更有效的推广并最终获得盈利呢？

这首先就需要商家自己努力把产品和服务做精，从店面的包装到促销推广活动，商家一定要用心去吸引客户；然后，是使用亚马逊的物流和仓储，设置高效准确的关键词，这两点一定程度上也可以反映亚马逊的"内功"。

除了高效的配送效率，当商家使用亚马逊物流时，可以提供"货到付款"服务。目前，在亚马逊中国的所有订单中，选择"货到付款"的订单占相当一大部分。因此，这一项服务对"成单"是很有帮助的。此外，使用亚马逊物流相较于自己配送的所有费用，还是比较节省成本的。

亚马逊的数据分析能力很强，基于此他们非常重视关键词的推广，亚马逊的工作人员会建议商家设置一些关键词，据说这些词会在谷歌、百度这些工具上起到重要的推广作用。

有了这些努力，商家店铺的销售肯定会有转机，如果一段时间后，能够凭借高转化率和好评率争取到首页上的一次展示机会的话，那么这就会给商家带来销售额大幅上涨的机会。

（3）页面简洁实用

与国内很多购物网站让人眼花缭乱的页面不同，亚马逊的页面十分简洁，最大程度满足用户的实用需求，以牢牢锁住用户。

（4）便利快捷效率高

此外，亚马逊的站点功能极为便利与快速，除了搜寻选项之外，顾客也可以同时浏览数十种不同的主题，节省了上网的时间，增加了搜索的速度。

亚马逊独特的游戏规则，使得这个实力强劲的国际电商巨头在中国一直"不温不火"。有人质疑，到底想不想在中国好好做啊？可是，贝佐斯曾在一次管理会议上，对亚马逊中国的高层只问了一个问题，"在亚马逊中国上购物的顾客，他们都满意吗？"事实上，亚马逊的客户体验非常棒，长期占据客户满意度调查的榜首之位。

有评论认为，这或许才是电商该有的状态，亚马逊有足够的"内功"，以及强大的资金背

景,它不怕吃亏,按部就班地传输自己的理念,培养客户,或许这也是亚马逊能够在转亏为盈之后迅速获得突破的重要原因。

3. 先进技术加持,助亚马逊走得更快更远

亚马逊的成功,不只是创新和拓展的成功,也不仅是经营理念的成功,还在于其先进技术的成功。那么撬动商业帝国的技术支点有哪些呢?

(1) 智能机器人 Kiva 技术

亚马逊仓库中的自动化水平很高,在仓储物流线,亚马逊使用多个机器人为顾客处理订单,这些机器人可识别条码,然后将货架上的相应物品搬送到人类员工身边,这颠覆了传统的"人找货、人找货位"模式,实现了"货找人、货位找人"的模式,各个库位在 Kiva 机器人驱动下自动排序到作业岗位,大大提高了工作效率,节省了开支。

(2) 无人机送货

亚马逊有 Prime Air 无人快递,顾客在网上下单,如果重量在 5 磅以下,可以选择无人机配送,自动取件直飞顾客,整个过程无人化,在 30 分钟内把快递送到家。亚马逊的物流费用率只有 9% 左右,远低于国内电商采取第三方物流的 13%。

(3) 订单与客户服务中的大数据应用

亚马逊是第一个将大数据推广到电商物流平台运作的企业,通过挖掘用户需求,运用强大的数据分析与处理技术等技术手段,完善浏览、购物、仓配、送货和客服等各项服务,实现了"用户至上"。

此外,亚马逊还有智能入库管理、自动监测平台缺失商品等技术,这些技术都为亚马逊的高速发展提供了不可或缺的助力。

5.2.2 天猫

2008 年 4 月,作为淘宝网一个独立业务单元,天猫的前身淘宝商城诞生。2008—2009 年随着人民币升值压力和宏观经济短期内不确定性的增加,大量的中小型企业面临着生产成本和销售成本双向增加的压力。电子商务这种新经济手段的运用,会显著地帮助企业降低销售成本,于是淘宝商城为中小型产业集群提供了在严峻经济形势下的一种新生存可能。但是,2008—2009 年间,电子商务对于大多数传统企业而言,还处于观望阶段。传统企业担心涉足电子商务容易发生渠道冲突,损失掉线下的渠道格局。但是无论如何,还是有一批传统企业迈出第一步。

李宁从 2008 年进驻当时的淘宝商城,很短时间内,李宁官方旗舰店成为其所有店面中的销售冠军。2009 年 4 月,日本优衣库进驻淘宝商城,半年后的 11 月优衣库官方旗舰店月销售额突破 1000 万元。优衣库这个日本休闲服装品牌在中国苦苦经营 9 年后,终于一举在淘宝商城打开中国市场的局面。2009 年 7 月,联想官方旗舰店单月交易额突破 1000 万;10 月杰克琼斯进驻淘宝商城。

众多企业在淘宝商城上的成功为更多传统品牌树立了榜样。淘宝商城平台的 B2C 高效低成本通路和直接抵达消费者的模式开始为传统品牌所认识。2010 年 11 月 1 日,淘宝商城宣布启用独立域名 www.tmall.com,淘宝商城独立的步伐开始启动。

2010 年 11 月 11 日在中国电商史上是个标志性的日子。淘宝商城在当天联合 150 个品牌推出的促销活动,吸引了 2100 万人疯抢,单日交易额 9.36 亿。也就是说当天在淘宝商城每秒成交超 1 万元,2 家店铺成交额超 2000 万,另有 11 家店铺超千万,20 家店铺过 500 万,总共 181 家店铺成交额过百万。淘宝商城一天的成交额超过了购物天堂香港一天的社会零售总额。而在当年国庆黄金周,全北京 128 家商业企业,包括王府井百货、西单商城等在内,不过实现销售额 7.3 亿元。

这一天后来也被称之为中国零售业的极限测试——许多传统企业没经历过这样的爆发式增长:打印订单的打印机持续工作直到自燃;当天产生的几百万个包裹基本让中国快递行业瘫痪,直到两三个月后才恢复正常;当天的网络支付也迎来前所未有的挑战,数家银行的网银系统因此出现阻塞。

这次网购狂欢节撬动了全社会的神经。狂欢过后,人们开始真正领会到电子商务的力量。传统企业不再观望,电子商务被纳入他们的战略重点。物流快递行业也猛然发现,运营模式需要融入更多电子商务的意识。

2011 年上半年,淘宝商城已经是国内最大的 B2C 平台,占据国内超过 50% 的 B2C 市场份额。为了朝更专业的方向发展,2011 年 6 月,阿里巴巴集团决定淘宝网一拆为三:淘宝网(C2C)、淘宝商城(B2C)、一淘网(购物搜索)。淘宝商城正式以独立公司身份开始运营。

在随后的 9 月 19 日,淘宝商城发布开放 B2C 战略,明确目标是构建一个由品牌商、供货商、零售商及包括物流商在内的各类第三方服务提供商进行分工协作、共同为消费者提供优质商品和服务的 B2C 生态体系。

2012 年 1 月 11 日淘宝商城更名为天猫,并确定天猫就应该是时尚、潮流、品质的代名词和化身。同时,天猫向全球征集 logo 及形象设计。2012 年 3 月 29 日阿里巴巴集团举行年度盛典,公布了其全新品牌标识和形象。这意味着天猫在独立域名、分拆独立运营、改名后,最终树立了自身独立品牌。

目前大淘宝(淘宝网+天猫)品类涵盖服装鞋包、3C 家电、图书、母婴、化妆品等众多品类。2013 年,大淘宝(淘宝网+天猫)的年度销售额达到 1.5 万亿元,活跃用户为 2.31 亿人次,每年订单量超过 113 亿单。其中,淘宝网 2013 年交易额为 1.1 万亿元,2014 年淘宝总成交额 1.172 万亿元,拥有 800 万活跃卖家;天猫 2013 年交易额为 4410 亿元,2014 年天猫总成交额 5050 亿元,拥有超过 10 万个品牌。截至 2014 年底,天猫已经汇集了 8 万商家,10 多万品牌,服务近 5 亿消费者。

5.2.3 京东商城

京东商城由刘强东于 2004 年初创办。现在的京东商城已经是中国 B2C 市场最大的 3C(注:3C 是计算机 Computer、通信 Communication 和消费电子产品 Consumer Electronic 这 3 类电子产品的简称)网购专业平台,是中国电子商务领域最受消费者欢迎和最具影响力的电子商务网站之一。

京东是中国最大的自营式电商企业,在线销售计算机、手机及其他数码产品、家电、汽车配件、服装与鞋类、奢侈品、家居与家庭用品、化妆品与其他个人护理用品、食品与营养品、书籍、电子图书、音乐、电影与其他媒体产品、母婴用品与玩具、体育与健身器材以及虚拟商品等 13 大类 3150 万种优质商品。

根据第三方市场研究公司艾瑞咨询的数据,京东(JD.com)是中国最大的自营式电商企业,2014年在中国自营式电商市场的占有率为49%。目前,京东集团旗下设有京东商城、京东金融、拍拍网、京东智能及海外事业部。2014年5月,京东在美国纳斯达克证券交易所正式挂牌上市,是中国第一个成功赴美上市的大型综合型电商平台,与腾讯、百度等中国互联网巨头共同跻身全球前十大互联网公司排行榜。2014年,京东市场交易额达到2602亿元,净收入达到1150亿元。

京东拥有中国电商行业最大的仓储设施。截至2014年12月31日,京东在全国拥有7大物流中心,在全国40座城市运营123个大型仓库,拥有3210个配送站和自提点,覆盖全国1862个区县。京东专业的配送队伍能够为消费者提供一系列专业服务,如:211限时达、次日达、夜间配和三小时极速达,以及GIS包裹实时追踪、售后100分、快速退换货和家电上门安装等服务,保障用户享受到卓越、全面的物流配送和完整的"端对端"购物体验。

2010年,京东跃升为中国首家规模超过百亿的网络零售企业。2013年3月30日正式切换域名,并发布新的logo和吉祥物。2014年3月10日,京东收购腾讯QQ网购和C2C平台拍拍网。2014年5月21日,京东正式在美国纳斯达克(NASDAQ)交易所上市,发行价为19美元/股。

5.2.4 当当网

1999年12月9日当当网(http://dangdang.com)由民营的科文公司、美国老虎基金、美国IDG集团、卢森堡剑桥集团、亚洲创业投资基金(原名软银中国创业基金)共同投资创立。

当当网从一开始就实施"全品种"模式。"全品种"模式的优点是:能为顾客提供极为丰富的产品,基本上满足顾客的全部需求;大规模经营可使平均成本下降。缺点是:要求更多的人力、财力、仓库和其他资源的投入;除了投入增加之外,管理成本也随之增加;经营中容易出现失误。

2004年8月亚马逊提出以1.5亿美元收购当当,但是当当没有同意,一周之后,2004年8月19日,亚马逊以7500万美元收购卓越。

5.2.5 凡客诚品

VANCL(凡客诚品)由卓越网创始人陈年于2007年创办,VANCL成立以来,业务迅速发展,产品种类也由2008年的男装衬衫、POLO衫两大类几十款,发展到男装、女装、童装、鞋、家居、配饰、化妆品等七大类,支持全国1100城市货到付款、当面试穿、30天无条件退换货。

据艾瑞咨询统计数据,凡客诚品在2009年以28.4%的市场份额在服装自有品牌B2C网站中排名第一,并且紧随京东、卓越、当当之后,跻身中国电子商务B2C领域收入规模前4位。

5.2.6 苏宁易购

2013年2月19日,基于线上线下多渠道融合、全品类经营、开放平台服务的业务形态,苏宁公司名称变更为"苏宁云商集团股份有限公司",以更好地与企业经营范围和商业模式相适应。所谓云商,是指"店商＋电商＋零售服务商"相结合的新零售业模式。

苏宁易购,是苏宁云商集团股份有限公司旗下新一代 B2C 网上购物平台(www.suning.com),现已覆盖传统家电、3C 电器、日用百货等品类。2011 年,苏宁易购将强化虚拟网络与实体店面的同步发展,不断提升网络市场份额。

5.2.7 唯品会

广州唯品会信息科技有限公司成立于 2008 年 8 月,定位为"一家专门做特卖的网站",主营业务为互联网在线限时销售品牌折扣商品,销售产品涵盖中高端服装、鞋、箱包、家居用品、化妆品、奢侈品等,开创了"名牌折扣＋限时抢购"的创新商业模式,下设"特卖会"、"爱丽奢"、"唯品团"三个子频道,每天定时上线新品,限时抢购,售完为止。

2012 年 3 月 23 日,唯品会在纽交所上市,股价仅 5.5 美元,市值为 2.92 亿美元;2014 年 3 月 31 日,唯品会股价达 149.3 美元,涨幅近 30 倍,市值达 83.1 亿美元,为刚上市时的 28.5 倍;从交易规模看,唯品会 GMV 从 2010 年的 2.2 亿飙升至 2013 年的 144.1 亿,年增长超过 100%。

唯品会开辟了网络限时特卖模式,契合了消费者"正品折扣"需求和供应商的销货需求,未来成长性良好。

5.2.8 中粮我买网

中粮我买网是由世界 500 强企业中粮集团有限公司于 2009 年投资创办的食品类 B2C 电子商务网站。

中粮我买网致力于打造中国最大、最安全的食品购物网站。我买网坚持的使命是让更多用户享受到更便捷的购物,吃上更放心的食品。

中粮我买网商品包括休闲食品、粮油、冲调品、饼干蛋糕、婴幼食品、果汁饮料、酒类、茶叶、调味品、方便食品和早餐食品等百种品类,是办公室白领、居家生活和年轻一族的首选食品网络购物网站。

5.2.9 大麦网

大麦网是中国最大票务平台,华语地区知名综合娱乐体育电子企划品牌,多元化传播业务横跨娱乐、体育、旅游、互联网、软件研发五大文化创意产业领域,并形成多点领先、多媒体多渠道——中国首家 LIVE 产品整合、营销且自主技术支撑的一体化平台,为娱乐体育产品的创新立意与功能拓展提供了迅速实现的无限可能性。经过 10 年时间,大麦网已形成辐射中国华北、华东、华南地区——北京、上海、广州、南京、成都、重庆、杭州、深圳、昆明、天津等城市的直营网络,同时成功地在全国 30 余个城市为重大娱乐体育事件提供独家票务系统和市场营销管理团队。

5.2.10 哇噻网

哇噻网是中国领先的手工、原创设计、艺术品、传统工艺品在线交易平台。

哇噻网 2008 年 11 月上线，拥有原创设计师、手工艺人、艺术家店铺将近 1200 多家，是中国最大的手工产品、原创设计产品、艺术品在线市场。

近期愿景：在原有中国大陆地区设计师、手工艺人的基础上，聚合港澳台三地设计师、艺术家和手工艺人，让大中华地区用户实现一站购买两岸三地创意产品。

长期愿景：聚合韩国、日本、印度、泰国、尼泊尔、马来西亚等亚洲其他国家的原创设计和手工艺人，成为亚洲最大的手工、原创设计在线交易平台，并推出多语言版本，实现亚洲地区手工产品、原创设计的互通贸易。

5.2.11　B2C 中国购物市场数据分析

B2C 成为中国网络购物市场的主要推动力的重要原因在于：①从市场方面来看，C2C 市场发展较为稳定，中小企业或个人商家成长空间有限，而 B2C 市场中有众多国内外品牌商/制造商企业进入，存在较多的市场机会，未来也将有较大的发展空间；②从企业方面看，除了传统的电商 B2C 网站外，传统企业也纷纷加入 B2C 市场，B2C 逐渐被各大企业所重视；③从消费者方面看，随着网络购物的逐步发展与成熟，网络购物用户的消费观念逐渐发生改变，对商品品质的诉求不断提升，与 C2C 相比，B2C 在信誉和质量保障方面更能满足网络购物用户的消费诉求。

从 2014 年看，B2C 市场中天猫市场份额占比超六成，京东占比为 18.6%，其余 B2C 企业中唯品会、1 号店、国美的增速均高于 B2C 市场整体增速。从自主销售为主的 B2C 市场来看，京东占比近五成，苏宁易购占比达到 8.5%，唯品会占比达到 7.7%，其他项中小米手机官网发展迅速，整个市场集中度依然较高。

艾瑞分析认为，阿里及京东等综合性电商在进行多元化发展的同时，其他电商企业也纷纷在行业内寻找自己的生存空间，从供应链整合、产品拓展、品牌打造、服务优化等各方面持续发力，提升企业的核心竞争优势，网络购物行业竞争格局将持续演进。

未来趋势：渠道下沉、行业渗透范围扩大及跨境电商将成为行业未来发展趋势。①渠道下沉：三四线城市及乡镇地区的居民收入水平的不断提高，购物需求日益旺盛，在一二线城市网购渗透率逐渐饱和的情况下，需求旺盛的农村市场开始成为各电商企业发力的新重点，近两年来大量电商企业进入农村，物流公司也开始覆盖乡镇等配送范围，未来几年，电商将持续向三四线城市及乡镇地区渗透。②加速向各行业渗透：随着电子商务进程的加深及网络销售商品品类的不断扩充，除了电商行业内先发品类如服装、3C 家电、化妆品等线上渗透率不断提升外，偏服务及体验的产品如商旅、保险、基金等产品的线上发展水平也在不断提升，此外，重服务的家装电商、医药电商等也开始快速发展。③跨境电商快速发展：从政策层面看，国家出台了一系列跨境电商促进政策并先后批准上海、宁波、郑州等市开展跨境电商试点，为跨境电商提供政策支持。从市场需求看，除了国外消费者对中国国内物美价廉商品的巨大需求外，随着社会消费水平的提高中国消费者对海外优质的品牌商品也有同样旺盛的购买需求。从企业来看，除了既有行业内的大量外贸电商企业外，内贸电商企业也纷纷实施国际化战略，布局跨境电商业务。未来几年，在行业前景明朗、政策利好及市场需求旺盛的共同推动下，跨境电商行业将会获得快速发展。

5.3 C2C 电子商务模式创新

5.3.1 淘宝与 eBay

　　1998 年年底，美国航空业低迷，一家销售机械工具的公司 Reliable Tools 试着在 eBay 上列出一些商品，其中包括售价达 7000 美元、重达 1 吨的铣床。当时 eBay 上流行的都是鞋袜衣柜类的家居用品，出乎意料的是铣床非常抢手，从那以后，公司在 eBay 上的交易就"一发不可收拾"。如今，这家设在加利福尼亚的公司每月在 eBay 的销售额高达上百万美元，占总业务量的 75%。

　　eBay 在 2003 年 1 月设立工业产品市场。摩托罗拉也开始在 eBay 上批发手机，在 eBay 上专门进行批发的零售商数量达到 2.3 万家。2005 年，eBay 收购了美国 B2B 公司 fairmarket.com。同年，C2C 行业的全球老大 eBay 与香港环球资源结成战略联盟，这是一家有政府背景的 B2B 公司。一般认为，结盟是收购的前兆。eBay 的策略是：全球卖家从 eBay 采购原材料，做成成品后，在 eBay 卖给广大消费者。

　　2003 年 5 月，马云创立 C2C 网站淘宝，开始在中国市场挑战 eBay。淘宝网在惠特曼眼里只是一个所谓的"小竞争对手"。她称这个"小竞争对手"仅仅会对 eBay 的"脚踝"造成打击，eBay 将"毫无悬念"地成为中国市场的胜利者。

　　eBay 的策略是"封锁"。eBay 的 CEO 惠特曼女士对此非常自信，她断言："淘宝会在 18 个月内夭折。"

　　eBay 签下了新浪、搜狐、网易三大门户连同 TOM 的广告合同，付出了比正常水平整整高出一倍的价钱，换取了他们的承诺——封杀淘宝以及其他一切 C2C 网站。如果这几大门户与淘宝发生市场推广上的任何合作，将向 eBay 缴付高额罚款。

　　淘宝的对策也很简单：以较低的价格，在成千上万个小网站上投放广告。这就是后来著名的"长尾理论"所描述的，长尾里的网站虽然都很小，但积沙成塔，这里面也有海量的受众，巨大的能量。最终在一夜之间，让所有的中小网站都挂上了淘宝网的广告。

　　紧接着，淘宝开始走向线下：地铁车厢、车站牌、街道上的灯箱，也都挂上了淘宝的广告，到后来蔓延到了电视。这些线下的广告，瞄准的是没上过网的人，为他们提供了"上网去淘宝"的原始概念。

　　2004 年 9 月，eBay 以 690 万用户仍然领先，不过淘宝已经积累起最初的 220 万用户，这个成立才一年的新秀，有了对手 1/3 的用户。

　　2004 年 10 月，eBay 宣布对中国市场再投入高达 1 亿美元，主要用于"市场推广"。很明显，eBay 并未能形成对淘宝的封杀，形势反而恶化。iResearch 的数据显示：2004 年底，中国个人电子商务市场中 eBay 的份额为 53%，淘宝为 41%。差距已经非常接近。

　　易观国际 2005 年 12 月发布报告称：淘宝占据中国 C2C 市场 57% 的份额，eBay 为 34%。淘宝在 2005 年的交易额为 80 亿元人民币，远超 eBay。到 2008 年，淘宝成了中国电子商务市场无可争议的领跑者。日均交易额超过 3 亿元人民币，8000 多万用户，年交易额突破 1000 亿元。占据了在线零售市场 80% 以上的份额。

　　2006 年 12 月，TOM 在线与 eBay 易趣一起对外宣布成立合资公司，新公司中文名为

TOM-易趣,由王雷雷担任 CEO。王雷雷宣称:"要在半年的时间内找到可行的盈利模式。"但王雷雷的梦想并未成真:2008 年 3 月底公布的 TOM 集团(02383.HK)2007 年业绩显示,公司 5 年来首次亏损,亏损额为 2.974 亿港元。

淘宝网(taobao.com)成为中国深受欢迎的网购零售平台,目前拥有近 5 亿的注册用户数,每天有超过 6000 万的固定访客,同时每天的在线商品数已经超过了 8 亿件,平均每分钟售出 4.8 万件商品。截至 2014 年年底,淘宝网单日交易额峰值达到 571 亿元。随着淘宝网规模的扩大和用户数量的增加,淘宝网也从单一的 C2C 网络集市变成了包括 C2C、团购、分销、拍卖等多种电子商务模式在内的综合性零售商圈,目前已经成为世界范围的电子商务交易平台之一。

eBay 失利原因分析:①**过早全球化管理**。在 eBay 易趣成立后不久,美国总部就把服务器搬到美国,eBay 易趣的技术平台迅速国际化。从技术上说,eBay 的领先地位绝对无可置疑,但易趣的老用户们突然发现自己习惯的界面没了,新的页面增添了许多新按钮,很多功能以前从未见过。随之带来的问题是,很多用户也找不到自己需要的按钮在哪儿,新添的功能也未做说明,不知该怎么使用,有的甚至无法使用。在整合前一年,易趣的团队就几乎把全部精力扑在上面,整合后又花了一年时间解决引发的各种问题,如服务器在国外引起的网速缓慢、网页过滤等问题,此举起码浪费了易趣两年时间。②**本土文化缺失,产品不服水土**。在易趣网被 eBay 收购之前,买家和卖家还可以通过电话与该公司客户服务人员沟通。收购交易完成后,eBay 将其美国运营模式引入中国,撤销了为买家和卖家提供的电话,希望他们通过电子邮件提问,或者加入在线讨论组。这在美国也许是理所当然,不幸的是,中国消费者并不认可 eBay 的新模式。他们认为这是缺乏客户服务的表现。与易趣相反的是,淘宝则允许商家与买家直接沟通,淘宝可以留下地址电话。易趣的母公司 eBay 忽略了中国市场的特殊性,大多数中国人甚至到现在还不习惯用电子邮件的形式进行沟通,认为电话更方便、快捷和可信。

淘宝取胜原因分析:①**诚信建设**。为保障交易安全,淘宝设立了多重安全防线:全国首推卖家开店要先通过公安部门验证身份证信息,手机和信用卡认证;每个卖家有信用评价体系,记录了交易价格等信息,如果卖家有欺诈行为,信用就会很低。为了最大程度避免欺诈行为的发生,2003 年 10 月,阿里巴巴创建独立的第三方支付平台——支付宝,正式进军电子支付领域。用户在使用"支付宝"的过程中遭遇欺诈时,可以全额赔付。支付宝是中国第一个推出了确保网络交易安全的产品。②**巧借娱乐打天下**。马云是最早发现互联网和娱乐结合是必然趋势并付诸实践的人之一。一部《天下无贼》,让淘宝网赚尽风头。淘宝不仅在《天下无贼》中采取了常见的广告贴片、海报宣传、新闻发布等宣传推广手法,而且还把道具拿到网上拍卖。观众从片中不仅能看到诺基亚的手机,还能看到"淘宝网"的小旗,而《天下无贼》中所有明星使用过的道具也都被摆到淘宝网上去拍卖,从刘德华的数码摄像机、开机仪式上的藏式马靴和礼帽到李冰冰的数码相机,这些商品虽然一元起价,但明星效应使得刘德华的皮裤被炒到 20 000 元,无形中增加了用户关注度。另外,《手机》里的摩托罗拉手机、《天地英雄》中姜文的宝刀、《铁齿铜牙纪晓岚》中纪晓岚的烟袋锅、《刘罗锅》中的轿子、《少年天子》中的龙袍、《空镜子》中的梳妆台等道具,都被放到淘宝网上进行拍卖。为了宣传"支付宝",淘宝网请出了华谊兄弟公司的老板王中军担纲,拍了一部专为"支付宝"摇旗呐喊的广告片。由于广告片中聚集了葛优、傻根、范伟、冯远征等电影中的原班人马,因此被誉为

《天下无贼》续集。广告片延续了电影的故事：傻根不傻了，相反却通过全新的网络安全支付产品——"支付宝"，将其挣得的 6 万元辛苦钱汇回了老家，也免掉了汇款"可以买一头驴"的手续费，而片中及时地推出了广告词："用支付宝，天下无贼"，"支付宝"安全的理念借此传达无遗。③**有效的沟通是淘宝的另一大法宝**。"淘宝旺旺"是一种类似 QQ 的聊天工具，集成了即时的文字、语音、视频沟通，以及交易提醒、快捷通道、最新商讯等功能，因其沟通的即时性而备受卖家买家欢迎。孙彤宇曾说过，"淘宝是一个做生意和交朋友的地方"，"中国人做生意并不仅仅在意钱的多少，他们也很在意感觉。"这符合中国人做生意的习惯，因此深受买卖双方的欢迎。eBay 易趣为了控制收费，要求买方必须在拍下商品之后才能与卖方联系，且不支持私下沟通。淘宝网则为网民提供了一个自由的买卖空间，任何人都可以在这里买卖任何商品。而自由的交易方式为"淘宝"网带来了居高不下的点击率，也成就了淘宝今日的辉煌。

5.3.2 免费也是商业模式

eBay 是 C2C 市场的绝对领导者，这个行业的规则就是 eBay 摸索并维持的。eBay 一直坚持对用户收费，这是其收入的主要部分。当年具体的收费项目包括：第一，开店费。在 eBay 上开店，首先需要支付一笔开店费用，这笔费用是按月支付的，不管小店是否卖出过东西。第二，商品登录费。往 eBay 上放一件货物，就要支付一笔登录费，每件售卖的商品登录一次是 1 元到 8 元不等，不管是否卖出。第三，特色功能费。就是选择各类推荐位、橱窗和字号形式之类的费用，类似于广告费。与"发布管理"密切配合。后者通常嵌套在变更管理过程当中，负责将变更事项发布并部署到生产环境；第四，图片服务费。每件物品可以免费上传两张规定格式的图片，超过两张或是要求特殊格式，则需要付费。第五，交易费。按交易额的 0.25%～2% 收取。就是这些收费项目，在 2007 年为 eBay 贡献了 51 亿美元的收入，这占到 eBay 总收入 73 亿美元的 70%。但是，eBay 摸索并维持的这套收费模式，被淘宝打破了。2003 年创立之初，淘宝就宣布三年免费。一个卖家在淘宝上的开店成本为零。

毫无疑问，开店成本为零，这对于大多数人，尤其是习惯免费大餐的中国网民来说，诱惑力太大。中国几乎所有的纯互联网应用，从看新闻到用邮箱，从搜索到后来的网络游戏，都是免费。这立刻为淘宝引来关注和流量。

eBay 中国的创始人邵亦波直接批判过免费模式，他认为收费是市场的"过滤器"。"只有收费，卖家才会认真地处理自己登录到网上的物品，着眼于提高成交率。收费后，卖家不会随意开价，不会把卖不掉的东西长期挂在网上，同时，买家才不会面对一个充斥着各种无效商品的市场。收费之后，eBay(易趣)的成交额和成交率都大大上升了"。

邵亦波说："竞争对手没能力收费，才被迫使出了免费这招。"不过，就算是"被迫"，最终确实为淘宝引来了用户，并且迅速改变了与 eBay 的竞争格局。在事实面前，eBay 中国的公关总监刘薇在随后对媒体承认："大量的市场调研显示，中国的买家卖家确实对收费以及价格问题比较敏感。"

从 2005 年开始，淘宝的市场份额反超 eBay。在这一现实的压力下，eBay 开始妥协。这一年 5 月 1 日，坚持"收费"的 eBay 在中国第一次大规模调整网站物品登录等相关费用——所有的交易物品登录费全部下调，橱窗展示变为免费，普通店铺月租费下调 30%。12 月，

eBay易趣再次调整价格,并推出免费开店、减少商品登录费等优惠政策。

不过,eBay仍然没有跨过那一条生死线:实行完全免费。坚持收取一定费用,这还是eBay所坚守的防线。

道理很简单,如果完全免费,就与eBay在全球51亿美元的收入形成矛盾。如果在中国完全免费,就会有用户发问:既然你在中国免费,为什么不在别国免费?就会有投资者发问:既然你必须免费来赢得在中国的竞争,那么未来的竞争是否会逼迫你在全球免费?接下来的致命问题是:如果免费成为必须,那么你现在的51亿美元的收入是否会随之消失?

邵亦波认为,电子商务市场在中国已经发展了近10年,却没有出现一个成功的上市企业,而淘宝的免费模式,更是使得电子商务公司面临盈利模式的难题。不过,在2008年,淘宝再一次用事实对这种疑问给予了回答。这一年11月,一直坚持免费的淘宝宣布盈利。淘宝的收入来自三个方面。第一,淘宝向卖家提供的各种增值服务。这些增值服务主要是各种管理店铺的软件与服务,包括简单进销存、财务报表、客户关系管理等工具与软件,这些软件与服务来自淘宝网、阿里软件以及第三方的软件提供商。第二,淘宝商城。这是一个B2C服务,淘宝会根据进驻商城的客户的月交易额设定一个保底佣金和抽税率。其实,这跟eBay的收费模式十分相似,但是,这只占淘宝收入的很小一部分。第三,广告。淘宝收取小额广告费用,这一点是意料之外,却在情理之中。因为淘宝的用户都是为购买商品而来,他们有着非常强的购买意图,这是对广告主最有吸引力的用户群。淘宝广告对商品销售的直接拉动效果,肯定大于门户广告,与搜索引擎的广告机制类似。

5.3.3 拍拍

发生在2003—2006年之间淘宝和eBay易趣之间的竞争,最终以淘宝压倒性的胜利画上了句号。淘宝的胜利完全是基于对国情、对市场、对用户心态的深入理解。正是这一切,让马云以"星星之火"创造出了燎原之势。

在我国的C2C市场中,免费几乎成为了一切互联网企业切入市场的利器。然而,C2C从业者也不得不面临盈利的压力,因为一个网站要生存与发展,盈利是必然的选择。

2006年5月10日,淘宝开始尝试性的收费,即推出竞价排名服务"招财进宝",成全了拍拍网的突然性进攻"蚂蚁搬家",也正式将二者的暗斗变成明争。

拍拍网的整个"蚂蚁搬家"行动几乎全部都是通过QQ的平台进行推广的,鼓励其他C2C平台搬迁过来的卖家直接将第三方平台的信用度导入拍拍网,并做出"搬家就送推荐位,开张就送大红包"的承诺,这是针锋相对的挑战。

2014年3月10日,京东宣布与腾讯建立战略合作伙伴关系,腾讯购买京东251 678 637股普通股,占京东上市前在外流通普通股15%,腾讯将向京东支付2.146亿美元。并将QQ网购、拍拍的电商和物流部门并入京东。

7月17日,京东集团旗下购物网站拍拍网在北京宣布正式上线运营,并首次对外公布了新拍拍网在流量分发、用户分享、平台规则等多个方面的举措。

新拍拍网的出现使得淘宝有了竞争对手,这种竞争有利于市场的持续。任何一个行业我们都不希望一家企业独大,百花争鸣才会长长久久。新拍拍网现在还处于起步阶段,短时间内要撼动淘宝地位还比较难,但至少我们已经看到C2C市场的新生态正在形成。同时拍拍网与淘宝的竞争已经延伸到阿里与京东的自身挑战,他们之间的较量自然也带动着整个电商行业的走向。

5.3.4 中国网络零售市场特征

特征一:巨头下乡"圈地",农村电商成战略发展高地。无论是京东还是阿里都把渠道下沉作为2014年的重要战略方向,纷纷瞄准了7亿农村用户,京东购买了三辆大篷车,分三条线路途经100个城镇进行宣传并将联手中国邮政发展农村电商;苏宁云商表示在5年内建设1万家苏宁易购服务站,覆盖全国1/4的乡镇。县乡居民对于网购的渴求在某种程度上要大于城市,因为当地实体零售业不发达,无法满足他们的购买需求。加上县乡居民的消费能力逐渐提高,县域地区用户对于品牌商品有大的需求,而网购是比较好的方式。因此给电商渠道下沉带来机会。

特征二:竞争走向全球化,跨境进口电商成新增长点。2014年,在"跨境交易"与"电子商务"双引擎的拉动下,跨境进口型电商风生水起。2014年天猫国际、淘宝海外、速卖通等也首次参加双11。同时亚马逊、1号店、苏宁、聚美无一不在抢占"海淘"市场,欲建立自家跨境物流体系和健全的国际品类渠道。另外垂直电商洋码头、蜜淘网、蜜芽宝贝等也在跨境进口领域打开局面。电商正在开始从区域走向全球化。

特征三:资本站队电商史上最大规模"上市年"。2014年是电商大年,这一年国内电商迎来了史上规模最大"上市年"。5月16日,美妆电商聚美优品正式登陆纽交所,上市融资2.5亿美元。5月22日,京东正式登陆纳斯达克,发行价为19美元,融资17.8亿美元,加上腾讯的5%投资,京东的整体融资额达到30亿美元。9月19日,阿里巴巴在纽交所正式挂牌交易。股票代码:"BABA",成为美国证券史上最大规模的首次公开招股。京东和阿里巴巴登陆美国资本市场,至此中国电商业迎来一个崭新的时代,同时也标志着国内零售业电商的格局已定。

特征四:微商生态圈起步,"正规军"加入其中。2014年5月29日,微信公众平台推出"微信小店",8月27日,移动导购类应用"口袋购物"完成最新一轮融资;10月13日,京东旗下拍拍网正式上线了拍拍微店。2014年是微商发展最迅速的一年,尤其下半年微商迅速火爆。随着微信的普及,微店购物方式悄然而生,并在微信中呈现出"野蛮生长"的态势。据中国电子商务研究中心(100EC.CN)监测数据显示,目前已有1000余万微店问世。可见,微店及其营销方式已成为一种新兴的在线经营模式。

特征五:售假频曝光电商平台走向舆论风口。2014年7月28日,国内第三方电商平台卖家奢侈品售假事件被曝光,把京东、聚美优品、亚马逊中国、1号店、国美在线、走秀网等一大批知名电商平台推向了舆论谴责的风口浪尖,电商假货的讨论进入白热化。对此,中国电子商务研究中心特约研究员、浙江金道律师事务所王冰洁律师认为,如果是电商平台上的第三方卖家售假,首先应当由第三方卖家承担赔偿责任,如电商平台存在监管失职或不能提供第三方卖家信息等情形的也需承担一定的责任。电商平台对自己平台上的商家需严格把关。若长此下去会失去消费者信任,不利于行业持续发展。

5.4 B2B 电子商务模式创新

5.4.1 海尔

海尔集团创立于 1984 年,30 年来持续稳定发展,已成为大型国际化企业集团,中国最有价值品牌第一名。海尔是国内大型企业中第一家推出电子商务业务平台的公司。对于海尔,国际化是其目前一个重要发展战略,所以,海尔必须要进入,而且要进去就得做好,没有回头路。截至 2015 年 12 月 31 日,B2B 的采购额已达到 778 亿,B2C 的销售额已达到 608 万。

张瑞敏:"数字化、网络化与信息化是 21 世纪的时代特征。在互联网时代,在电子商务时代,企业仅凭传统的管理思想已经不够了,不能够运用好互联网所带来的先进管理手段,不能够融入已日益成为趋势的电子商务氛围,再好的企业也一定会走向衰败。中国企业如果在网上再没有拓展业务,在网络经济时代就没有生存权。"

海尔招投标网平台是海尔集团基于互联网建立的用于采购的工具,该平台将海尔集团的采购员与供应商联系起来。海尔集团利用该平台实现网上的招投标、竞价采购和询比价采购的全过程:供应商在线注册、提交企业资料,经海尔集团供应商管理员审核确认;海尔集团的采购人员在线发布招标书等采购信息,符合条件的供应商可以查看标书、购买标书、在线投标,采购方在线评标、议标、公布预中标,最后发布中标公告。经海尔集团审核通过的合格供应商也可以将自己的产品发布到海尔招投标网上供海尔集团选择采购。供应商可以下载说明来了解注册成为海尔集团供应商的业务流程。

5.4.2 固安捷

固安捷是北美著名的工业产品供应商,为需要进行设备维修保养的各行各业、各种规模的企业用户提供工业设备维修产品。在全球拥有 600 个分支机构、17 个配销中心以及 4 个网站(B2B 电子分销商),为客户提供便捷的服务和齐全的产品。可提供近 20 000 种工业设备维修产品,包括电气及照明,工具及分析仪器,气动产品、泵及管件,物料搬运,安全及安防,金属加工、焊接等在内的多个产品大类。

5.4.3 Salesforce

Salesforce 位于旧金山最繁华的 Market 大街一号的总部,办公室的墙壁上随处贴着与禁烟标志类似的圆圈加斜杠标识,只不过上面的"No Smoking(禁止吸烟)"变成了"No Software(禁止软件)"。这个别出心裁的标识代表了 Salesforce 的企业宗旨,而且 No Software 也正是 Salesforce 存在的理由。1999 年公司成立之初,创始人和 CEO Marc Benioff 就曾宣布传统软件时代即将终结,自称软件终结者。传统软件概念的购买、安装、使用,都将随着租用软件到来而完全改变,用户不再需要购买任何软件和硬件,只需每年或每月支付一定费用,就可以通过互联网随时使用自己所需要的服务,而企业以月租费的形式支付使用费。

Salesforce这个客户关系管理软件租用开辟了一种新的软件应用模式：通过互联网使用企业级应用软件。通过订购Salesforce.com，顾客避免了购买自己的软件和在计算机设置系统和维持系统运行的费用与麻烦。在几年时间里，Salesforce不断添加更多的功能，包括客户用来定制服务和独立软件公司可用来开发相关应用程序的工具。当前，全球有29 800多家公司和646 000名注册用户使用Salesforce，包括了众多业界巨头，如通用电气、AMD、通用汽车、诺基亚、时代华纳、美国在线、道琼斯新闻热线等。Salesforce进入中国后希望可以带动整个中国中小企业对租用客户关系管理的认识。

5.4.4 阿里巴巴

在今天的中国互联网业内，马云无疑是拥有最多崇拜者、最大影响力的一个。有人说他是个智者，激情四溢；有人认为他是个狂人，比如宣称戴着望远镜也找不着竞争对手、要做102年的企业、今年要实现一天赚100万、明年就要实现一天交100万的税等。可是不管怎么说，他都是个英雄，因为他不断地做到其他人做不到的事，成就着我们这个时代关于创业的梦想，关于财富的梦想，关于奋斗的梦想。如果不是他的远见和凝聚力，谁能想到一家根本没有模式先例的电子商务公司，一家做"小商人"的"小生意"的公司，能够成为今天中国互联网企业的旗舰？

马云曾笑言自己大学考了三次才最终如愿。算不上好学生的马云唯一值得骄傲的就是他英语。刚改革开放之际，到杭州旅游的外国人多起来，马云一有机会就在西湖边逮着外国人练习英语，尽管开始的时候他的英语还很蹩脚，可是时间长了，他竟然说得一口流利的英语，并且一直用到今天。1988年，大学毕业后的马云去杭州电子工业学院担任英语老师。尽管深受学生们的欢迎，但是当时马云的工资每月仅仅110元左右。1992年，马云和朋友一起成立了杭州最早的专业翻译社"海博翻译社"，课余四处活动接翻译业务。当时经营特别艰难，经常入不敷出。翻译社没给马云带来什么钱，倒是让他有了一次出国的机会。

1995年年初，马云受托作为翻译来到洛杉矶沟通，落实一起高速公路投资案，马云有机会第一次接触到了Internet。那是一家名为VBN的ISP，它位于西雅图，带马云去参观的是他在杭州电子工学院认识的外教比尔。比尔是一个对互联网十分信仰的年轻人。在VBN的那两间小小的办公室里，马云第一次使用了Mosaic浏览器，他在上面敲了beer这个词，计算机屏幕上便出现了德国啤酒、美国啤酒和日本啤酒，却没有中国啤酒。马云试着又敲了Chinese，但计算机给出的结果是no data。这时候，马云被告之，要想被检索到，必须要先做个主页放到Internet上。

马云立即请VBN的工作人员为海博翻译社做了个主页，放到了Internet上面。当晚，马云便收到了5封分别来自日本、美国和德国的客户咨询翻译价格的来信。其中一封信来自一位华侨留学生，他激动地对马云说，这是他在互联网上看到的第一家中国公司。这次美国之旅，让马云第一次感受到了Internet的神奇。回国后，他和VBN达成了协议，对方负责技术，自己在中国寻找客户，为中国企业做上网服务。1995年3月，马云向学校提出辞职。4月，马云创办了杭州海博电脑服务有限公司。5月9日，"中国黄页"正式上线。

"中国黄页"当时的收费标准是，一个主页3000字外加一张图片，总共2万元，其中60%归VBN。就这样，经过8个月的辛苦努力，到了1995年年底的时候，公司的账目已经接近平衡，营业额也已突破了100万元。然而，就在"中国黄页"刚刚看到一丝曙光的时候，却在一夜之间冒出了许多对手，其中最强的当属杭州电信。当时，无论从社会资源、政府资源还是公司规模上来看，"中国黄页"与之相比都逊色很多。而且杭州电信利用"中国黄页"（chinapage.com）已有的名声，做了一个名字与之非常相近的网站，也叫"中国黄页"（chinesepage.com）。在别无选择之下，马云只能与杭州电信合作。马云将"中国黄页"的资产折合成 60 万元，占 30％ 的股份；杭州电信注资 140 万元人民币，占 70％ 的股份。

惜别"中国黄页"之后，1997 年年底，马云应外经贸部的邀请，带领团队北上进京。外经贸部为此另成立了一家公司——中国国际电子商务中心（EDI），由马云组建、管理，马云占 30％ 的股份，外经贸部占 70％ 的股份。接下来，马云和他的创业团队先后为外经贸部建立了外经贸部官方网站、网上中国商品交易市场、中国招商等一系列国家级站点。当年，他们还拿到了雅虎在中国的独家广告代理。

1999 年，深思熟虑之后，不甘受制于人的马云决定离开北京，重返杭州。在外经贸部工作的两年，让马云学会了判断国家宏观经济的发展方向。更重要的是，在中国互联网大潮风高浪急之时，马云看到了创业的方向——电子商务。在做出决定的那一夜，马云把创业团队的所有人召集到一起，给了他们三个选择。第一，去雅虎，马云亲自推荐。第二，去新浪或是搜狐，马云同样亲自推荐。而且马云保证他们一定会被录取，而且待遇会很高。而第三个选择就是跟自己回家，不过只有 500 元月薪。马云给他们 3 天时间做出决定。3 分钟过去了，团队的所有人异口同声地对马云说："马云，我们一起回家吧。"

回到杭州之后，在自己城郊湖畔花园的房子里，马云创办了阿里巴巴。阿里巴巴的注册资本是 50 万元，来自创业团队所有人的共同集资。1999 年 2 月 21 日，杭州湖畔花园马云家，摄像机在进行全程录像，马云妻子、同事、学生、朋友，18 个人或坐或站，围绕着马云。

马云对全体员工发表了开业演讲，"我们要办的是一家 B2B（企业对企业）的电子商务公司，我们的目标有三个。""第一，我们要建立一家生存 102 年的公司。""第二，从现在起，我们要做一件伟大的事情。我们的 B2B 将为互联网服务模式带来一次革命！我们要建设一家为中国中小企业服务的电子商务公司。""第三，我们要做一个由中国人打造的世界性公司。我们要建成世界上最大的电子商务公司，要进入全球网站排名前十位。"

当时，业界对 B2B 电子商务的定位是：商业模式过于简单，看不清未来的盈利方向，市场门槛过低。"那个时候我负责拍照片和录像，现在我看过去，照片里大家的眼神都是迷茫空洞的。"阿里巴巴集团总裁金建杭笑着说，"除了马云，在创业之初谁都不敢说自己真的信心十足。"

而到 2014 年，阿里巴巴启动历史最大规模 IPO，市值达 2314 亿美元，超越 Facebook 成为仅次于谷歌的第二大互联网公司。根据阿里巴巴集团的招股书显示，该集团运营着最大的在线及移动电子商务网站，仅在 2013 年全年，该平台即实现了超过 15 000 亿的交易额。这使得它当之无愧地成为全球第一。而无论是在体量、规模还是生态效应上，它都已经是全球最顶级的互联网公司前五强之一。

阿里巴巴上线还不到半年，就被美国的《福布斯》杂志注意到了。根据在线监测显示，这个名不见经传的小网站居然是当时全球最活跃的电子商务网站。《福布斯》派记者来到杭州，辗转之下终于在那个叫湖畔花园的住宅小区里找到了阿里巴巴。2000 年 7 月，马云成为第一次登上《福布斯》封面的中国企业家，封面上的马云身材瘦削，穿着一件超大的蓝花格子衬衫，卷着袖子握着拳，向全世界露出了一张灿烂的笑脸。阿里巴巴由此被评为全球最佳

B2B 站点,名列综合类第一名。

  2003 年,一场突如其来的灾难让全中国陷入一片恐慌。非典,就像一个幽灵闯入了人们原本安静祥和的生活。阿里巴巴所在的杭州并非重点疫区,而且防范措施也十分得力,整个杭州只有 4 名非典病例,但不幸的是,4 名之中就有一名阿里巴巴的员工。这名员工是因为参加 2003 年广交会而不幸被感染的。接下来,阿里巴巴迅速被杭州市政府确定为重点防范对象,公司办公区域被完全封锁,几乎所有员工都被隔离在家,一时间,混乱和恐慌笼罩着全公司。虽然员工们被隔离了 8 天,但阿里巴巴的业务却并未因此中断。而且在这个特殊的年份里,在全体员工的共同努力下,阿里巴巴创造了日收入 100 万元的奇迹。

  2012 年,阿里集团全年向税务机关实缴税金突破 39 亿元,平摊下来阿里巴巴集团本年度将实现平均每天纳税 1000 万元。2013 年,阿里巴巴集团日均纳税超 2000 万元。由此,阿里巴巴一举成为中国互联网纳税最多的企业。

  2003 年对阿里巴巴来说似乎是一个转折点,在此之后,无论是阿里巴巴的 B2B,淘宝网的 C2C,还是在线支付平台支付宝,都开始茁壮成长,引领中国电子商务进程的发展。

  阿里巴巴在创建初期就有着明确的市场定位,它不同于早期互联网公司以技术为驱动的网络服务模式,而是要建立全球最大、最活跃的网上贸易市场。因此阿里巴巴在创建初期的很长一段时间里专注于信息流领域,打造信息服务平台。

  阿里巴巴深知对于众多的中小企业来说,最困难的就是资金不足,信息缺乏和融资困难。阿里巴巴从创业伊始起,就确定了它所面向的目标是让广大的中小企业做得起生意,做得了生意。因此,阿里巴巴网络有限公司的网络平台实行的是免费会员制,客户以免费注册的形式成为阿里巴巴网络平台的会员,供应商在上面免费发布供应信息,买家免费发布求购信息,然后买卖双方通过浏览和搜索用户寻找自己需要的信息,通过线上进行咨询及磋商。因为阿里巴巴所提供的产品是以免费注册的形式来获得的,因此在短时间内聚集了大量的人气,吸引了大批客户。仅在阿里巴巴早期的创业阶段(1999—2004)中,其会员人数就由一开始的 10 万增长到 600 万。而人气的提升伴随而来的则是更加庞大的信息汇聚,对于买卖双方来说,信息越庞大就越能找到自己满意的产品,大大提高了交易成功率。

  然而企业在维持其竞争优势的过程中,其资源是否容易被复制以及这种资源能够持续多久,能否真正在竞争中保持价值是关键性的因素。不管是对于 B2B 这种电子商务形式还是免费会员注册形式来说,其可复制性是极大的,也必然会存在着大批的企业竞争者和新进者不断威胁着阿里巴巴。因此在巨大的竞争压力下,如何能够创新以及不断升级自己的产品是至关重要的因素。

  阿里巴巴意识到要想把 B2B 的信息流做好,必须解决诚信问题。众所周知,诚信在中国商业界一直是道"难解的习题",对于电子商务这种强调信用的经济运营模式来说,诚信则尤为重要。为解决这个问题,阿里巴巴于 2002 年 3 月推出了一个解决网络贸易信用问题的软件产品——诚信通。

  诚信通有会员的第三方认证、合作商反馈和评价、在阿里的活动记录等多方面信息,同时这些信息全部对外公开。对于在交易中迫切想了解对方诚信状况的交易者来说,诚信通的作用和意义非同一般。广大客户在浏览并寻找自己的商业交易伙伴时,对对方的信赖程度是交易成功的关键。对于卖家来说,拥有较高的诚信通指数可以让企业的信息排名优先,同时在阿里巴巴大市场上享有各项优先的权利,比如独享买家信息,免费使用在线联系和客户管理工具等。同时"诚信通"会使买家更放心地选择卖家,拥有诚信通的卖家,其企业身份通过第三方独立机构确认,企业交易信用被长期记载和积累。"诚信"使卖家在竞争中享有优势,成为买家的首选。

随着人气的提升和品牌的确立,阿里巴巴除了继续专注于信息流领域,也逐步开拓了电子商务的第二个阶段:汇聚资金流。从电子商务出现伊始,电子支付问题便成为其发展过程中十分重要的一个环节。相关调查表明,在电子商务时代,用户在选择电子支付时考虑的两个首要因素就是安全和是否快捷。然而,正是出于对这个环节的安全顾虑,使得电子交易的普及与发展受到了巨大阻碍,而"网银大盗"和"证券大盗"(两者皆为木马病毒程序,以盗取用户的账号和密码,侵犯用户利益为目的)的出现,更使电子支付蒙上了一层阴影。为彻底解决这个问题,阿里巴巴于2003年10月首先在淘宝网推出了独立的第三方支付平台——支付宝,正式进军电子支付领域。支付宝的运作流程是:买家在确定购物后,先将货款汇到支付宝,支付宝确认后通知卖家发货,买家收货并确认满意后,支付宝将货款汇给卖家完成交易。买卖双方通过支付宝进行交易不收取任何费用,在交易过程中,支付宝作为诚信、中立的第三方机构,起到了保障货款安全及维护买卖双方利益的作用。

2005年2月,支付宝又推出了"全额赔付"制度,即对于使用支付宝而受骗遭受损失的用户,支付宝公司将全部赔偿其损失。随后,支付宝又将全额赔付制扩展至阿里巴巴B2B业务范畴,以及所有采用支付宝作为支付工具的电子商务公司。这种做法在国内电子商务网站尚属首例,一方面显示了阿里巴巴解决电子商务支付问题的决心;另一方面也表现出阿里巴巴对"支付宝"产品的绝对信心。

支付宝作为一个平台,不仅成功解决了阿里巴巴的资金流问题,同时对物流问题的促进也发挥了作用,因为支付宝的谈判对象都是统管资金流与物流的银行和传统物流企业。

2006年11月22日,阿里巴巴与中国邮政签订了合作协定,正式进军物流行业。中国邮政的EMS成为支付宝的推荐物流服务商,作为交换,中国邮政的绿卡和网上支付汇款业务将与支付宝挂钩。双方合作之后,阿里巴巴和淘宝网以及外部千余家网店用户可以轻松选用EMS标准服务和e邮宝作为物流形式。e邮宝的省际起重资费为首重500克15元,比EMS的标准服务资费(首重500克20元)有较大下降,为网上卖家节约了成本,因此吸引了更多的用户。

2013年5月28日,阿里巴巴成立菜鸟网络科技有限公司,首期投资人民币1000亿元,用5~8年的时间,努力打造遍布全国的开放式、社会化物流基础设施,建立一张能支撑日均300亿(年度约10万亿)网络零售额的智能骨干网络。

阿里巴巴B2B业务有两大发展阶段。第一阶段(1999—2004年下半年):"Meet at Alibaba"(相会在阿里)。"作为创业初期的阿里巴巴,其业务主旨是专注于信息流领域,致力于打造信息服务平台。在此平台上汇聚了众多的买家和供应商,供应商发布企业的供应信息,买家则发布求购信息,双方通过线上咨询、磋商,线下谈判、付款。在这一阶段,对于处在刚起步阶段的阿里巴巴来说,最重要的是如何获得客户,它开展的各项业务都是针对于如何提升自己的品牌来让客户汇聚到它的信息平台上,因此这阶段的业务只涉及信息流服务,让客户在阿里巴巴平台上寻找需要的信息。第二阶段(2004年下半年开始):"Work at Alibaba"(工作在阿里)。由于初期阶段,阿里巴巴的业务开展是围绕信息流服务这个据点开始的,客户在线上寻找交易信息,但是双方具体的交易过程都是在线下完成。这种单一的模式并不能使阿里巴巴长期占有优势地位,因此如何转型则是非常重要的。第二个阶段的转型过程意味着阿里巴巴网络有限公司将业务范围由信息流扩展到资金流和物流,这阶段企业所搭建的平台是综合性平台,包括信息、财务、管理、物流等一系列涉及中小企业的服务。这样做的原因也是逐渐增强客户对阿里巴巴平台的依赖性。简而言之,阿里巴巴已经从第一阶段的专做信息流来获取客户转为第二阶段的拓展产品和服务维系客户。在这一阶段的后期阿里巴巴为了完善平台服务体系,公司进行了多次收购。其中包括2009年8月收购阿里软件旗下的管理软件业务,此项收购目的是为中小企业客户定制专业化的商务管理软件。2009年9月花费5.4亿元人民币收购中国万网,中国万网是中国领先的互联网基础设施服务商,服务范围涵盖域名服务、网站设计和开发等多种项目,主要为阿里巴巴提供域名服务。在2010年,中国万网又为阿里巴巴网络提供更深层次的服务,于第四季度推出名为"阿里阿外"的互联网基础服务,让阿里巴巴用户及其他需要电子商务服务的用户设计自己的网页,并将其连接至阿里巴巴后台。2010年阿里巴巴又收购了深圳一达通。一达通是国内第一家提供进出口环节服务的外贸B2B平台,阿里巴巴网络有限公司借此为中小企业提供通关、运输、保险、码头、外汇、退税、融资等更全面的进出口服务。

阿里巴巴一路走来,逐步解决了电子商务发展过程中有关支付、物流以及诚信等问题,从而使B2B和C2C以及B2C业务都取得了长足的进步。

2007年11月6日,阿里巴巴成功登陆港交所,并一举刷新了中国互联网上市公司的种种纪录。阿里巴巴的发行价为13.5港元,上市当天便高开30港元,尾盘收于39.5港元,首日涨幅达1.92倍,打破了此前新鑫矿业(内地第二大电解镍生产商)首日劲升1.2倍的纪录,阿里巴巴此次总融资额达16.9亿美元,问鼎当年港股新股王。上市所带来的财富效应使得阿里巴巴的市值连升三倍,相当于三大门户、盛大和携程5者市值之和,并一举成为中国第一家市值超过200亿美元的互联网公司。

2012年2月21日,阿里巴巴集团向阿里巴巴网络有限公司董事会提出私有化要约;6月20日,阿里巴巴正式从港交所退市;阿里巴巴董事局主席马云曾说,"我们下决心把B2B私有化,对业务进行全面的调整、改革和升级,以期更好地服务我们的客户。"

私有化消息公布后,引发外界诸多猜想。对于选择私有化的原因,马云将其归结为B2B业务需要深入改革,而阿里巴巴2011年会员总数出现了减少,增长放缓似乎也印证了阿里巴巴B2B业务发展进入到了一个转型的必要期。但媒体关注的焦点却在阿里巴巴与雅虎的控股权角力上。

国际互联网巨头们进入本土市场的方式基本上是联合一家中国本土互联网公司。联合的方式有两种:一是整个收购,如亚马逊、eBay;二是注资试探,如谷歌。

不过在2005年,这个规则被马云打破了。这一年8月11日,雅虎和阿里巴巴共同召开发布会,会上宣布阿里巴巴全面收购了雅虎中国,包括雅虎的门户、雅虎的一搜、雅虎的雅虎通、3721以及雅虎在一拍网上的所有资产。同时,雅虎向阿里巴巴注资10亿美元,成为阿里巴巴重要的战略投资者之一,同时雅虎将获得阿里巴巴40%的股份。

2013年,阿里巴巴集团价值超过1000亿美元,几乎是雅虎市值的五倍。雅虎这笔当年只有10亿美元的投资估值最少是400亿美元,这笔当年不怎么被看好的投资反而成了雅虎最值钱的资产。

同时按照当年协议,2010年雅虎有权在阿里巴巴集团董事会增加一名董事,而马云等管理层的投票权将从35.7%降为31.7%。这意味着,雅虎将成为阿里巴巴名副其实的第一大股东,董事会人选的结构性变化,特别是根据协议规定的马云将不再获得"不被辞去阿里巴巴集团首席执行官职务"的保证意味着,雅虎对阿里巴巴的董事会和管理层已经拥有了实质的控制权。

雅虎希望依托阿里巴巴的本土平台和马云个人的经营能力使雅虎中国的业务能够重整旗鼓,再创新高;而马云则希望将雅虎中国打造成一个强势的搜索平台,借此来大幅提升整个阿里巴巴集团在产业链条上的整体布局。

愿望往往是美好的,但现实却很残酷。在中国互联网产业界,超过90%的收购或兼并都没能逃脱失败的命运,雅虎和马云自然都不愿成为其中一员。但最终的事实却证明:很少有人能够逃脱这一定律。

截至2014年6月30日,阿里巴巴旗下的淘宝、天猫等零售平台上有2.79亿活跃的消费者,800万卖家依托阿里巴巴提供的平台为消费者提供服务,他们雇佣了近1000万从业人员,2014年创造零售交易总额超过2万亿元。

上市敲钟是交易所最隆重的庆祝仪式,其象征意义不言而喻。几乎所有上市公司都是由创始人、高管团队来敲钟,当所有人都以为马云会亲自敲钟时,阿里却独出心裁选择了"全球最独特"的敲钟方式,由八个代表阿里生态系的客户上台敲钟,分别是两位淘宝网店店主、快递员、用户代表、电商服务商、淘女郎网络模特和云客服,还有一位是来自美国的农场主皮特·维尔布鲁格,他果园中的车厘子通过天猫卖到了远在地球另一端的中国。

马云说,阿里巴巴成功的唯一途径,是让阿里巴巴生态系统的参与者、客户和合伙伙伴获得成功。马云以及阿里的合伙人、员工只是在台下,为他们鼓掌。"我们奋斗了这么多年,不是为了让我们自己站在那里,而是为了让他们站在台上。"马云在纽交所现场这样说道。

阿里有意选择了八个能代表阿里生态系的客户,凸显了阿里的"生态圈"。从阿里的路演PPT中可以看到,"生态系统"是阿里对投资人强调的重要词汇,也是目前阿里特别强调的核心。

上市前夕,马云发表了一封《在15年争议中如履薄冰,不回避挑战》的公开信。在这封信中,他27次提到生态系统,这样写道:"我们运营的不是一个公司,而是一个生态系统,一个用新技术、新理念组建而成,由全球数亿的消费者、零售商、制造商、服务提供商和投资者组成的仍在持续长大和进化的新经济体。"

美国调研公司Forrester报告,阿里是世界上最大的数字生态系统。阿里巴巴是第一个以生态系统概念上市的公司。

《华尔街日报》专栏作家安德鲁·布朗(Andrew Browne)评论:阿里巴巴将西方已有的商业模式本地化后建立了庞大的电商帝国,推翻了人们对于"中国不能创新"的迷思。

"有梦就有蓝天,相信就能看见。"习主席强调的中国梦,马云和阿里巴巴的奋斗经验应验了这一梦想的实现,一定也会给中国更多年轻人和更多中国企业以成功的榜样,并为此奋斗下去。

5.4.5 慧聪网

慧聪网(HK8292)成立于1997年,是国内领先的B2B电子商务服务提供商。依托其核心互联网产品"买卖通"以及雄厚的传统营销渠道——《慧聪商情广告》、《中国行业资讯大全》、行业研究报告、会展服务等为客户提供全方位的线上、线下服务,这种优势互补、纵横立体的产品及服务架构,已成为中国 B2B 行业的典范,对电子商务的发展具有重大影响。

2003 年 12 月,慧聪网实现了在香港创业板的成功上市,是国内信息服务业及 B2B 电子商务领域首家上市公司。经过多年的耕耘与积累,目前其已经将服务范围扩展至全国上百个城市,在 16 个城市拥有分公司,员工 2400 名。慧聪网注册会员已超过 840 万家,买家资源达到 800 万家,每天有 10 万家以上的企业发布供应、采购、招标、代理等最新商业信息,覆盖行业达到 65 个。

慧聪网使命及定位:聚垂直行业的专业优势形成水平型交易平台,专注服务于内贸型中小企业,成为中国领先的 B2B 电子商务运营商。慧聪网 B2B 交易平台经营模式:B2B 交易平台主要由卖家群体、买家群体和信息平台组成,其中信息平台提供的服务主要是以供求商机匹配为主,帮助供需双方解决信息不对称问题,并整合企业网络商铺、商机搜索引擎、1M 即时洽谈软件、线上线下采购洽谈会、行业资讯等多种工具,使数百万家企业用户长期活跃在网络交易平台中,从而形成有机的互动。

慧聪网具有 16 年的工业品行业资讯服务的经验积淀,其工业品行业商情广告和行业大全产品已成为业界权威出版物,在广电、教育、化工、安防、水工业、汽车配件、家电、印刷、涂料等多个行业具有专业指导作用。

慧聪网将全面整合网络商铺、网络广告、搜索排名推广、商情广告、商业会展、采购洽谈会、行业研究报告等多种线上和线下产品体系,为中小企业提供全方位的行业资讯、营销推广、供求匹配服务,结合中小企业的经营特点和实际发展阶段,量身定制解决方案,充分体现个性化服务和纵深交互性,使中小企业的电子商务应用进入到高级阶段。

慧聪网主要收入来源是其核心电子商务产品"买卖通"会员服务,该产品整合了网络商铺、求购信息匹配、诚信认证、商机搜索排名推广、行业专属推广等多项专业服务,为企业用户提供全方位的网络营销服务。"买卖通"会员共有四个等级:基础会员、银牌会员、金牌会员、VIP 会员,慧聪网根据会员级别及合作类型收取 2580 元至 30 万元不等的会员年费。该产品自 2004 年 10 月开始销售以来,受到国内企业的广泛认可和好评,目前"买卖通"付费会员数已经超过 10 万。此外,慧聪网另外两种收费的互联网产品是搜索广告服务和网络广告服务,这两类产品主要针对有特殊推广需求的较大规模行业客户。

2012 年 6 月 6 日,亚马逊中国成为慧聪网采购通会员,同时入驻慧聪网的还有京东商城、当当网、凡客诚品、优雅 100、365 商城及铰剪石头布 7 家国内 B2C 企业。据悉,京东商城、当当网和亚马逊各带来了高达 1 亿元的采购订单,优雅 100、凡客诚品、铰剪石头布、365 商城则各带来了 5000 万元的订单。

5.4.6 B2B 与 B2C 的融合

亚马逊中国、京东商城、当当网、凡客诚品、优雅 100、365 商城及铰剪石头布等 B2C 企业入驻慧聪。B2B 与 B2C 之间已经不再泾渭分明,毫无关联,且两种模式正在逐步融合。对于 B2C 而言,企业自身采购量极大,在采购过程中需要逐个对各个供应商进行筛选、对比,消耗大量成本。而通过 B2B 平台则可以有效解决采购问题,B2B 平台服务系统自动将买家需求与供应商精准匹配,通过多维度进行比较、选取、追踪和管理合适的供应商,从而提高采购效率,降低采购成本。B2B 与 B2C 融合,将促使产业链上游制造和加工企业更加活络,最终推动整个电子商务产业的快速发展。

5.4.7 中国电子商务 B2B 市场特征

1. 外贸 B2B 平台全面进入交易时代,信用保障服务价值显现

2015 年第一季度,阿里巴巴国际站等外贸 B2B 平台推出信用保障服务,信用保障服务是基于 B2B 平台上的成交信息、交易额等情况综合评定供应商并给予一定信保额度的服务,Analysys 易观智库分析认为,在外贸 B2B 领域,信保体系的建立和完善尤为重要,能够为供应商和买家提供双向的跨境贸易安全保障,让买家放心,让卖方更快达成交易。但目前,基于跨境 B2B 平台的信用保障体系还处在初级阶段,需要长时间的发展进化,外贸电商的诚信体系才能逐渐走向成熟。

2. 跨领域合作成为电子商务 B2B 平台提升行业竞争力的新手段

随着移动互联网、移动支付、社会化媒体的不断发展和完善,传统的 B2B 电商平台也在积极寻找其他流量的入口。2015 年第一季度,B2B 平台马可波罗网与百度、腾讯三方合作推出"生意号"产品。B2B 电商平台与搜索引擎平台、社会化媒体、第三方支付商之间的合作,是适应移动互联网时代的重要转型策略,将对 B2B 平台自身的业务发展产生重要影响。

3. B2C 电商企业涉足 B2B 业务,企业采购成为焦点

在 2014 年第四季度,B2C 电商平台京东提出"阳光云采"战略,主要面向企业,打造企业级电商采购平台,而在 2015 年第一季度,酒类电商酒仙网也发力 B2B 领域,主要召集渠道商和经销商通过平台出货,提供给企业进行采购。Analysys 易观智库分析认为,B2C 电商平台开展 B2B 业务,对整个流通环节进行了压缩,渠道更加扁平,特别为中小型批发商提供了渠道对接口,而随着企业采购数量、交易额的不断增加,必将有更多的企业涉足 B2B 业务,企业采购已经成为电商拓展的新蓝海。

4. 农产品大宗交易平台纷纷涌现,农村电商持续受到瞩目

在国家政策的引导之下,农村电商已经成为各地纷纷抢滩的新兴市场,2015 年第一季度,包括浙江、四川、山东等地出现了大量农产品大宗交易平台,Analysys 易观智库分析认为,运营农产品交易平台需要最大限度地整合农业产业链,同时,真正地做到渠道下沉,深入到县、乡、村,设立县级服务中心、村级服务站等,在农村发展农村服务人员。虽然农村电商受到了持续的关注,但是由于组织化程度低、产业链条过长、信息不对称,应用信息技术、金融、物流等方面意识还比较薄弱,农村电商的发展还需长时间的培育。

5.5 O2O 商业模式分析

5.5.1 概述

最近见了很多 O2O 公司负责人,他们大多融到了不少资金;在政府的推动和投资机构

的支持下,他们的业绩(单量)都涨势不错。在幸福的背后,大家都面临这样的烦恼:单量暴涨,但线下能力无法承载,只能刻意控制规模,眼睁睁地看着投诉率上升。

由线下能力不足导致业务扩张缓慢,这成了O2O创业的症结,并且无药可治。我们所熟知的互联网创业,其边际成本迅速递减的特点十分明显,一款产品进入爆发期后一日之内揽下100万用户也不足为奇;正因为这个原因,纯互联网创业的规模效益非常明显,巨头靠流量加资金资源能迅速灭掉创业公司。最后的结果是巨头越来越强、创业公司生存艰难,当年一句"狗日的腾讯"就曾引起了广大创业公司的共鸣。

O2O是另外一套逻辑:获取用户的难度大、速度慢,时间性和地域性限制明显。O2O的幸运之处是这个,痛苦之处也是这个。幸运是因为巨头所擅长的规模和流量效应在O2O这个事情上的会大打折扣,自己做难度太大,投资入股成为了巨头布局O2O的最常见方式,一堆O2O创业公司因此受益。痛苦是因为,O2O创业难以快速扩充规模,大多数公司和人熬不过艰苦的"八年抗战"。

有不少O2O公司试图走"捷径",典型的做法有两种:(1)只做线上(Online)部分,打造纯平台;(2)重度垂直的O2O公司,收集大量订单自己承载不了后转给其他线下服务方。第一种纯平台的做法面临巨头的竞争,创业公司起家做纯O2O线上平台,无论是信息、社交还是交易的,绝大多数没有发展起来。第二种重模式的O2O公司,在大力进行了线上推广后,订单量暴涨,它们把订单量转给了线下其他服务方处理,质量无法把控导致投诉率猛增。

近期接到很多O2O公司投诉,无一例外是某洗衣O2O公司把衣服洗坏了,某上门按摩O2O公司无缘无故把订单取消了,在某外卖O2O公司的APP上订了餐2个小时才送到……O2O行业里面的笑话是:某线下人员戴着A公司的头盔、穿着B公司的服装、骑着C公司的电动车、拿着D公司的手机在沟通业务。很显然,线下能力越来越成为O2O公司的命门。

线下能力主要包括:①对线下的理解;②对线下资源的掌控;③线下团队的能力。对于第①点,绝大多数互联网背景的O2O创业者都需要一段时间去学习,往往是绕一个圈后才能对线下的困难有更好的认知。第②点,线下资源尤其是线下优质资源成为各方争夺的核心,基于线下资源去开展线上业务(线下到线上的反向O2O)越来越受到认同。第③点,线下的团队能力,这又细分为线下团队规模和团队执行力;O2O是一个需要扫街、需要大量谈判的苦活,线下团队规模和团队执行力直接反映了O2O公司的实力。

打造一支强大的线下团队并不容易,不仅是因为绝大多数互联网人管理不好线下团队,另外是维持线下团队的成本在急剧提升。以解放手艺人为口号的O2O公司线下人才争夺战,已经导致了线下服务行业薪资明显提升,很多公司招不到也雇不起足够的线下人员。另外,线下人员的流动性大,隐性的成本让很多O2O公司难以承受。

现在O2O行业的主要矛盾是低下的线下服务能力和水平已经无法满足日益增长的线上需求。在各方对O2O行业大势达成了广泛共识后,怎样解决O2O公司面临的实际问题成为新的关切点。

不重视O2O的线上电商企业将失去未来;事实上,无论是阿里还是京东,都在发力线下。电商是70%的线上+30%的线下,O2O反过来是30%的线上+70%的线下;未来没有线下能力的O2O公司将无法生存。

5.5.2 行业O2O公司问题分析

1. 泡沫下的狼狈

过去两年时间里,每天都有创业公司获得融资,也有创业项目中止、倒闭,2014年拿到A轮投资的企业高达846家。创投泡沫的繁荣下,投资与创业成了时髦的运动。然而,一时被资本烘托得高大上的项目,大多数经不起现实与时间的考验,很快就陷入了困境。同样在过去两年时间里,每天都有O2O创业公司获得融资,也有O2O创业项目中止、倒闭。

(1)"功夫熊",B轮不成,内力尽失

"功夫熊"于2014年10月上线,不到两个月,就先后获得数百万元天使投资和数百万美元的A轮融资。2015年5~7月,"功夫熊"收购了五家上门O2O平台,并借此将服务范围覆盖到北京、上海、广州、深圳、杭州、西安和成都地区。

但随着上门推拿O2O项目的增多,各大平台普遍面临技师资源不足、质量参差不齐的问题。

"功夫熊"刚到一个城市时,为了迅速占领市场招了很多技师,但有一部分技师不是学医科或者理疗出身的,而是做SPA的。他们不仅业务不专业,还私自减少服务时间,敷衍客户。由于技师资源缺乏,"功夫熊"并没有解雇上述技师。

随着消费者享受优惠幅度逐渐减少,客户黏性也在减弱。几个月前"功夫熊"刚进入广州时,给予消费者的优惠更大,首单可使用90元代金券,还时不时推出一些优惠活动。后来优惠大幅降低,部分技师服务质量也有所打折,"功夫熊"的性价比开始大不如从前。

此外,"功夫熊"还存在员工跑单等问题,造成客源的流失。目前,"功夫熊"在广州的技师由100多名减少到30多名。此次"功夫熊"被传B轮融资不成功,很可能面临"无钱可烧"的困境,或面临倒闭危机。

(2)社区001,风投宠儿,面临破产

社区001成立于2012年2月,由邵元元、薛蛮子、杜国强三位投资人联合创建,是一个本地社区提供在线购物及配送的服务网站,运营模式为用户通过平台下单,平台从超市拿货,为用户送货上门,致力解决社区内"最后一公里"配送问题。

此后,社区001接连拿下多轮融资,2013年10月获得海银资本、上海致景投资等数百万元天使轮融资;2014年4月获得上亿元A轮融资(其中五岳天下为其投资了4千万元)。2014年10月,其天使投资人之一的薛蛮子曾在微博公布,社区001获得了1亿美元的B轮融资,估值达到20亿元。创立的第一年,团队只在北京的部分区域低调经营。随着2013年底开始的一波O2O大潮,这个由互联网老兵邵元元执掌的社区电商,开始受到空前关注,同时开始了一轮快速的市场扩张。

然而,这个曾经高调的明星企业现在却在面临一场破产和讨薪风波,大量人员离职,并停止接单。在百度贴吧中,充斥着来自社区001员工的讨薪贴。社区001并未直接回复这些负面传闻,而该公司创始人邵元元的微信朋友圈自9月中旬起便未有更新。

2. 倒在泡沫中的项目们

赶热潮似的创业中,有太多还未抵达资本现场(未获融资)就默默消失的项目。大批

O2O创业公司和创业者的进入,市场已进入泡沫期,旧的企业不断倒下。正所谓"前事不忘后事之师",究其原因,值得我们好好反思。

医疗行业O2O项目失败原因分析:①移动医疗、智能硬件以及上门服务的兴起,抢占了很大一部分市场份额,对传统在线医疗的企业造成冲击,导致一批企业死亡。②通过列表可以看出,死亡企业多以健康管理为主,从事该领域的企业较多,不利于形成竞争优势,一旦没有巨头注资,很容易被行业淘汰。

美容行业O2O项目失败原因分析:①低频次、非刚需,美发O2O普遍不被看好。从美容业融资情况看,美发基本没有融资,可见投资人对美发业O2O并不看好。其原因是,美发业线下门店较为发达,线下店无数,线上很难竞争;上门等家庭场景不能与美发服务相融合;顾客消费习惯难以改变,消费者习惯于选择熟知的发型店或者就近选择美发门店,美发咨询等服务需求较少。所有服务类的关键就在于流量。因此切入细分领域,迅速做起流量来,是创业者最需要打磨的功夫。美发行业虽然有很高频次和需求,但是上门美发这一O2O项目,是否真的是刚性需求,恐怕还需要创业者三思吧。且不说剪完头发留在家里地板上的一地狼藉,就说你能否请来理发店里真正的"大牌"上门都是难题。②无法标准化:过去的团购网站也提供了美容业服务,但是团购对美容业的推动力为何不强?最重要的原因就是——美容业属于非标类服务。非标类服务,极可能面临"两头难伺候"的局面,创业者要学会当好两头受气的"小媳妇"。因此,美容业O2O其实是个"看起来很美,实际上很苦"的行业。

婚嫁行业O2O项目失败原因:①低频消费,缺乏资源。婚嫁行业的互联网化进程较短。在本次盘点中盘点出的已经停止运营的大部分企业成立时间稍早。由于婚嫁行业是低频需求的行业,如何提高用户粘性,不断的拓展产业链(横向或纵向)就成了每个企业亟待思考的问题。②大部分的婚嫁平台都是基于线下资源而建立的,没有线下资源无异于无源之水。很多基于平台的网站,无法立足于市场之中。

家居行业O2O项目失败原因:①同质化严重,无差异化竞争导致核心竞争力不足。不管平台还是重度垂直型企业,目前的家装企业都主打"0增项""环保材料""高级供应商"等口号,差异化不明显。②在价格战中败下阵来,难以品牌化。互联网家装未出现、短期内也不会出现一家独大的局面,家装行业自有其复杂性,目前很多企业都是紧盯价格战,以此来抢占渠道、抢占用户,699元、688元、777元等千元以下套餐层出不穷。互联网信息透明,可以随意比价,有些企业无法很好地整合产业链、压缩成本,为了保证利益不能加入千元以下套餐的混战,而用户本身是追求性价比的,对于质量和服务相差不多的产品,自然优先选择价位更低的一家。

当然,价格战并不是最佳选择,品牌化是更能保证市场地位的做法:不管市场热不热,品牌的那几家总是可以占到市场份额的。有些企业价格战跟不上,品牌化之路还未成形,只能消失在商业的漩涡中。

出行行业O2O项目失败原因:①大佬初现,格局已成。对于初创公司来说,市场局面简直是内忧外患。滴滴、快的合并后如猛虎,更是打破目前创业公司融资最高纪录。来自国际巨头Uber的威胁,挂着拼车的羊头,却做着专车的生意,直接威胁拼车和专车两条产品线。②投资收紧,大批拼车公司面临断粮。据了解自2013年北京颁布《关于北京市小客车合乘出行的意见》,鼓励搭乘之后,拼车软件如雨后春笋般冒出,提供私家车拼车业务的公司超过 20 家。

但是随着滴滴宣布进军拼车市场，投资人对拼车领域的投资开始持谨慎态度，拼车软件融资难度骤增。作为拼车行业三强，虽然嘀嗒拼车、51 用车和天天用车还是凭借其用户和市场份额，融到了大战前的最新一批"粮草"，但也极有可能是最后一批"粮草"。

汽车行业 O2O 项目失败原因分析：①门槛极高：对于初创者而言，汽车领域 O2O 创业有着极高的门槛。尤其是汽车平台类项目，BAT 三巨头分别涉猎了滴滴、快的、Uber 三家打车项目。即使是易到用车、一号专车也逐渐形成气候，因此打车平台基本上没有机会可言。②服务难保证：对于汽车后市场，一个基于服务的市场来说，没有渠道可以压缩，要为消费者讨到便宜，只有一条路，给商家带去足够的客户量，薄利多销，就是团购模式。但服务资源不可能像商品一样有库存。团购的情况下极易出现饱和，从而引发消费者的预约和排队，降低整体的消费体验。③口碑与公信力不够：对于汽车后市场的服务店面，按照现在的点评方式，都不足以带来太多口碑上的帮助。汽车是一个很复杂的商品，汽车服务项目又很多，车作为主要的服务载体不会说话，绝大部分消费者又说不明白，专家不在现场也都说不明白，那在网上的点评不是"瞎评"吗？点评公信力下降，口碑传播也因此失效，这对于运营 O2O 的中间商来说是一个难题。

房产行业 O2O 项目失败原因分析：①经过 2014 年的调整，房产行业告别"黄金时代"，面临一轮新的洗牌，"大鱼吃小鱼"的并购现象成为新常态。用一位从业者的话说：这个行业太拥挤了，有 1000 个玩家，市场只能容纳 100 个，900 家都得淘汰。②租房领域龙头隐现。2015 年初，链家租房业务零佣金，只收 5 天的房租做服务费。爱屋吉屋在北京和上海，租客佣金全免。前者链家，占据北京一半的二手房成交市场。后者爱屋吉屋上线 4 个月后，成为上海租房市场的第一。烧不起钱的公司只能让道。

教育行业 O2O 项目失败原因分析：①过于乐观，没有足够的现金流做支撑。以 K12 教育来说，这类项目多为提供在线授课、辅导、答疑等服务，但是学生的时间是有限的，并且很多时候是被学校和传统教育企业"垄断"的，因此这类平台如果体量过小很难对抗传统，一旦战线过长，现金流又不稳定就变得很危险。最典型的是"小龙女"龚海燕的梯子网和那好网，她在失败后曾说过自己"二次创业过于乐观冒进，战线拉得太长，以至于几个月前就花光了公司融资"。②行业巨头顶半边天，小企业难发展。新东方、好未来、腾讯课堂、淘宝同学这样的教育公司继续飞速发展，BAT 等巨头持续通过并购或者入股的方式融合更多垂直教育企业，布局各自的生态教育圈，巨头在流量上的优势是小企业无法比拟的。③同质化竞争严重，缺少优质内容。目前在线教育最大问题是缺少优质的教育内容，简单粗暴地把线下的内容录制放到线上是行不通的，学习要有很高很高的积极性，课程缺乏相应机制，内容不吸引人，对学生来说会很痛苦。在线教育获取成本越来越高，同质化使得有些企业发展难以为继。

5.5.3　电商和实体店的博弈

相比中国电商的热火朝天的场面，日本显得冷清很多。大阪城比较繁华的商业区像大阪城、心斋桥、难波、天神桥、梅田等，一到节假日人满为患，店面生意火爆。更不用说购物天堂——东京了。为什么日本的实体商业能抵挡得住电商经济的冲击呢？

1. 最人性化的细节服务

日本的商场都拥有十分人性化的服务体验，以东京为例，东京的百货商店位置集中，因此安排一天专门用于"购物血拼"是最合适的方案。大部分商场从上午 10 点或 11 点开始营业，闭店时间为晚上 8 至 10 点。人们会选择在开门时间进店，上午购物的积分可以在商场顶层"大食代"换取免费午餐，节省一笔不小开支。东京每年有两大打折季，分别在 6 月和 12 月（由于日本人每年发两次双薪，因此日本每年会有两次打折季），每次持续 3 至 4 周。对早有目标的购物狂来说，往往打折季刚刚开始便会迫不及待动手囤货；对节俭至上的精明客，那就要等到 Finale Sale（最后清仓）才会出手。和国内商场一样，东京百货店也提供消费换取积分的优惠。不过国内大部分商场要求积分达到一定额度方能换购商品，东京商场的积分则可以直接冲抵现金消费，还可以即刻换购饮料和餐食。此外，代客泊车取车、提行李、推婴儿车、为轮椅顾客启用专门电梯等免费服务都是日本百货店必不可少的配套项目，现在东京的大商场还配备了中文总台服务员，专门为中国游客提供帮助。当然了，说来说去，日本百货店最靠谱的一点还是品牌众多，绝无次品、假货。日本商家对商品质量把关很严，如果你在大商场买到残次品，不但会得到大额补偿，经理还得亲自上门道歉。在日本百货店买东西最大的优势还是放心。

2. 贴心的基础设施

木更津三井奥特莱斯占地 25 万平方米，拥有 248 家商铺 5000 多辆停车位，维持整个环境的保洁员只有 7、8 个人。7、8 名保洁人员负责购物城的全部清扫工作。分类垃圾桶用洁白的抹布擦得一尘不染。这样清洁的环境也让人更乐意一起保持和维护。为带孩子和身体状况不佳的顾客准备的婴儿车和轮椅设置于大门的入口附近，下车即可利用，最大限度地减轻特殊顾客的体力负担。旁边放着消毒纸巾，用于擦拭婴儿车。为方便携带旅行箱的外国游客前来购物，免费储物柜特意设计成可以装进旅行箱的大尺寸。店家为早来排队的顾客准备了椅子，不必站立等候开门。进门处是自动伞套机，防止雨天伞上滴水路滑。休息区内专门开辟出儿童区。儿童区内所有设备尺寸都小一号，桌椅、洗手池都是儿童尺寸。还有为妈妈照顾婴幼儿而设的婴儿室。内有哺乳室、换尿不湿台等。婴儿室内的自动售货机，比照幼儿身体设计，就连饮料盒都比一般的小，适合孩子的小手拿握。婴儿室允许男性进入给孩子冲奶粉，换尿不湿。而哺乳区内是一个个独立的哺乳室，男性止步，墙上有应急按键。木更津三井奥特莱斯购物城是一座海滨小镇，很多日本人会带狗前来，有专门开辟的狗与主人的共同休息区——拴狗桩也很有创意。购物城内有些店允许携狗进入，为了保持店内清洁，有专门洗狗爪的池子。

3. 让场子融入社会及城市机能

大阪新开业的 EXPOCITY，拥有日本最高的摩天轮、日本最大 imax 屏幕的 4D 电影院，日本首个体验型英语教育的设施 English Village 以及小羊肖恩主题娱乐天地等。还植入了最新科技和最新理念，将"娱乐""教育""购物"完美融合，让场子成为大阪北新娱乐的核心，全面融入居民生活。Grand Front 则整合了无数社会功能新业态，高科技实验室、大学研究所、品牌博物馆、创客空间、汽车主题馆、科技体验馆、展廊空间、沙龙空间等。Grand

Front 融入各种社会功能,吸引更广区域的消费客群,增加消费粘性,如今已成为了大阪一大热门旅游地。

4. 匠人品质打造家的延伸

日本实体业给人最深的印象就是专注。一家寿司店可以经营 150 年,甚至 250 年,这在日本很常见。日本的职人以传承和精益求精为傲,在他们心目中没有做大生意和小生意的区分,他们能在持续不断的专注中获得满足感,所以心平气和。开店,不是多多益善,而是要好到让自己满意。匠心是日本实体业保持旺盛生命力的源泉,格林木购物中心是一个最贴切的案例。格林木购物中心远在东京神奈川县武藏小杉地区,开业 13 天,客流量突破 100 万,而这个购物中心仅有 3.7 万平方米,却拥有日本最大的屋顶花园。作为拥有 7-11、伊藤洋华堂等公司的董事长铃木先生,反复强调"最重要的是把格林木购物中心建成大家乐意来玩的地方,在玩的过程中顺便买一些东西回家"。

5. 更重逛的是乐趣而不是价格

作为中国民众使用电商购物,大多会首要关注、注重电商的价格,一般电商的价格要比线下便宜些。在日本,曾有个机构做过相应的调查,享受逛的乐趣,是日本消费者的首要理由,而第二位的理由才是"比实体店便宜"。

6. 日本对电商实施征税政策

日本很早就对其境内从事电子商务的企业实施征税政策。而目前中国对于电商企业是否征税仍旧是探讨过程中。由于中国目前并未对网上开店企业征税,因此,在中国网上开店门槛低,从而也使得网上有价格优势。而日本的电商企业的价格优势也并不是很明显。近日,日本生活杂货品牌"无印良品"全球旗舰店在上海正式营业。开业当天,等待进店的排队长龙刷爆了朋友圈,有网友吐槽称,"这场面堪比 2010 上海世博会在最热门的沙特馆排队。"

在全球电子商务持续升温的当下,日本的实体店不仅没有降温,还愈发显示出其价值感和生命力。"活得好"的背后,是什么在支撑?

1. 品质至上打造特有卖点

日本实体业最靠谱的一点还是品牌众多,绝无次品、假货。日本商家对商品质量把关很严,如果你在大商场买到残次品,不但会得到大额补偿,经理还得亲自上门道歉。在日本百货店买东西最大的优势还是放心。譬如热门日本的南前豆腐,在几十年豆腐店手工传承的基础上,打造了特有的视觉体系,推出了男前豆腐、上汤豆腐小子、男-TOMOTSU、绿大豆制豆腐、豆乳的摇滚乐、厚炸豆腐队长、豆腐丸队长等。南前豆腐扬名日本后,售价比最早高出四倍。更是推出了更多漫画主题的手工豆腐,各种跨界衍生品,俨然成就日本手工豆腐帝国的节奏。

2. 费心让消费者满意

日本设计界一直追求精密的内容定位,一开始就要尊重商业定位再出具体设计。就像我们做博物馆、科技馆一样,先做展示设计,再做建筑设计。日本人招商不是做房东的心态,而是共同经营。东京的六本木商业区花了十五年才开业,而中国的有些著名商场从设计到开业就花了半年时间,开业前一天还有 2000 多人通宵赶工。日本松屋百货是原研哉设计的,其主张强调事物的原始状态,坚持商业地产体验化的场景化设计。一反商业设计中以品牌为主的场所设计,强调百货与品牌一起传达高品质的生活气息。消费者当然喜爱。

3．O2O 思维让电商实体店相融

近年来,日本的很多实体店都合作推出了电子商务平台和实体店同步销售的服务。消费者从电子商务平台上购买的商品可在该百货店的实体店取货,实体店内断货的商品也可通过电子商务平台选购。可见,日本百货商场面对新形势下的顾客消费需求,不是拒绝新的购物模式,而是与时俱进,积极打造网购平台和开展电子商务业务,以应对冲击。

4．互赢合作的生态商业圈

以大阪为例,大阪的商业形态有商业街、车站商业生态圈、便利店布局。通常商业街集中在市中心繁华地带,同时各商业街通过各车站生态圈相关联,在各车站之间的地带以便利店、Shopmall、Supermart 布局,从而构建地上地下,从区域以点带面的网状商业生态图,经常一个商圈的场子会联合推出营销活动。每家实体店店面摆放的商品琳琅满目,同时日本的商品包装一般都偏小,一个货架从上到下可以隔七八层,所以即使是一般的实体店也能放置绝对数量较大的商品品种,以供顾客挑选。而且线下实体店每家都有不同的特色,作为顾客可供选择的余地较多。

5．商场无敌的售后服务

买好东西之后,如果不想拎着大包小裹回家,可以委托商场打包送货上门。这一服务并不局限于家电等大件商品,任何服饰、鞋子、皮包、日用品等都可以直接送到客人家中或酒店房间。日本的包裹服务商可以借助便利店实现包裹的邮寄,在线零售商也可以利用便利店实现就近配送。正是因为日本的电商配送体系是建立在实体便利店的基础之上,这意味着日本电商体系与实体店之间是共存共荣的关系,而不是绝对的你死我活的竞争关系。

本章案例

17 个最新的商业模式

在美国,有 2300 万家小企业,每个月还会新增 54.3 万家小企业。所以,如果想要脱颖而出,并取得成功,不仅需要一个独一无二的价值主张,还要有多元化的收入流,以及充足、强大的创造能力。其中有 17 家独特的公司,他们的商业模式已经得到了市场的验证,这些公司的产品范围很广,从零售 APP 应用,到时尚新贵,当然,这些公司也正在重新思索他们的收入模式,并且不断为交易双方创造令人信服的价值。

1．Skillshare

成立时间:2011 年。公司创始人:Malcolm Ong 和 Michael Karnjanaprakorn。**创新视**

角：一个能学到任何东西的平台。

之前，Skillshare 推出的是一个类似"点餐"式的教育平台，教学专家可以按照任何学科教授一个班级，任何人都能参加这个课程，只需支付 20 美元或 25 美元即可。不过在去年三月，Skillshare 转型了，他们推出了一个每月 10 美元的自助式套餐，这种商业模式可以让用户每月只支付 10 美元，就学习平台上的全部课程。和绝大多数教育初创公司不同，Skillshare 的授课老师不是来自顶尖大学的专业教授，也就是说，如果你想当老师，给大家传授知识，完全没有必要拥有一个博士头衔。而在学生这边，事情就更加简单了，因为学习知识的成本一点儿都不贵，而且这个平台可以让你"活到老，学到老"。

经验：依靠拥有专业知识和聪明智慧的普通人，开发出了一个可人人参与的教育平台。

2. Sitich Fix

成立时间：2011 年。公司创始人：Katrina Lake。**创新视角：依靠数据和兼职时尚界人士提供的趋势，提供更智能的个性化造型**。

Stitch Fix 公司创始人兼首席执行官 Katrina Lake 表示，他们公司探索到了零售行业里他人没有发现的一块处女地，便是艺术和科学的结合。她的初创公司拥有专门的算法处理新用户时尚造型的调研，然后根据收到的信息提供反馈，帮助 Stitch Fix 在加州和德克萨斯州的 300 多位兼职时尚师开发出最适合用户的时尚服饰，他们会给订购用户寄送出装有五件时尚商品的礼盒，而且保证会得到用户的喜爱。Lake 表示，"没有任何一家服务商，可以提供真正个性化的零售体验，而且价格还如此优惠，只有 Stitch Fix 做到了。"

Stitch Fix 最初的用户定位在 25 岁左右的都市白领阶层，因为他们工作非常繁忙，而且没有太多时间去购物，但是这帮人又非常喜欢时尚，希望能把自己打扮得漂漂亮亮。随着公司的发展，Lake 非常明确，她知道"没有时间打扮自己的女人非常多"，不管是待在家里的家庭主妇，还是在职场上的女性高管，都对 Stitch Fix 好评如潮。"我们可以专注在一件事上，然后为用户提供一个有趣和愉快的零售体验，为她们带来真正的个性化服务。"Lake 说道。

经验：通过智能数据开发产品，给消费者带来惊喜和快乐，还节省了消费者的时间。

3. Warby Parker

成立时间：2010 年。公司创始人：David Gilboa、Neil Blumenthal、Andrew Hunt、Jeffrey Raider。**创新视角：绕过中介商，特别是那些巨头中介商，并把一个医学设备转型成为了一个时尚饰件**。

Warby Parker 的影响力是不可否认的，现在圈子里的科技记者们都拿 Warby Parker 做例子，一提到某个传统行业，就会说"要做某某行业的 Warby Parker"。一直以来，眼镜行业都是由 Luxottica 集团所统治，但是 Warby Parker 却从价格这一点上闯出了一片天，他们改变了奢侈的眼镜购物方式，现在反而有些像线上买鞋了。消费者评论说，"嘿，真的，一副眼镜只要 95 美元，那我也来一副蓝色的吧。"Warby Parker 是从电子商务起步的，现在他们也开设了实体店，而且是和 Tiffany 这样的奢侈品店开在了同一位置。Warby Parker 的眼镜款式很多，比如"The Standard"，"Alchemy Works"等。它不仅去掉了中间环节，还增加了许多很酷的元素和社交功能。超低的价格，时尚的感觉，还有什么能比这两点更能吸引消费者呢？

经验：改变了人们看待一个行业的眼光。

4. Paperless Post

成立时间：2008年。公司创始人：James Hirschfeld 和 Alexa Hirschfeld。**创新视角：彻底改变了信函世界，从线上起步，又回到线下。**

Paperless Post 成立于 2008 年，它是美国邮政服务公司的最大竞争对手，该公司鼓励人们通过电子邮件发布通告和邀请，而且他们拥有数百个设计模板。这个网站是免费的，不过，如果用户需要使用高级模板和信封，只需要预付"Coins"。在 2012 年末，他们又开创了另一个收入模式，推出纸质的 Paperless Post 服务，允许用户在 PaperlessPost.com 网站上面设计一张卡片，然后可以通过电子方式，或是纸质邮政方式发送给对方。Alexa Hirschfeld 向媒体透露，60％的 Paperless Post 用户希望可以通过纸质邮政寄送卡片。"他们告诉我，他们喜欢 Paperless Post，但是在某些时候，他们也需要用纸张来寄送东西，因为毕竟纸张还有具有质感的，而且还可以保存很久时间。"同时，该公司数字化的创新速度并没有减缓，为了提升美学设计，他们和许多设计师进行了合作，分享收入，这些知名设计师包括 J. Crew，Oscar de la Renta，以及 Kate Spade，他们都负责为 Paperless Post 网站进行模板设计工作。

经验：重视设计美学。

5. Zady

成立时间：2013年。公司创始人：Soraya Darabi 和 Maxine Bedat。**创新视角：透明化销售，强调告知购买者衣服的制造地以及设计的相关背景信息。**

Zady 旨在改变人们看待时尚产品的方式，特别是快销时尚行业。该公司创始人 Soraya Darabi 和 Maxine Bedat 非常专注于提供高品质，纯手工制造的商品，而且这些商品都是在美国本土生产——"Made in America"，并极具环保意识，在她们眼里，少即是多。

经验：讲述产品故事是非常重要的，也是人们愿意花钱购买你产品的一个重要原因。

6. Handybook

成立时间：2012年。公司创始人：Umang Dua、Oisin Hanrahan、Ignacio Leonhardt 以及 Weina。**创新视角：定制化家务服务，比如打扫房间，维修家电，所有服务都可以通过移动 APP 轻松搞定。**

我们生活在一个定制化的时代，如果我们想要东西，就恨不得马上得到，Handybook 在此时出现了。他们在全美 26 个城市提供服务，最近募集到了 3000 万美元资金，帮助提升团队，特别是公司的移动工程开发团队。Hanrahan 表示，"我们成立 Handybook，就是想帮助用户解决家务服务的难题，而且我们可以提供远程服务，管理这些服务。"每周 Handybook 的预定数量都超过 1 万件，据该公司透露他们的增长率保持在 20％。

经验：方便才是关键。

7. Popsugar

成立时间：2006年。公司创始人：Brian Sugar、Lisa Sugar、Andy Moss、Jason Rhee、

Arthur Cinader 和 Krista Moatz。**创新视角：多元化共生的收入流，为 Popsugar 女性用户提供服务。**

Popsugar 的服务内容涵盖的都是人们感兴趣的，娱乐、名人、时装、美容、健身、食品，以及育儿等等，而且以多种形式提供服务，包括线上、APP 应用、电视等。2007 年，该公司收购了购物搜索引擎公司 ShopStyle，同时，他们与 Birchbox 公司合作，推出了 Popsugar Must Have，它是一个由 Popsugar 编辑推荐的订购时尚包。Popsugar 现在已经成为一个全球生活方式品牌，网站每月有 4100 万独立访问量，以及 2.34 亿页面访问量。

经验：内容驱动商务，人们都喜欢一站式服务。

8. NatureBox

成立时间：2012 年。公司创始人：Gautam Gupta 和 Kenneth Chen。**创新视角：一种全新的订购服务，NatureBox 按月订购健康零食。**

NatureBox 已经获得了 6400 万美元融资，以更好地提供健康零食的服务，到目前为止，他们已经在控制食品科学和不健康添加剂方面有所建树。而且，NatureBox 已经开发出了 120 多种小吃，可以装载 100 万个集装箱。他们一半的订购用户集中在美国中西部地区，在那里有丰富的有机市场，而且 Whole Foods 超市也不多，竞争并不激烈。"我们解决了一个难题，把更好的零食直接送到了人们家门口，"NatureBox 的 Amanda Natividad 说道，"我们让那些爱吃零食的人感到无比幸福"。2013 年该公司出现了 20 倍的增长，公司网站博客流量也在稳定的增长，这表明越来越多的人开始对健康饮食感兴趣。

经验：让你自己的产品和竞争对手不同，帮助企业获得竞争力。

9. Hukkster

成立时间：2011 年。公司创始人：Erica Bell 和 Katie Finnegan。**创新视角：通过库存量跟踪你想要的商品，通过一个类似 Tinder 的应用界面，让你的购物更加愉快。**

Hukkster 可以为消费者提供最大限度的折扣信息。这家初创公司开发的 Hukk It Chrome 插件为消费者提供了一键体验，轻松跟踪你想购买的商品优惠打折码（实时），这些商品包括了服装、配件，以及家用器皿（市场上 70% 的打折都是通过优惠打折码来提供的）。Hukkster 跟踪优惠码，然后按照库存量水平进行销售，之后给购物者发送实时提醒。该公司创始人 Bell 表示，Hukkster 发送的提醒邮件，阅读率达到了 70%，他认为对买卖双方来说，这都是一种双赢的模式。Hukkster 直接和品牌合作，帮助驱动流量和效率；而消费者则可以通过优惠码获得自己感兴趣的商品。"目前，Hukkster 的付费会员可以直接在我们的平台上购物（合作伙伴通过支付更多的佣金，可以发送更好、更具个性化的销售提醒电子邮件）"Bell 说道，"Hukkster 非常兴奋，因为目前我们正在和许多品牌商进行直接洽谈。"Hukkster 通过自己的 APP 应用收集数据，这款应用的界面和 Tinder 应用很像，消费者可以向左滑动屏幕选定一个心仪的商品，向右滑动屏幕就删掉。

经验：购物者都喜欢省钱，帮助他们实现这一目标，将会实现双赢。

10. Zola

成立时间：2013 年。公司创始人：Shan-Lyn Ma、Nobu Nakaguchi 以及 Kevin Ryan。

创新视角：一家在线选购婚礼礼物的网站，非常个性化的婚礼注册，可以支持群组购买大型礼品和"现金基金"。

该公司创始人 Kevin Ryan 是一个创业老兵，之前在纽约创始过 Gilt 公司和其他初创公司，他觉得婚礼注册非常过时，而且缺乏想象力，随着 Pinterest 帮助情侣想象出了许多有创意的婚礼想法，Zola 成为一个包含图片、婚礼建议等内容的网站，里面还包含了未婚服务意愿礼品清单，希望情侣通过这个网站讲述专属于自己的婚礼故事。根据公司另一位创始人 Ma 的透露，公司成立第一年就有 3000 对夫妇使用了他们的服务，而且在刚成立七个月时间里就有 1.6 万对新人注册了，Ma 表示 Zola 主要是通过口碑相传的。

未婚夫妇通过 Zola 可以创建自己的个性化网站，在这个网站上可以添加照片，也可以罗列希望收到的婚礼礼物，如厨具、食物、家具等。Ma 表示，Zola 上面最畅销的是洛奇铸铁煎锅、华夫饼干和面条盘。未婚夫妇可以自己选择礼物被寄送的时间，这样就避免了礼物到达太早落灰或是太晚没有派上用场的情况。Zola 的目标是发展成一个更大、包含类目更多的 O2O 购物平台。为了这个目标，Zola 也在逐渐增加自己的服务范围，例如在 Zola 上，你可以发现很多在传统商店根本找不到的商品。

经验：一个漂亮的节目，和提供个性化服务的能力，能帮助企业走的路更长，而且重塑了婚礼的传统形式。

11. Oyster

成立时间：2013 年。公司创始人：Eric Stromberg、Andrew Brown、Willem Van Lancker。**创新视角**：**电子书，搭配华丽的用户界面。**

订购电子书已经成为一种趋势，但是在过去的几年里，Oyster 已经获得了成功。在 2012 年，这家社交阅读初创公司就获得了 Founders Fund 公司的 300 万美元投资，之后他们又获得了 1400 万美元的融资，目前他们已经拥有 50 万份书籍内容，包括新闻发布，纽约时报最佳销量书籍，以及美国国家图书奖的获奖作家作品。其平台上的发行商数量更是达到了 1600 家。Oyster 的每月订购费为 9.95 美元，这个价格比买一本书便宜多了。

经验：要拥抱媒体消费习惯这一趋势，再提供一个让人无法拒绝的价格。

12. Uber

成立时间：2009 年。公司创始人：Travis Kalanick 和 Garrett Camp。**创新视角**：**利用按需服务的驾驶员和动态的价格，颠覆了传统出租车和交通运输生态系统。**

尽管面临法律方面的困境，以及定价方面的问题，Uber 还是成为世界上一些大城市中最受欢迎的打车工具。截至目前，该公司已经募集了 15 亿美元资金，而且他们也暗示会继续扩张到物流市场，比如提供当日送达的快递服务，或是其他跑腿服务。当你看到街上无数汽车在完成"任务"时，贝索斯，你看到了未来是什么样子了吗？

经验：创新是一场艰苦的战斗，但也是一场非常值得的战斗。

13. Serengetee

成立时间：2012 年。公司创始人：Jeff Steitz、Ryan Westberg 以及 Nate Holterman。**创新视角**：**自筹资金，动机导向的服装，而且有一批校园销售代表支持。**

每个衣服口袋上都有一个 Serengetee 的图案,这源于公司创始人曾经与某一地区的社会事业相联系。客户个性化的衬衫,标准颜色和口袋样式,代表着你正在支持一项事业,而且为解决一些全球性的问题做出了贡献。

"我们传递的信息,不是要去挽救世界,但是我们通过可持续性的商业模式,可以改变这个世界,"公司联合创始人 Ryan Westberg 说道。他们利用校园代表项目,发动了校园里的年轻人,预计在今年夏天会有 2500 人加入。

经验:把自己打造成为一个个性化,并且关注社会的企业,周围人会为你传播"福音"。

14. StyleSaint

成立时间:2010 年。公司创始人:Allison Beal 和 Brian Garrett。创新视角:在一个时尚标签下,时尚与媒体相结合,从客户的兴趣中激发设计灵感。

StyleSaint 公司位于洛杉矶,作为一家图片分享网站受到越来越多人的青睐。而 StyleSaint 更是将图片分享与电子商务完美结合,用户可以将自己搜集的图片在线制作成个人"时尚手册",StyleSaint 会选择其中一部分投入实际生产,销售给用户。公司创始人 Allison Beal 开发了一个社区模型,她自称为"创造者的壁橱",公司获得了 101 万美元的风险投资。这种直接与消费者建立联系的方式,有助于减少库存,对快销时尚行业非常有利。

经验:客户是对的,特别是当你提供的服务对上了他们的口味。

15. Airbnb

成立时间:2008 年。公司创始人:Brian Chesky、Joe Gebbia 和 Nathan Blecharczyk。创新视角:创造一个分享经济,利用空置房屋、公寓,甚至是自己的家,颠覆了酒店服务行业。

像 Uber、Airbnb 这些公司,都在受到法律问题的困扰,但是,整个市场价值却高达 100 亿美元,而 Airbnb 已经成为共享经济的一个典范,当然还有 Rent the Runway、Lyft、Neighborgoods 等公司。消费者这种行为被称之为"协同消费",该网站帮助了 400 万旅行者预订到了住所。

经验:分享就是关怀,P2P 模式帮助消费者省了一笔钱,也帮业主赚到了钱,为旅行者创造了一个更加真实的本地体验。

16. Rent the Runway

成立时间:2009。公司创始人:Jennifer Hyman 和 Jenny Fleiss。创新视角:出租高端服装,为他人创造一个"灰姑娘时刻",为女性提供一些尝试体验自己不常穿的服装品牌的机会。

随着 Instagram 和 Facebook 上的照片越来越多,这意味着女人将更喜欢穿不重复的衣服了。Rent the Runway 让用户以名牌服装售价 10%~15% 的价格,租赁衣服出席重要场合,从而解决大多数女性一直以来所面临的"满柜子衣服却发现无衣可穿"的难题。

经验:让用户穿上梦寐以求的服装,另外在购买之前先试穿也是一种有效的销售手段。

17. Birchbox

成立时间:2010 年。公司创始人:Katia Beauchamp 和 Hayley Barna。**创新视角**:订购化妆品盒,满足你内心美容"小恶魔"的欲望。

Birchbox 是一家化妆品初创公司,但是它却震撼了整个行业。Birchbox 为用户带来了专家精选的化妆品,而且经常会给消费者带来惊喜。这家公司的增长,已经证明了他们的商业模式非常有效果,而且目前已获得了 7190 万美元的融资。"我们仍然觉得自己刚刚起步,但是在这个时刻,却是一个转折点,在我们看来,这个行业充满了竞争力,也很有动力,十分令人兴奋。"该公司创始人 Katia Beauchamp 说道。

本章小结

首先介绍了商业模式创新的意义和电子商务商业模式,再通过案例研究分析了 B2C、C2C、B2B、O2O 电子商务模式创新,最后介绍了 17 个最新的商业模式。

思考与实践题

1. 商业模式创新的意义?电子商务商业模式有哪几种?
2. 通过案例分析 B2C 电子商务模式创新。
3. 通过案例分析 C2C 电子商务模式创新。
4. 通过案例分析 B2B 电子商务模式创新。
5. 通过案例分析 O2O 项目中存在的问题及解决方案。
6. 17 个最新的商业模式的启发。

第 6 章 互联网金融模式

学习目标

通过本章的学习,读者将能够:

- 掌握互联网金融的模式;
- 熟悉主流的 P2P 发展模式、P2P 项目的核心成功因素、P2P 行业未来发展趋势;
- 了解众筹模式;
- 了解互联网证券、互联网证券的未来发展趋势;
- 了解互联网保险与传统保险的区别与联系;
- 熟悉供应链金融的定义与现状;
- 熟悉互联网银行,互联网银行存在的问题和发展趋势。

6.1 综述

互联网金融的定义:互联网金融是以互联网为资源,大数据、云计算为基础,采用新金融模式运作的新兴行业。

互联网金融提升资源配置效率:基于互联网大数据的金融信用体系和数据驱动金融服务,互联网金融降低了行业信息不对称的风险,从根本上改变了传统金融服务的理念和业务方式,提升了金融资源配置效率和风险管理水平。

互联网金融细分领域逐渐成熟,大数据和征信是核心环节:互联网金融通过互联网实现的资金融通,主要包括 P2P、众筹等网络投融资平台,以及互联网银行、金融网销、供应链金融及其他金融中介服务。互联网金融服务真正能够有别于传统金融模式,关键在于基于大数据的征信服务。

互联网诞生于美国,欧美国家的金融体系也比较完善、成熟。因此,其传统金融体系与互联网的融合较之世界其他国家,时间更早、发展程度更高。无论在企业创新、应用还是规模上,美国的企业多数名列前茅。美国互联网金融的发展,是两大决定性因素共同作用的成果。一是佣金自由化和金融混业经营放开,促进了竞争机制活化和金融创新;二是互联网技术发展和成熟,并投入商业化应用。但受各国金融体系开放程度不同的原因影响,互联网金融在中国本土的影响力和发展速度都远远超过了美国等地区。

6.2 互联网金融模式分析

6.2.1 互联网金融行业发展的推动力

1. 政策："互联网+金融"时代

十八届三中全会提出"普惠金融"，央行对《促进互联网金融健康发展》进行征求意见，上升为国家战略：促进电子商务、工业互联网和互联网金融健康发展。

2. 技术：移动互联网时代

大数据、云计算、移动互联网和垂直搜索引擎四大技术支持；2014年网民数量已达6.32亿人，手机网民达5.27亿人。

3. 需求：中小微企业及个人投融资

小微企业约占全国企业数量的90%，创造约80%的就业岗位，约60%的GDP和约50%的税收；但截至2014年底小微企业贷款余额占企业贷款余额的比例仅为30.4%。

4. 供给：居民财富收入增长

2013年底中国个人持有可投资资产额达92万亿元；2013年超过30%的中国消费者会将收入的20%以上投入储蓄，这一数字在其他国家往往不到10%。

6.2.2 互联网金融的全产业链

1. 互联网金融是借互联网思维和技术实现资金融通等职能的新金融模式

利用大数据、云计算、移动互联网和搜索引擎等互联网技术实现资金融通，互联网金融以做大用户规模为核心，注重流量打入和用户体验，黏性比较高。

2. 互联网金融形成信息-平台-账户的全产业链，以用户为核心挖掘和创造价值

用户资源信息是基础，大数据帮助精准地挖掘用户需求，解决金融定价问题；互联网金融以产品为媒介提供资金和支持匹配的平台，完成资金融通；账户衍生出各类货币，实现支付、交易、消费等多功能，体现移动金融。图6-1所示为互联网金融产业链流程。

3. 除通过主业闭环实现盈利外，互联网金融通过引入风控、上市等方式实现价值变现

图6-2所示为互联网金融变现模式。以用户为核心的互联网金融全产业链已形成。

6.2.3 互联网金融的跨界融合发展

1. "互联网+"启动产业互联网金融平台的发展新周期

制定"互联网+"行动计划，推动移动互联网、云计算、大数据、物联网等现代制造业结

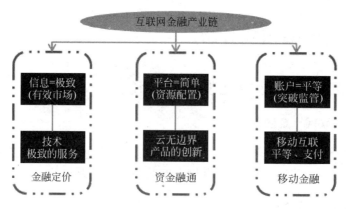

图 6-1 互联网金融产业链

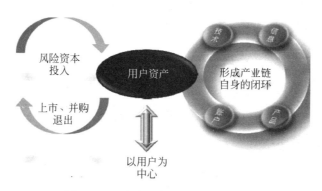

图 6-2 互联网金融用户资产价值变现

合,促进电子商务、工业互联网和互联网金融健康发展,引导互联网企业拓展国际市场;产业＋互联网＋金融的"1＋1＋1"跨界融合的平台越来越多。图 6-3 所示为产业互联网金融平台示意图。

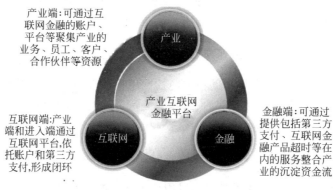

图 6-3 产业互联网金融平台

2. 随着创新的不断深入,互联网金融从点对点到点对面进行跨界融合

点对点:传统金融机构和互联网企业跨界融合;点对面:产业＋互联网＋金融的"1＋

1+1"的跨界融合。图 6-4 为产业互联网金融融合发展示意图。"互联网+"促进互联网金融发展,跨界融合趋势明显。

图 6-4　产业互联网金融融合发展

6.2.4　互联网金融模式

1. 互联网+传统金融业务产生各类互联网金融模式

图 6-5 为互联网与传统金融业务交互的示意图。

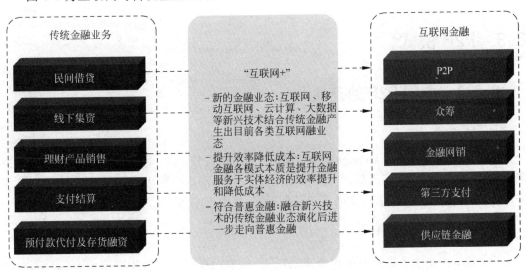

图 6-5　互联网+传统金融业务产生各类互联网金融模式

2. 互联网金融主要模式

（1）互联网的金融模式

互联网金融包括目前比较常见的 P2P、众筹等网络投融资平台,也包含互联网银行、金融网销、供应链金融及其他金融中介服务等。目前,我国互联网金融的发展不尽相同,互联网银行和供应链金融仍在摸索阶段,众筹、P2P 和金融网销处于快速成长期。图 6-6 为互联网金融模式成长周期图。

（2）平台和产品的核心价值在于提高资源配置的效率

基于信息端的用户精准化需求，互联网金融平台提高了资源从供给方到需求方的配置效率，实现资金和资产的匹配。

（3）互联网金融的平台可以分为三大类

传统金融的互联网化平台，如互联网银行、金融网销、供应链金融等；互联网金融创新平台，以 P2P、众筹为主要代表；产业＋互联网＋金融融合的"互联网＋"产业互联网金融平台，如车联网等。

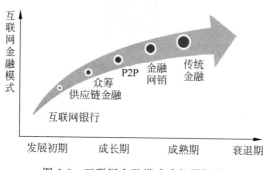

图 6-6　互联网金融模式成长周期图

6.3　P2P 模式

6.3.1　中国 P2P 的产生

1. P2P 定义

P2P 定义：P2P(peer to peer)是互联网上的小额借贷，是一种将非常小额度的资金聚集起来借贷给有资金需求人群的一种商业模型。中国 P2P 已经从狭义 P2P 发展到 P2B 等多种形式，除了在投资资金端面向客户类型不同，在融资端的金融资产也有显著差异。

2. 中国式 P2P 诞生原因

投资端：中小个人投资者的投资渠道匮乏，目前的投资渠道集中在房地产、股市、存款和理财产品，同时存款和理财产品的收益率较低。融资端：中国小微企业的融资需求远没有得到满足，传统金融机构出于成本角度没有能够很好地服务这些小微企业。渠道：现有连接融资和投资的渠道费用高企。

3. 互联网渗透率提高

互联网渗透率的提高推动了网民使用互联网平台进行投资理财的习惯的形成。中国 P2P 产生于传统金融体系不能满足的投融资需求。

6.3.2　P2P 平台的发展

国外：美国 P2P 行业为双寡头垄断市场，Lending Club 和 Prosper 的市场份额合计

96%。Lending Club 的收入来源为交易手续费(1%~6%)、服务费(借款人还款金额的 1%)和管理费(每年 LCA 管理资产的 0.7%~1.25%)。

国内:自 2007 年拍拍贷诞生之后,我国 P2P 平台过去 5 年出现爆发性的增长。据网贷之家统计,2014 年底我国网贷平台 1575 家,累计成交 2528 亿元,贷款余额 1036 亿元。2014 年平均综合利率为 17.86%,平均贷款期限为 6.12 月。而同样在过去 5 年,尤其是 2014 年,P2P 问题平台数量急剧上升,问题平台数量达到 275 家。

P2P 平台是目前互联网金融发展最快的领域。

6.3.3 P2P 产业链发展的基础

P2P 产业链由以下方面组成。平台:P2P 贷款平台、第三方支付机构等;融资合作方:担保公司、小贷公司、信托机构等;流量合作方:各类资讯门户流量入口和行业导航网站;基础设施类公司:P2P 平台系统开发公司、第三方征信平台;监管层:国家监管机构如银监会。图 6-7 为 P2P 产业链示意图。P2P 产业链已基本成熟,征信是发展的基础。

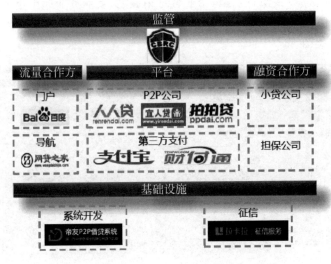

图 6-7 P2P 产业链

6.3.4 中国主流的 P2P 发展模式

P2P 企业运营的前提是其资金的获取来自线上,根据 P2P 的价值环节看,将 P2P 平台公司分为纯线上、线下和线上线下结合的 O2O 模式三种。

目前国内的征信基础设施尚不规范,金融环境与国外相比尚不成熟,因此纯线上获取资金和贷款模式的 P2P 平台公司发展较慢。而 O2O 模式通过线上引入大量资金,线下与各类合作伙伴合作引入各类优质贷款,并通过合作伙伴审核及自身风控模型把关双管齐下,是目前主流的 P2P 发展模式。图 6-8 为中国 P2P 发展模式示意图。

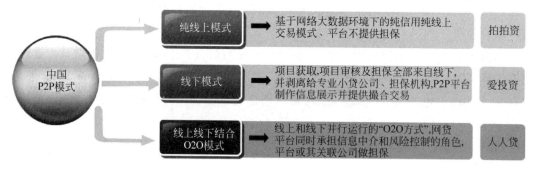

图 6-8 中国 P2P 模式

6.3.5 风控

目前国内纯线上获取资金和贷款模式的 P2P 平台公司发展较慢，O2O 形式是目前主流的 P2P 发展模式。对于 O2O 线上线下结合模式，我们将国内各种类型的 P2P 企业分为以下五种类型：包括金融/集团背景型、企业客户拓展型、新业务兼顾上下游客户型、信贷业务扩展型和独立平台型。多方参与加剧了 P2P 行业竞争，风控仍是平台生死关键。图 6-9 为中国 P2P 企业分类图。

	金融支持来源	金融项目审核	投资资金获取	资产逾期处理	典型企业	总体
金融/集团背景型	依托金融机构传统金融资产	金融机构传统风控手段	网上平台依托金融集团品牌效应	由担保抵押向无担保发展	陆金所（平安）	各环节都有优势
企业客户拓展型	主业积累的广大企业客户	借助金融合作伙伴	网上平台	担保抵押为主	友金所（用友网络）	需要依赖合作伙伴
新业务兼顾上下游客户型	主业的上下游客户	自身风控水平	网上平台	担保抵押为主	银湖网（熊猫烟花）	优势不明显
信贷业务扩展型	主业开展的信贷业务，但受限于总量	自身风控水平	网上平台	抵押为主	房联宝宝（世联行）	拥有垂直领域优势
独立平台	自身拓展同时与合作伙伴合作	自身风控，同时借助合作伙伴	网上平台	多种方式并行	人人贷	品牌和风控打造

图 6-9 中国 P2P 企业类型

6.3.6 核心成功因素

优质金融资产、优良风控体系和轻资产线上平台模式是 P2P 平台发展成功的关键因素。从 P2P 行业的价值环节看，我们认为一家 P2P 企业成功的重要环节在于源源不断的优质金融资产和优良的项目风控保证稳定的投资收益。另外，P2P 平台与传统金融机构的最大优势在于其互联网平台的低成本，因此我们认为轻资产模式是 P2P 企业发展成功的另一个重要因素。图 6-10 所示为中国 P2P 企业核心成功因素示意图。

6.3.7 P2P 行业未来趋势

P2P 行业未来趋势：平台垂直化、金融超市化和征信体系化，如图 6-11 所示。

	金融资产来源	金融项目审核	投资资金获取	资产逾期处理
重要性	最重要	最重要	重要	重要
重要原因分析	• 源源不断的优质资产是P2P平台发展的最健康因素 • 目前中国个人和企业都缺少稳定的投资渠道 • 非金融机构一般可以通过与金融机构的合作将这些资源引入平台	• 对于金融资产项目的审核是P2P平台长期生存的重点 • 违约的项目不仅会影响客户的投资收益，同时会连带影响平台的收益 • 初期可以通过与金融机构合作，中后期可以建立自身风控团队	• 稳定的投资资金供应也是重要的，但是目前阶段的中国，只要有稳定的风险可控的金融项目，吸引到投资资金问题不大 • 同时未来可以考虑导入大型平台的流量	• 目前阶段无担保的信用贷款无法成为主流 • 一定规模的担保、风险备用金等保障机制是P2P平台发展必备的

图 6-10　中国 P2P 企业核心成功因素分析

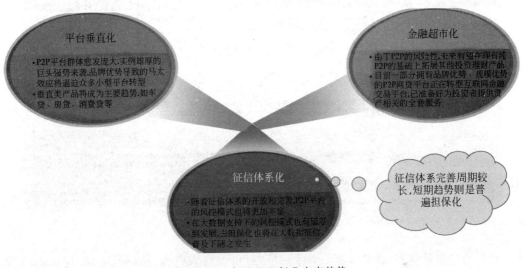

图 6-11　中国 P2P 行业未来趋势

6.4 众筹

6.4.1 众筹的模式

众筹融资（crowdfunding）是指通过互联网平台连接起发起人与投资人，在一定时间内完成项目发起者预先设定的募资金额目标的互联网金融模式。众筹融资主要的回报是产品本身，但对于金额大的参与者还有其他奖励计划，例如更高的股权回报率。

目前，众筹主要有 4 种发展模式：股权众筹、债权众筹、奖励众筹和公益众筹，如图 6-12 所示。在我国，股权众筹模式的典型平台有天使汇、原始会、大家投；债权众筹模式，根据借款人即发起人的性质可分为自然人借贷（P2P）和企业借贷（P2B），目前我国尚未出现真正意义上的债权众筹平台；奖励众筹模式是我国众筹行业最主要的发展模式，典型平台有京东众筹、众筹网、淘宝众筹等；公益众筹模式尚未形成代表性平台，主要以公益项目的形式分布在综合性权益类众筹平台中。中国众筹的行业监管如图 6-13 所示。

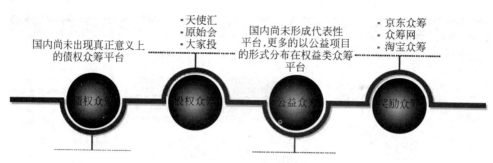

图 6-12 中国众筹的模式

时间	事件主体	事件概述	事件详情
2014-03-20	中国人民银行	众筹归证监会监管,下一步针对众筹将出台更明确地细则	3月19、20日两天,央行联系组织互联网金融企业的CEO、高管与互联网金融行业专家对即将出台的互联网金融监管办法进行座谈讨论
2014-05-15	证监会	在一线城市调研,为6月可能公布的股权众筹管理办法做准备	证监会组织座谈会,向各众筹企业询问行业发展中遭遇调整,对未来可能给股权众筹划定红线。以此依然在"股东人数限定在200人之内、非公开发行"范围内讨论
2014-05-26	证监会	证监会近期将发布关于股权众筹正式的法规、法令	证监会在调研中透露,下一步股权众筹正式纳入到证监会监管的范围之内,股权众筹可能会存在准入门槛,并且对融资金融设置上限,将股权众筹与VC、PE区隔开来,定位更加草根化
2014-06-06	证监会	国内首份规范众筹行业发展的融资管理办法即将于本月出台	管理办法将划清众筹和非法集资的界限,对众筹给予明确的定于,此外,新政出台将对文化众筹呱模式产生一定冲击,文化产品众筹发展将进入缓冲期
2014-06-29	证监会	众筹细则将推迟至年底出台	证监会对于股权众筹的发展方向给予了积极的定义,股权众筹监管细则或将延迟至年底出台
2014-11-20	2014世界互联网大会	促进互联网金融健康发展	央行正在牵头制定关于促进我国互联网金融健康发展的指导意见,不久就会正式颁布。据知情人士透露,各部位职能将划分为:央行负责第三方支付清算和互联网金融协会的监管;银监会负责P2P行业的监管;证监会负责众筹模式的监管
2014-11-27	证券业协会、证监会	股权众筹监管办法已形成初稿,将适时出台	中央协目前已开始着手研究筹建股权众筹专业委员会,并将在股权众筹监管办法的基础上,出台报告股权众筹备案管理办法、业务指引在内的配到规则。由央行牵头的《互联网金融监管指导意见》正在制定过程中,将在上报国务院批准后实施

图 6-13 行业监管政策

众筹平台服务双方,提高效率。对于融资方,可以获取资金、市场验证,发现价值、培养早期用户和粉丝;对于投资方,可以满足好奇心,获得稀有产品、利他主义、享受产品以外的权益。

6.4.2 奖励类众筹

2014年中国奖励类众筹市场共发生5997起融资事件,募集资金3.49亿元人民币。综合类众筹平台项目丰富,能够接受项目范围广,项目支持用户多,融资能力较强,代表性平台有京东众筹、众筹网、淘宝众筹等。垂直类平台项目类别较为单一,主要以单一类别项目为主,项目数少,项目支持者少,融资范围较窄,因此融资规模能力较弱。

2014年,在主要9家奖励类众筹网站中,京东众筹、众筹网、淘宝众筹各项数据均领先于其他平台。在项目数量上,众筹网以1964的项目个数遥遥领先,支持人数低于淘宝众筹和京东众筹;从已募资金额看,众筹网占比17.6%。众筹网成立于2013年初,借助互联网金融发展热潮,结合综合众筹服务模式,在奖励类平台中发展速度较快。京东众筹在募资金额上独占鳌头,以1.47亿元人民币的募资金额领先于其他平台,上线项目301个,显示出强劲的发展势头。

奖励类众筹的未来:平台专业化、主体多样化和服务一体化。平台专业化:随着奖励类众筹平台数量不断增多,平台之间竞争越加激烈。清科研究中心认为,想要在市场上占据一席之地,需要为平台进行准确定位,使自己的服务与众不同,平台专业化发展将成为未来奖励类众筹行业发展趋势之一。主体多样化:中国众筹行业的快速发展,使众筹行业关注度越来越高,参与者也在不断增加。清科研究中心认为,随着参与者的增多,未来参与主体多样化将成为众筹行业发展趋势之一。服务一体化:随着众筹行业的快速发展,众筹平台也正经历着转型与改革。如何更好地为筹资者服务,保障投资者的权益,成为众筹平台之间竞争力衡量的重要体现。清科研究中心认为,未来众筹平台服务一体化将成为众筹行业发展趋势之一。

6.4.3 股权众筹

2014年,中国股权众筹融资事件3091起,募集金额10.31亿元人民币。从投资阶段讲,种子期和初创期企业占比较高。在2014年主流股权众筹领域中,天使汇的募资金额遥遥领先于其他股权类众筹平台,项目数量也较多,天使汇本年度发起项目2607个,为4家机构之首,已募集金额达7.69亿元人民币;原始会发起融资项目281个,已募金额1.94亿元人民币;大家投共发起185个融资项目,已募金额3933.00万元人民币;天使客仅有18个项目上线,但已募集的金额为2875.00万元人民币。

从商业模式看,股权众筹平台的盈利来源主要来自交易手续费、增值服务费、流量导入与营销费用。股权众筹平台的收入源于自身所提供的服务,绝大部分的众筹平台实行单向收费,只对筹资人收费,不对投资人收费。图6-14为股权众筹成功案例示意图。

图6-14 股权众筹成功融资案例

股权众筹的规范性、合法性等影响其发展速度。合法性受到质疑:股权众筹合法性受到质疑主要是指运营中时常伴有非法吸收公众存款和非法发行证券的风险。项目审核机制不规范:从项目审核的角度看,平台单方具有对筹资人提交的项目进行审核的权利,在这一审核中无论是审核环境还是审核人员都缺乏相应的监督和透明性。专业能力不足:股权众筹导致投资人普遍化,而与专业的风险投资人或天使投资人相比,普通人没有足够的能力从坏公司中筛选出好公司。利益平衡机制不完善:在当下股权众筹运营过程中,参与主体或采用有限合伙企业模式或采用股份代持模式，进行相应的风险规避，而数量众多的参与者则面临着信息不对称的风险。资金链运作不规范：一些股权众筹平台允许项目实际筹资额高出项目预期筹资额，这在一定程度上会增加投资的风险和筹资的不可预期性。退出渠道匮乏：目前股权众筹退出渠道匮乏，一般通过"分红、并购和 IPO 上市"三种形式来实现。发起股权众筹的企业一般处于初创期，指望企业在成长初期开始分红不大现实。对于并购和上市，绝大部分初创企业都会在五年内垮掉，能成功被并购和上市的是极少数。

股权众筹将成为股权投资领域的有效补充。平台将趋于区域化、专业化及多元化。①股权众筹或迎来行业洗牌。在众筹平台数量快速增长的同时，退出的速度也在加剧，未来股权众筹或将迎来行业整合。②众筹的专业性会增强。目前大多数众筹平台采用"领投＋跟投"的模式，领投人的行业经验将会促使股权众筹平台专业性提升。③越来越多的第三方参与股权众筹的服务。为了提高股权众筹融资的成功率，将会有越来越多的第三方参与股权众筹的服务。④众筹项目的投后管理将成为众筹平台的竞争力关键。股权众筹的风险不仅体现在投资项目的选择上，更体现在投后管理以及对投资项目及时准确的信息披露上。

6.4.4 其他众筹模式

房地产众筹模式逐渐兴起，根据项目所投入资金，享有不同的权利或服务：不同程度的折扣比例购入房产产权、不同期限的预期年化房产租金收益、不同天数的免费入住权益、其他配套优惠服务等。

农业众筹亦备受关注，根据项目所投入资金，享有不同的权利或服务：不同折扣优惠选购农产品、免费体验或"尝鲜"农产品、农业项目开发优先合作权、其他配套优惠服务等。

6.5 互联网证券

"互联网＋"时代的互联网证券产业链的内容：互联网金融时代的证券行业产业链参与者包括券商、金融系统开发商、其他合作机构（传统金融机构或互联网公司）和用户；在证券互联网化的初期，这条产业链仅以券商为核心，系统开发商提供技术支持，互联网公司提供部分渠道，以进行券商的广告宣传和网上交易；然而随着互联网的发展和人们消费行为的逐渐改变，供应链的核心也变得更加多元化，在"互联网＋"时代的互联网证券产业链中，各个参与者都可根据自身的特点与优势对产品进行开发，并最终以平台整合的形式传递到用户手中，这其中传统券商拥有线下服务的绝对优势，而系统开发商拥有技术优势，互联网公司拥有流量和渠道优势。

互联网证券行业发展的四大趋势。①**政策的不断推进将改变传统竞争格局**：随着中国证券登记结算公司发布"一码通"，所有证券账户即将整合为一套账户，未来吸引用户的首要条件将是综合服务能力的提升。②**传统券商与互联网公司将开展深度合作**：传统券商与互联网公司将开展深度合作，搭建功能齐全的开放式营销平台，实现利用互联网公司的巨大流量挖掘潜在客户和对现有客户进行细分，设计个性化服务，实现互利共赢。③**差异化财富管理是互联网证券发展的重要方向**：在互联网金融的大环境下，财富管理趋于产品的同质化、平台比价越发简单化，在此情况下，清楚地识别出客户需求，经营成稳定的客户群，根据不同需求划分和管理客户群才是未来互联网证券真正的发展方向。④**证券账户的功能整合有望挑战互联网理财账户霸主地位**：互联网时代的账户体系必须满足高安全性、低门槛和交易便捷三个基本属性，进行业务整合后的证券账户在交易便捷性上有了很大的提高，并且在差异化理财服务方面比互联网账户更具优势，未来有望逐步取代互联网理财账户，成为大而全的综合金融服务平台账户。

6.6 互联网保险

"互联网＋保险"是对传统保险的深刻革命。对比传统线下保险，互联网保险的参与方更为广泛，除了原有的保险公司、代理人以外，第三方平台、专业中介代理平台都将发挥重要的作用，而且互联网渠道的数据积累可以正向反馈给保险公司，进而对保险产品的设计、保险的商业模式都产生重要影响。图 6-15 为互联网保险产业链的示意图。

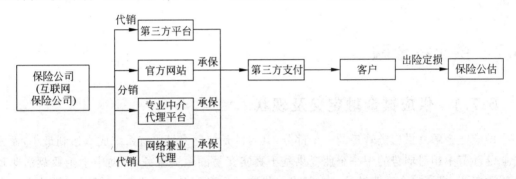

图 6-15　互联网保险产业链

"互联网＋保险"是对传统保险的深刻革命："互联网"保险创新设计保险产业链各个环节，是一场从门类、产品和渠道的全方位深刻革命。首先，保险市场不再局限于传统的财产险和人身险，新险种不断出现；其次，产品设计环节的参与者从传统的保险公司拓宽到下游渠道；最后，销售环节的参与者更加广泛，代理人话语权被削弱，推动渠道成本的下降。

互联网保险异军突起——起步较晚，但发展迅猛。我国互联网保险公司有 4 种经营模式，包括保险公司自建网络平台、电商平台、专业第三方保险中介平台和专门的网络保险公司。

4 种模式各有利弊。保险公司虽然具备产品设计能力和牌照优势，但是自建网络平台缺乏流量优势。电商平台和专业第三方保险销售网站虽然具备流量优势，但是由于没有保险牌照，缺乏产品设计能力。专门的网络保险虽然同时具备牌照和流量，但是由于经营范围有限，产品设计能力较差。

传统保险渠道力不从心：传统保险营销主要围绕中介渠道展开，但 2011 年后传统渠道增长乏力，难以解决成本控制的问题，银行网点受政策限制，代理人队伍达到行业上限，传统保险营销渠道心有余而力不足。互联网保险起步较晚但发展迅猛：根据中国保险行业协会统计数据，2011—2013 年国内经营互联网保险业务的公司从 28 家上升到 60 家，年均增长达 46%；规模保费从 32 亿元增长到 291 亿元，三年间增幅总体达 810%，年均增长率达

202%；投保客户从 816 万人增长到 5427 万人，增幅达 566%。

互联网保险发展趋势。互联网保险不应是互联网与传统保险简单结合的线下产品网上销售，而是传统保险与互联网技术、互联网精神的结合。未来的发展趋势将体现在产品与服务创新、大数据创新和模式创新方面。**产品与服务创新**：互联网保险产品的创新体现在借助场景化坐实保障的发展方向。产品创新体现在结合互联网的新兴险种的出现，服务的创新体现在体验式服务发展方向。**专注大数据，深化变革创新**：随着互联网保险时代的到来，保险公司对个性化的数据的获取成为可能，大量的数据支撑使得个性化产品成为可能，大数据使过去无法满足的保险需求成为可能。用数据帮助进行需求挖掘和产品设计，实现自动核保、自动理赔、精准营销和风险管理。**资源整理，模式创新**：在未来，互联网保险通过对自身的优势和短板风险，整合资源，集中力量在某一方面或某一点突破，从目标客户、产品、服务手段等方面定位，实现差异化战略，形成一定的优势。在互联网保险发展到成熟阶段后，结合互联网技术的优势，积极探索 O2O、B2B、B2C、C2B 各种模式创新，与现有的盈利模式形成互补。

6.7 供应链金融

6.7.1 供应链金融定义及现状

供应链金融是供应链管理的一个部分，其目的是使整个供应链系统成本达到最小，而为产业链环节中相对弱势的中小企业提供基于真实交易的融资服务，帮助中小企业盘活非现金流动资产，提高整个产业链的运行效率。供应链金融服务于产业链中相对弱势的中小企业在真实交易中产生的流动资产融资需求。

供应链金融的本质是要实现物流、商流、资金流、信息流等的多流合一。而互联网无疑是实现这一目标的最佳方式。互联网供应链金融颠覆了过往以融资为核心的供应链模式，转为以企业的交易过程为核心，并将过去围绕核心大企业的"1+N"模式，拓展为"N+1+1"模式，即多个产品供应链+1个第三方互联网平台+N个下游中小企业。图 6-16 为互联网与供应链金融结合模式示意图。

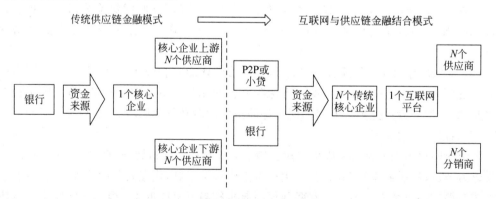

图 6-16　互联网与供应链金融的结合

互联网与供应链金融结合的优势主要表现在网络化、精准化和数据化三个方面，以在线互联、风险控制和产融结合的形式，基于大数据、云平台、移动互联网和互联网金融的供应链金融，打造一个更富有市场力的实体产业链生态环境，供应链金融要实现物流、商流、资金流、信息流四流合一，互联网则是实现这一目标的最佳方式。垂直电商已经成功建立起相应的支付场景，支付行为带来的商流、资金流、第三方信息流、物流在这个平台上相互结合，共同构筑供应链金融生态化经营、平台化合作。

传统渠道的五大功能现在来看，物流、服务、营销和销售都能被电商和物流替代，虽然物流也提供融资服务，但是物流一般是针对有限的线下产品分销，针对有限的厂商、有限的物流运输量来提供有限的融资服务，而电商面对的是一个行业或者多个行业，每个行业又有N个厂商，并且商业模式中核心的"交易"是在线上完成，这种情况下，电商平台需要提供传统渠道商的"融资"服务，这也加剧了供应链金融互联网化的需求。为了适应这种垂直、扁平化的B2B或B2C销售体系之下远端规模小而分散的经销商获得银行融资，保障销售达成，领先企业开始寻找全链条解决方案的供应链融资支持。互联网平台方面，阿里巴巴、京东、苏宁易购等均针对其供应商及入驻商家以及第三方合作伙伴提供低成本，无担保抵押的融资解决方案。

P2P与供应链金融结合产生更大盈利空间。P2P平台规模和风险成为短期难以调和的主要矛盾，如何获取源源不断的、没有规模限制的优质资产是P2P平台正在或将要面临的最大挑战。2015年以来，已经构建支付场景并且形成可控闭环的产业O2O平台、综合电商平台、大型供应链体系等成为P2P积极拥抱的优质资产，供应链或者电商平台提供风险控制和融资需求，成功与P2P对接，形成真正闭环。一般而言，除了阿里、京东等综合平台，房地产、汽车、大宗商品平台或产业链，由于其天然的巨大市场规模和较强的金融属性成为P2P比较欢迎的资产端。P2P平台与供应链链接，一方面可以受益于供应链对商流、信息流、资金流、物流四流的控制降低风险，且获得足够实现规模经济的成长空间；另一方面可以充分将金融服务与供应链对接，实现服务实体，尤其是服务中小企业，符合国家政策导向，解决了供应链金融过度依赖自有资金和银行的问题，为供应链金融业务打开盈利空间。

6.7.2 供应链金融案例

1. 京东案例

京东是电商企业从事供应链金融的典范。2013年12月，京东的供应链金融产品"京宝贝"上线。据统计，上线当月其融资金额超过3亿元，2014年1月放贷额突破10亿元。与银行合作一段时间之后，京东根据客户的需求，设计出了进军金融最核心的产品：供应链金融产品"京宝贝"和"京小贷"。"京宝贝"上线之后，京东开始使用自有资金放贷。其供应链金融可以在一个月内完成超过10亿规模的放贷，主要原因在于把握住了客户的需求。相对于传统供应链金融，"京宝贝"优势明显：门槛低、效率高、客户体验好。

2. 海尔案例

海融易由海尔集团成立，是国内极具资源优势的互联网金融平台，立志于打造海尔互联网金融品牌。基于海尔庞大供应链资源：海融易以海尔10万多产业链资源，并加入线下3

万多网点构建起海尔互联网金融平台。专业风控团队,实现项目源头到实施的动态管控:海融易拥有独立专业的尽调团队,采用DA精算技术分析融资方特性并设置独立风险评估模块,以获得融资需求的合理性专业评估;通过海尔独有的大数据分析,海融易可实现从融资项目源头到项目渠道再到项目实施的360度动态管控。图6-17为海尔供应链金融的示意图。

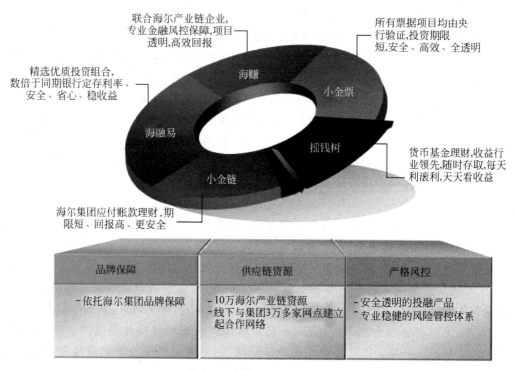

图 6-17 海尔供应链金融

6.7.3 供应链金融决定因素

产业链中具备领导地位的核心企业或手握行业话语权的交易平台都具有成为供应链金融业务主导者的潜质,通过整合产业链交易信息、对接资金供给方、组织线下仓储资源,在风险可控的基础上为产业链中小企业提供可用的融资产品。供应链金融未来前景的决定因素:大背景、小客户和强关系。

大背景: 支撑供应链融资业务的产业链具备大体量特点,产业链规模空间有多大,就决定了供应链融资的潜在空间有多大。

小客户: 除了核心企业以外,产业链的上下游企业规模越小,供应链金融的空间越大。供应链融资产品是以整个产业链的角度考察成员企业的风险状况,因此能够对中小企业实现更客观的风险评估。

强关系: 供应链金融业务能够得以顺利运转的核心就在于资金供给方能够得到足够的信息,对产业链内发生的真实交易进行风险评估。作为能够提供真实交易信息的主导企业,不管是核心企业还是交易平台,必须提供上下游中小企业的多方面的信息数据,帮助资金供给方完整地把控项目风险。因此,对产业链把控能力较强的核心企业以及买卖双方粘性较强的交易平台更容易主导供应链平台的运转。

6.8 互联网银行

6.8.1 互联网银行概述

互联网银行的业务逻辑与传统银行业类似:导流-(大)数据-征信并授信。只不过传统银行是在线下进行,而互联网银行则是在线上进行,海量、迅捷、并能覆盖长尾市场。互联网银行的核心是大数据收集与处理过程的"互联网化"(而不是日常业务办理的互联网化)。其逻辑链示意图如图 6-18 所示,互联网银行与传统银行的对比如图 6-19 和图 6-20 所示。

图 6-18 互联网银行逻辑链

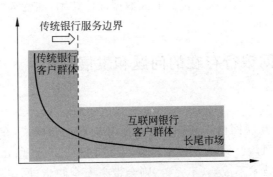

图 6-19 互联网银行和传统银行的客户群体

核心逻辑链	创设场景	导入流量	大数据	征信	授信
传统大型银行	开拓客户	账户服务	账户数据为主	传统征信为主	授信
传统小型银行	主动开拓用户	免费提供账户服务	账户数据为主	传统征信为组合(小微客户则会结合非结构化信息)	授信
互联网银行	互联网应用场景	积累客户总量和流量	各种大数据	大数据征信	授信

图 6-20 互联网银行和传统银行的逻辑内涵

6.8.2 国外互联网银行案例

国外互联网银行案例:硅谷银行,1983 年成立于美国,是硅谷银行金融集团的子公司。

通过美国的 27 家办事处，3 家国际分公司以及在亚洲、欧洲、印度和以色列的机构形成广泛商业关系网。资产达到 50 亿美元，为风险资本以及创业企业提供了 26 亿美元的贷款。主要服务于科技型企业，成功帮助过 Facebook、Twitter 等明星企业。2012 年 8 月 15 日，浦发硅谷银行开业，总部落地于上海杨浦区，注册资金为 10 亿元人民币，浦发银行与硅谷银行双方各持有 50% 的股权。主要专注于服务科技创新产业（尤其是中小企业）。客户包括：硬件、软件、互联网、移动、消费科技品、生命科学、生物技术、清洁能源、新材料等科技创新企业。

6.8.3 互联网银行的核心竞争力

互联网银行的核心竞争力在于征信环节。互联网银行的逻辑链可以概括为以下 3 个环节，每个环节的任务如下。**大数据**：抓住客户需求，创设应用场景，使客户在自身的平台上热烈互动，以此将大数据留存。建立大数据的基础，其实就是导流。这其实是所有互联网企业面临的课题（不是互联网银行独有的问题）。**征信**：通过大数据征信技术，实现从数据到信息的质变。这一环节是互联网银行相对于普通银行的核心区别所在，也是互联网银行中最大的挑战。**授信**：以征信信息为基础，实现海量、快速的授信，发放贷款。在已经掌握有大数据的现状下，比拼的将是谁的大数据处理能力更强。换言之，征信这一环节，才是整个逻辑链中最具价值的环节，谁掌握了优异的大数据征信技术，谁就掌握了互联网银行的核心竞争力。

6.8.4 互联网银行存在的问题和发展趋势

1. 存在问题

与传统银行相比，互联网由于其特有的运营环境和运营模式，在为客户提供服务的同时，也面临着一些特殊风险。第一是技术风险，互联网模式对信息处理平台的性能要求较高，如果运营时的信息技术不成熟、不完善，则会带来安全隐患（网络病毒及恶意攻击）及业务处理的低效率。第二是业务操作风险。目标客户需要一定的操作技能，在实际中存在客户误操作的风险。第三是商业模式尚未固定。目前网络银行尚未形成稳定、成熟的经营模式、盈利模式和服务模式。

2. 发展趋势

互联网银行与传统银行将会形成错位竞争，两者客户定位截然不同，因此，不但不会发生明显遭遇战，互联网银行反而是对现有银行体系的有益补充。互联网银行主要定位于小微客户，正如政府开办民营银行的初衷，是为了解决小微企业等主体的融资问题（尽管传统银行业也尝试做小微，但仍不是主流）。一方面，互联网银行对整个经济体形成有益补充，优化整体金融生态，另一方面，传统银行业通过"借用"其他机构大数据的方式，进入互联网银行业务领域。以微众银行为代表的互联网银行将为传统银行带来的是改变而非取代，是合作而非竞争。

6.9 第三方支付

6.9.1 第三方支付概述

第三方支付机构(又称非金融支付机构)指在收付款人之间作为中介机构提供网络支付、预付卡发行预受理、银行卡收单以及中国人民银行确定的其他支付服务的非金融机构。第三方支付作为央行电子支付体系的重要组成部分,是实现资金流信息化的重要途径,能够有效提升资金流动的效率并降低资金流动的成本。

银行卡收单指收单机构与特约商户签订银行卡受理协议,在特约商户按约定受理银行卡并与持卡人达成交易后,为特约商户提供交易资金结算服务的行为。第三方支付收单机构包括获得银行卡收单业务许可为实体特约商户开展银行卡收单业务的机构以及获得网络支付业务许可为网络特约商户提供银行卡收单业务的第三方支付机构。

预付卡发行与受理指以营利为目的发行的、在发行机构之外购买商品或服务的预付价值卡,包括采取磁条、芯片等技术以卡片、密码等形式发行的预付卡。第三方支付涉及的预付卡不包括仅限于发送社会保障金的预付卡、仅限于乘坐公共交通工具的预付卡、仅限于缴纳电话费等通信费用的预付卡、发行机构与特约商户为统一法人的预付卡。

网络支付指依托公共网络或专用网络在收付款人之间转移货币资金的行为,包括货币汇兑、互联网支付、移动电话支付、固定电话支付、数字电视支付等。图 6-21 为第三方支付盈利模式图。

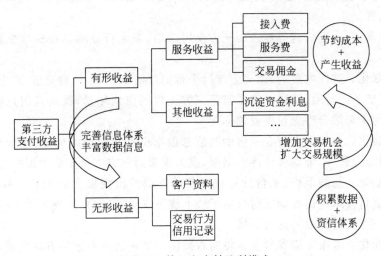

图 6-21 第三方支付盈利模式

其中,节约成本项包括:POS 机刷卡手续费、线上和银联相关手续费、支付宝手续费、在其他平台的资金占用成本、接入费用。产生收益项包括:沉淀资金的利息收入、托管银行的协议回报、服务收费。

6.9.2 第三方支付行业现状

据数据显示，2014年中国互联网第三方支付交易规模达80 767亿元，同比增长50.3%。随着我国电子商务环境的不断优越，支付场景的不断丰富，以及金融创新的活跃，使网上支付业务取得快速增长，而第三方支付机构发展的互联网支付业务也取得了较快增长。据数据显示，支付宝、财付通在第三方支付市场占有率居前，两者市场占有率接近70%。

第三方支付细分市场格局包括以下内容。

第一，互联网支付。互联网支付行业竞争格局基本确定，支付宝一家独大，市场占有率接近50%，2014年支付宝在国内互联网支付行业市场占比达49.6%，财付通占市场规模达19.5%，银联商务在线占11.4%，其他占比均在10%以下。

第二，移动电话支付。行业刚刚起步且处于快速发展阶段，竞争格局尚未确定，目前市场的竞争者主要有互联网支付巨头如支付宝、电信运营商背景的企业如联动优势以及独立的专业从事移动电话支付的企业如钱袋宝。

第三，银行卡收单。除传统金融机构从事银行卡收单业务外，第三方支付领域参与该业务的主要有银联商务、上海杉德、数字王府井等，银联商务实力最为强大，虽为非金融机构，但其所处的特殊地位及其从事该业务的时间较长，使其目前成为一个半金融机构。

第四，数字电视支付。数字电视支付市场仍属于起步阶段，市场竞争刚刚开始，央行2012年6月刚颁布第一批数字电视支付牌照。截至目前，只有拉卡拉、银视通、北京数码视讯、上海亿付数字技术、昆明卡互卡科技和中兴通讯6家公司获得了数字电视支付牌照。

第五，预付卡发行与受理。预付卡市场发展存在区域性差异。北京、上海等地起步早，参与者众多，竞争也最激烈，已形成上海的"联华OK""斯玛特"，北京的"资和信"等具有全国影响力的品牌。

随着产业集团、金融机构等加入第三方支付市场，未来行业格局将充满变数和机遇，有以下特点。

第一，生活化。牌照发放后，第三方支付平台的可信度提升，话费充值、水电煤气缴费等各种生活支付链条的打通，将进一步丰富第三方支付的应用场景，提高其用户黏度，积累用户大数据，成为未来综合性支付企业的标配。

第二，金融化。第三方支付企业借助其信息数据积累和挖掘的优势，逐步涉及基金、保险等个人理财金融服务，金融属性逐步增强，成为未来第三方支付企业发展的方向。

第三，移动化。智能手机、平台计算机等移动终端的出现极大地推动了移动支付的发展，多种移动支付技术使得移动支付打通了线上线下支付的壁垒，实现了线上线下支付的融合，成为了第三方支付行业的蓝海领域。

第四，多元化。未来主流支付企业将向着提供一站式解决方案的方向发展，同时也会出现依托某些细分市场和特色业务生存发展的细分支付企业，支付产业链的各个环节都会有多家企业参与竞争，行业进入多元化快速发展阶段。

第三方支付发展趋势如下。

趋势一：第三方支付结合场景应用的范围会越来越广。互联网金融平台和产品的实现需要第三方支付的支撑，第三方支付推动互联网金融生态圈的完成。目前，人们已经逐渐适应第三方支付工具完成物业、水电气、手机通讯缴费，信用卡、房贷、助学贷款还款，转账汇款、理财、订酒店等付款,第三方支付成为人们支付的主要渠道。

趋势二:移动支付业务的占比会逐步扩展。从目前第三方支付市场结构看,互联网支付业务占比增速显著放缓,而移动支付业务占比则呈现激烈扩张趋势。未来第三方支付的蓝海仍然在移动支付领域,其市场前景依然广阔。

第三方支付的发展阶段如图6-22所示。目前,第三方支付仍处于第一阶段,并正朝第二阶段发展;一些做得好的支付机构走得比较快,这些支付机构普遍经历了5~10年的沉淀期,如支付宝已经推出的小额信贷、淘宝商户提前收款支付服务等就具有传统银行资产业务的性质,支付宝的时光机、淘宝魔方数据服务则为其客户提供数据服务。以支付为基础,第三方支付将成为新型金融机构。

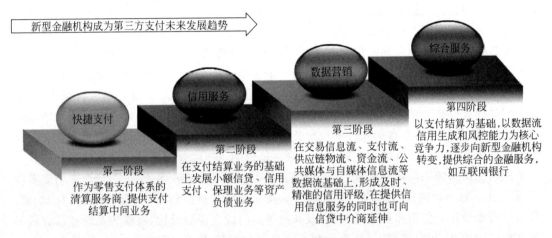

图 6-22 第三方支付发展阶段

6.10 征信

征信按信用评估业务类型可划分为三类:债券类暂不关注;个人征信即将发放牌照,正在关注中;企业信用评估是突破口。

债券类评级的行业相对成熟,运行模式及市场格局较为稳定。企业信用评估类方面,传统模式将被颠覆,新兴模式正处于探索中,2014年8月首批第三方征信机构获企业征信牌照,目前34家第三方企业获企业征信牌照。个人征信类方面,2015年1月初,8家企业首批获准开展个人征信业务。

截至2012年底,中国各类征信机构有150多家,行业收入约20多亿元。政府背景的信用信息服务机构20家左右。社会征信机构50家左右,业务范围扩展到信用登记、信用调查等。信用评级机构,纳入人民银行统计的有70多家。

当前参与征信的两种方式包括企业自行评估和借助第三方机构。其中企业自行评估的是大型企业或机构投资,一般自行完成对被投企业的信用评估。其特点是企业资金实力雄厚,拥有庞大的评估团队,亦可借助专业化机构的帮助,如会计师事务所、律师事务所等。趋势:预计大部分大型企业仍将保持自行评估。**而借助第三方机构**的是中小型企业或机构投资,选择第三方信用评估机构的企业特点是,资金实力有限,自建团队成本难以承受,专业化机构的聘用费用过高，选择专门的信用评估机构是最佳选择。趋势：预计未来会有更多中小企业选择第三方机构，这是社会专业化分工的体现。

综合分析，第三方机构参与征信是大势所趋。第一，未来企业融资手段将更加多元化、融资数量和规模都会逐步增加，应运而生的则是企业信用评估业务快速成长；第二，在企业自行评估与第三方机构评估两种方式里，因企业或机构的局限条件不同会选择适合自身的不同方式；第三，专业化分工与有效风险控制，整体而言，第三方评估机构将逐渐成为主流，专业化分工能降低成本，更重要的是能够保持独立公正，能够更好地实现对投资风险的控制。

和传统征信数据主要来源于借贷领域有所不同，脱胎于互联网的信用数据来源更广、种类更丰富，时效性也更强，涵盖了信用卡还款、网购、转账、理财、水电煤缴费、租房信息、社交关系等方面。互联网产生数据最大的特征是实时，留有痕迹，容易追踪，相对于传统的线下采集和整合更加全面和准确。但同时过于琐碎和巨量的信息也对数据的存储和挖掘、分析计算能力有极高的要求。大数据、云计算技术的发展正好使这一问题迎刃而解。大数据征信利用社交网络、电商网站、网贷平台中产生的大量碎片化数据，因而非结构性特征强，挖掘其中相关性被放在更加突出的位置。云计算则通过利用安全的中央网络和存储能力增加效率，同时允许他们使用专有的硬件来运行关键业务应用程序，为用户提供了效率和安全的保障。数据挖掘技术和计算能力的提升为互联网征信的飞速发展提供了坚实的技术基础。

国内征信市场格局初步形成，我国目前有各类征信机构150多家，征信行业市场规模约20多亿元。目前我国征信机构主要分为三大类：政府背景的信用信息服务机构约20家。各级政府推动社会信用体系建设，政府或其所属部门设立征信机构，接受各类政务信息或采集其他信用信息，并向政府部门、企业和社会公众提供信用信息服务。社会征信机构约50家。业务范围扩展至信用等级、信用调查等；征信机构主要以从事企业征信业务为主，从事个人征信业务的征信机构较少。信用评级机构。目前，纳入人民银行统计范围的信用评级机构共70多家，其中8家从事债券市场评级业务，业务规模相对较大；从事信贷市场评级业务，主要包括借款企业评级、担保公司评级等。

6.11 虚拟货币

6.11.1 概述

虚拟货币是通过计算机技术生成的大家都能接受的电子货币，最典型的代表有比特币、莱特币。比特币是一种"电子货币"，由计算机生成的一串串复杂代码组成，新比特币通过预设的程序制造，随着比特币总量的增加，新币制造的速度减慢，直到2014年达到2100万个的总量上限。和法定货币相比，比特币没有一个集中的发行方，而是由网络节点的计算生产，谁都有可能参与制造比特币，而且可以全世界流通，可以在任意一台介入互联网的电脑上买卖，不管身处何方，任何人都可以挖掘、购买、出售或收取比特币，并且在交易过程中外人无法辨认用户信息。

比特币的本质其实就是一堆复杂算法所生成的特解，因此就必须要解开复杂的数学公式，这样的流程被称为挖矿。而挖矿的过程就是通过庞大的计算量不断地去寻找这个方程组的特解,这个方程组被设计成了只有 2100 万个特解,所以比特币的上限就是 2100 万。

比特币具有 3 个重要的特点:①去中心化,货币总量有限;②利用互联网联系,跨国交易成本低;③信息安全更有保障。比特币应用体系具有防伪、抗通胀和安全特性,不依赖于国家维护,而是靠对等网络技术和参与者的共识主动性合作。

6.11.2 虚拟货币的风险

虚拟货币风险较高,各国对持币态度均较谨慎。

第一,虚拟货币发行人风险。流动性风险:虚拟货币目前还只是一种约定货币,如果发行人非主观性地不能满足消费者的回赎需要,就会形成流动性风险。信息披露风险:因为很难找到一个很好的标准评判哪些信息是可以披露的,而哪些信息是应该保护的。如果虚拟货币发行人披露不当,就容易泄露商业机密。安全性风险:对虚拟货币的发行人来说,安全隐患主要来自三个方面,即外部的攻击,系统本身的故障,以及内部人员的蓄意破坏等。

第二,虚拟货币持有人风险。安全性风险:虚拟货币持有人在开设虚拟账户或使用虚拟货币的过程中会留下自己的信息,一旦账号被盗,就意味着相应的金钱价值的损失;虚拟货币的发行人在同消费者交易时会尽量多地收集消费者的信息,这在客观上为消费者的隐私权带来隐患,消费者的隐私权会因为发行人系统的被入侵而受到侵犯。破产风险:虚拟货币是虚拟经济和信息技术高速发展的产物,其发行人不仅要面对来自系统本身的风险,还要面对来自经济领域的风险。

本章小结

1. 介绍了互联网金融的定义和现状,分析了互联网金融行业发展的推动力、互联网金融的全产业链、互联网金融的跨界融合发展、互联网金融模式。

2. 通过案例研究分析了 P2P 模式、众筹、互联网证券、互联网保险、供应链金融、互联网银行等新兴模式。

思考与实践题

1. 互联网金融的定义和作用是什么?
2. 什么是互联网金融行业发展的推动力?
3. 互联网金融的模式有哪几种?
4. 主流的 P2P 发展模式有哪些? P2P 项目的核心成功因素是什么? P2P 行业未来发展趋势如何?
5. 众筹的模式有哪几种?
6. 什么是互联网证券? 互联网证券的未来发展趋势是什么?
7. 互联网保险与传统保险的区别与联系?
8. 供应链金融的定义与现状?
9. 什么是互联网银行? 互联网银行存在的问题和发展趋势是什么?

第 7 章 电子商务系统建设

学习目标

通过本章的学习,读者将能够:

- 了解电子商务系统;
- 理解电子商务网站的设计要素;
- 掌握电子商务系统建设;
- 熟悉电子商务系统的设备如何选择,如何对电子商务系统进行优化。

7.1 电子商务系统设计架构

7.1.1 电子商务系统的结构

电子商务系统是基于 Internet 并支持企业增值的信息系统。对每个企业来讲,电子商务活动的开展必须获得特定的电子商务系统的支持。网站是该系统的一个部分。

电子商务系统包含以下 5 个方面:

(1) 网站。

(2) 企业内部信息系统。前台网站和后台企业内部信息系统是电子商务不可分割的组成部分,它们之间相互联系、相互支持,形成一个有机整体,这也是电子商务系统能否有效实施的关键。如果没有好的 ERP,企业就无法及时掌握自己各类原材料和成品的库存情况以及采购到货情况,网上订单将得不到自动确认,必然会影响企业对市场的响应速度;如果没有好的 CRM,客户要求、个性化服务无法得到有效及时的处理,必然会影响企业对最终用户的响应速度。

(3) CA 认证系统。

(4) 物流系统。

(5) 支付系统。可以说各个不同的企业之间的协同工作和企业及消费者之间的商品交流构成了整个社会的电子商务活动体系。

电子商务基本框架分为五大部分(由底层到上层依次是):网络环境、硬件环境、软件及开发环境、电子商务服务环境和电子商务应用。

企业电子商务系统的核心是电子商务应用系统,而电子商务应用系统的基础是不同的服务平台,它们构成应用系统的运行环境。

(1) 网络环境:网络环境是电子商务系统的底层基础,一般而言,电子商务的开展可以利用电信网络资源。就我国而言,电信部门专营的公共数据通信网络体系大体包括:ChinaPAC、ChinaDDN、中国网通等。现在电子商务应用系统大都构造在公共数据通信网络基础上。

(2) 硬件环境:计算机主机和外部设备(如打印机、扫描仪等)构成电子商务系统的硬件环境,这是电子商务应用系统的运行平台。

(3) 软件及开发环境:软件及开发环境包括了操作系统如 Windows、UNIX/Linux 等,网络通信协议软件如 TCP/IP、HTTP、WAP(Wreless Application Protocol,无线应用协议)等。这一环境为电子商务环境的开发、维护提供平台支持。

(4) 商务服务环境:商务服务环境为特定商务应用(如网上零售业)的正常运行提供保证,为电子商务系统提供软件平台支持和技术标准。

(5) 电子商务应用:电子商务应用是企业利用电子手段开展商务活动的核心,也是电子商务系统的核心组成部分,是通过应用程序实现的。

商务服务和应用的差别主要体现在:商务服务环境提供公共商务服务功能,可以进一步将商务服务环境细化为两个部分。第一部分包括安全(security)、支付(payment)、认证(CA)等侧重于商务活动的部分;另一部分侧重于系统的优化,如负荷均衡(load balancillg)、目录服务(Lightweight Directory Access Protocol,LDAP)、搜索引擎(search eflgine)等。基本企业的商务活动都需要这些服务支持。而应用软件则主要实现某一企业所需的特定功能。

7.1.2 优秀电子商务网站设计要素

电子商务系统的构建需要将相关部分进行有机整合,而网站是电子商务系统重要组成部分之一。设计优秀的电子商务网站的一些主要因素如表 7-1 所示。

表 7-1 优秀电子商务网站设计要素

因 素	说 明
下载时间	长时间的等待常常会丧失潜在的消费者
安全性	建立起消费者与企业的信任关系,留住客户
商品(含服务)质量	虽然这和网站设计无关,即使你的网站设计得再精美,但提供了虚假或劣质的商品,终将被市场淘汰
功能完备	可使用户快速浏览网页,有效、自然地将用户引向网站销售的商品
信息量大	可帮助用户轻松找到更多企业和产品信息的链接
冗余导航	具备指向同一内容的多条导航通路
购买、退订方便	只需一两次操作就可以完成购买,同样也能快速退订,给用户提供更大的自主选择空间,不进行强卖
支持多种浏览器	网站必须与大多数浏览器兼容
简单的图形界面	避免让用户分散注意力令人厌烦的图片和声音
文本清晰	避免使用容易造成文本扭曲或文字不清晰的背景

7.2 电子商务系统建设过程

7.2.1 电子商务系统开发周期

电子商务系统建设是一个包括商务、技术、支付、物流等许多角色与要素的系统工程。从组织和人力资源的角度看,需要各类专业人员组织成一个团队,这个团队将对系统所使用的技术、网站的设计风格以及相关的社会和信息策略做出关键性的决定。制定电子商务系统规划的一种方法是系统开发生命周期法。系统开发生命周期法(System Development Life Cycle,SDLC)是一种用于了解系统的商业目标并设计出合适的解决方案的方法。电子商务系统的系统开发生命周期主要包括如下 5 个阶段。①系统分析规划:选定商业模式,确定商业目标、系统功能及信息需求;②系统设计:逻辑设计与物理设计;③系统开发:企业内部开发与系统外包;④系统实施:一项复杂的系统工程;⑤系统运行与维护:保证系统正常运行。

7.2.2 系统分析规划

电子商务系统规划是电子商务应用计划的第一步,对企业开展电子商务具有决定性的作用。

电子商务系统的规划必须建立在科学的调研和分析基础之上,必须对企业的现状进行调查研究,对包括企业的组织、资源、信息化程度,包括企业的客户、合作伙伴、竞争对手,包括企业商务活动的各个环节以及目前企业所处的行业、地区、整个社会的电子商务发展状况、环境及趋势等在内的各方面进行认真的调查,分析企业开展电子商务的目的、要求,分析电子商务将对企业的竞争力、企业的经营战略、企业的商务活动产生的影响。电子商务是对传统商务活动的一种变革,电子商务系统的规划是对企业商务活动的一种重新设计,在系统分析规划阶段,首先需要分析实现企业战略目标所需的商业模式。企业的电子商务模式指的是企业利用信息网络技术开展电子商务活动的基本方式。目前比较典型的电子商务模式有 BtoC、BtoB、BtoG 及 CtoC 等。在对企业的商务模式设计的时候,要对类似企业实施电子商务的经验进行认真的学习、分析和借鉴,一切要从企业实际出发,创造具有本企业特色的电子商务模式。规划阶段对电子商务系统建设至关重要,关系到整个电子商务系统建设的成败。如果不重视电子商务系统的规划,或者不能按照事先的规划进行建设,那么建成的电子商务系统可能无法实现预期的功能、产生应有的投资效益,因此必须引起高度重视。

在选定了实现企业战略目标所需的商业模式后,要确定系统的商业目标,然后列出详细的系统功能和信息需求。商业目标是希望所建造的系统应具有的一组能力。系统功能是指实现系统商业目标所需的各种信息系统能力。而系统的信息需求则是为了实现商业目标,系统必须产生的信息元素。

表 7-2 中列举了典型电子商务系统的商业目标、系统功能和信息需求。电子商务系统一般具有 9 个基本商业目标,这些商业目标必须被转换为相应的系统功能描述,最后转换为详细的信息需求。而且,在实际应用系统特定信息需求会比表 7-2 更加详细。

表 7-2 典型电子商务系统的商业目标、系统功能和信息需求

商业目标	系统功能	信息需求
展示产品	数字目录	动态文本与图片目录
提供产品信息	产品数据库	产品说明、库存水平
个性化/定制化产品	客户网站浏览记录	每个客户访问的网站日志;找出客户共同访问路径并做出适当反应的数据挖掘能力
进行交易	购物车/支付系统	安全的信用卡结算、多种支付方式
积累客户信息	客户数据库	所有客户的姓名、地址、电子邮件等地址;在线客户注册
提供售后客户支持	销售数据库	客户ID、所购产品、订单日期、支付信息和发货日期
配合进行营销广告活动	广告服务器、电子邮件服务器、电子邮件促销管理、横幅广告管理	电子邮件或者网站横幅广告促销活动所联系的潜在客户和客户的网站行为日志
营销效果	网站跟踪与报告系统	营销活动所引起的访问者、被访问者的网页、被购买的产品数量
使生产过程与供应商连接起来	库存管理系统	生产和库存水平、供应商ID及联系方式、生产订单数量

当当网是全球最大的中文网上商城,1999年11月,李国庆和他的夫人、曾在美国做过投资银行家的俞渝在北京共同创立了当当网,并陆续获得美国IDG集团、卢森堡剑桥集团、日本软银(Softbank)、老虎基金的投资。当时,当当网有一个梦想:要做中国的亚马逊(amazon.com)。1999年,美国亚马逊网上书店正处于高速发展期,销售额达到了16.4亿美元,比上一年度增长了10亿美元。经过7年的发展,当当网已经可以提供近百万种商品的在线销售,包括图书、音像、家居、化妆品、数码、饰品等数十种门类,全球有1560万的顾客在当当网上选购过自己喜爱的商品。

随着网站的迅速发展,当当网的管理层几乎每天都会收到希望加盟、请求合作的意向,网站对于这些意向给予了高度重视。"当当联盟计划"应运而生,这种联盟模式和传统的加盟方式不同。如果有一个专业性很强或特点非常鲜明的网站,它吸引了一批相对比较固定、浏览忠诚度较高的网民,就可以考虑与当当网进行合作。网站阅读联盟协议,同意后即可注册加入,经当当审核,即可正式加入联盟,联盟会员在广告样例中选择适合自己网站的广告样例,获取该广告样例的链接代码,然后在联盟会员自己网站页面的适当位置插入该代码,就可以播放广告了。网站的编辑可以在当当网上摘录那些和自己主题内容相关的书籍或影碟信息,通过自己的网站介绍给客户。如果客户通过这些网站成功购买了当当网的商品而又没有发生退货,当当网将自动记录该行为,并且系统会跟踪到这个客户是来自哪个网站,这些网站将会最高获得10%以上的销售提成。当当网将把通过该联盟会员产生的广告收入汇款到该联盟会员的账号上。

7.2.3 系统设计

一旦确定了系统的商业目标和系统功能,列出了详细的信息需求后,就应考虑如何实现这些功能,进入系统设计阶段。系统设计阶段又可以分为两个部分:逻辑设计和物理设计。逻辑设计包括一个描述电子商务系统的信息流、基本处理功能和所使用的数据库的数据流

程图,还包括一份描述所制定的安全和应急备份程序,以及系统中所使用的控制机制的说明书。物理设计是将逻辑设计转变为物理组件。

逻辑设计是一个数据流程图,包括了描述电子商务系统的信息流、基本处理功能和所使用的数据库,还包括一份描述所制定的安全和应急备份程序,以及系统中所使用的控制机制的说明书。一个基本的电子商务系统高级逻辑设计数据流程图,如图7-1所示。系统前台网站响应客户端浏览器发出的HTTP请求,将HTML格式的产品目录页面发送到客户端。

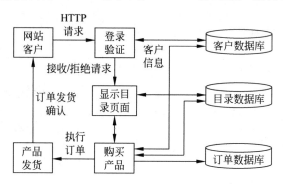

图 7-1 简单数据流程图——逻辑设计

设计时可参考以下方法进行:

(1) 分析电子商务手段对企业商务活动各环节的影响,确定能够通过电子化手段实现企业价值链增值的商务环节。

(2) 从企业的供应链入手,分析企业与上、下游厂商的协作关系,确定支持企业电子采购、商品配送等环节的外部信息系统。

(3) 从网上销售入手,分析安全电子交易过程的各个环节,确定实现安全电子交易需要的内部信息资源和外部服务系统。

(4) 通过对企业服务客户特征的分析,确定提高客户满意度、建立忠诚度的客户关系管理的内容和方式。

(5) 将有关的内容和结构归纳起来组成电子商务模型。

物理设计阶段将逻辑设计转变为物理组件。例如,在网站开发中,物理设计详细说明了要购买的服务器型号、使用的软件、需要的电信线路容量、系统备份方式以及防止外部入侵的方法等。图7-2所示的是相应的物理设计示意图。每个主要的处理流程都可以拆分成更低一级的设计,以便更加精确地定义信息流和所涉及的设备。

7.2.4 系统实施

电子商务是技术和商业的组合体,因此,在电子商务项目实施过程中,有些工作需要具备技术教育背景和技术技能的人,而另一些则需要具有商业教育背景和商业技能的人,有些需要同时具备技术和商业两方面的知识。电子商务系统实施涉及技术设备的安装调试、人员培训、场地环境准备等很多方面的因素,是一项复杂的系统工程。系统实施计划落实的重要步骤主要如下:

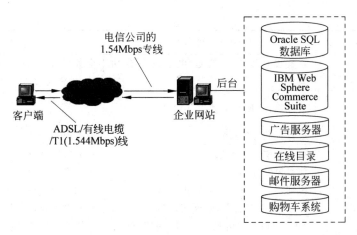

图 7-2 简单的物理设计

1．电子商务系统的域名申请与注册

这一步主要是企业法人根据相关的域名管理办法申请电子商务域名。

2．系统运行环境准备

这一步主要包括系统运行的机房、电力、空调等设备的安装调试,计算机与网络设备的安装调试等。如果电子商务系统采用的是主机托管等方式,或者运行于为企业提供主机托管、网络数据备份等服务的专业化服务器企业提供的环境中时,还需要与这些企业取得联系,要求其进行配合,完成实施工作。

3．人员培训

这一步主要包括培训电子商务系统的维护人员和业务使用人员。对于维护人员,主要培训其系统结构、性能、维护与管理等内容。对于业务使用人员主要培训其系统功能、操作方式等内容。

4．数据准备

这一步是从企业既有的信息系统中搜集、加工、整理新系统需要的原始数据,为电子商务系统的投产运行做好准备。例如,网络销售系统上线前,应当将既有的销售系统中的有关产品信息、库存量等原始数据准备好。同时,还要对电子商务系统需要的资料和数据进行分类整理。

一个全面完整的电子商务系统实施所需要的人员配置如表 7-3 所示。

表 7-3 电子商务系统实施人员配置

规 划 人 员	领 域 知 识	作 用
企业管理层	企业的业务模式	控制/决策
企业经营层	市场/销售/订单/客户/产品/支付业务流程/增值点/业务延伸/合作伙伴	商务模型/服务内容/业务流程/再造系统评估/运行决策

续表

规划人员		领域知识	作用
咨询专家	商务顾问	系统设计及项目实施/电子商务成功案例	商务模型规划/系统规划/系统设计/投资与收益
	技术顾问	系统设计/技术产品/系统集成	商务逻辑实现/系统接口/系统集成/系统实施
	电子商务师	运营经验/经营风险	商务模式/系统运行管理
	物流专家	物流与供应链管理	企业供应链设计
	金融专家	项目风险评估	投资效益分析
专业技术人员	项目经理	规划组织/协同工作/知识管理	规划实施/项目风险/项目管理
	网络工程师	网络工程/综合布线/网络通信	基础设施规划/网络互联/数据交换
	Web应用工程师	XML/HTML信息发布/应用服务器/数据库/数据仓库/Web体系结构	应用平台设计/应用逻辑设计/应用软件开发
	其他人员	特定专业知识	法律、税务

7.2.5 系统的运行与维护

电子商务系统的运行阶段需要注意以下问题。

(1) 运行包括系统运行和商务运行两个部分。系统运行是指从原有信息系统切换到电子商务系统,用新系统支持企业的日常业务运转。商务运行则是指企业在电子商务系统支持下按新的模式开展商务活动。运行不仅仅是指电子商务系统投入运行,更为重要的是企业商务活动在一种新的模式下运转。这样,运行过程除了电子商务系统的正常使用外,还包括企业基于这样一个系统在市场、销售、客户服务等基本商务环节的运作与组织。电子商务系统经过测试评估后,如果达到系统的性能指标,就可以投入到生产中使用。

(2) 电子商务系统的运行必须有相关的运行队伍及维护队伍,而且需要制定相关的管理制度和条例。

(3) 一定要防止只考虑信息系统实施,不考虑配套环境的倾向。同时,如果系统运行切换过程不是一步到位的,必须尽量考虑好切换过程中,企业商务流程可能会在新、旧系统中同时进行一段时间,在并行工作期间,业务如何处理。

7.2.6 主机网站建设

1. 虚拟主机租用的网站建设过程

所谓虚拟主机租用是指租用互联网服务提供商(ISP,比如万网)服务器的硬盘空间,使用特殊的Web技术,把一台计算机主机服务器分成若干个虚拟的主机,每一台虚拟主机都有独立的域名和IP地址,具有完整的互联网服务功能如WWW、FTP、Mail等。同一台服务器上的各个虚拟主机相对独立,互不干扰,可由用户自行管理。虚拟主机方式由于省去了全部硬件投资和软件平台投资,具有成本较低的优点。现在大多数企业选择虚拟主机服务,即向提供虚拟主机服务的公司支付费用,由这些公司来确保系统24小时正常运行。这样企业就不必考虑服务器设备购置或维护的技术细节,也不需要雇佣专门的人员。

2．自行建设过程

如果企业选择自行建立整个电子商务系统，则需要有一支具备由各种技能的人员组成的开发团队，包括网站设计人员、程序员、系统管理人员等。此外，还要选购各类硬件设备和软件工具。建立电子商务系统可供选择的工具有很多，如图像处理软件包 Photoshop、Dreamweaver 和 FrontPape，另外还可以购买能定制复杂功能的电子商务专业软件包进行系统开发。

如果需要建立完善、功能强大、高安全性、高效的电子商务系统，就应当选用电子商务软件包。电子商务软件包（电子商务服务器软件套件）是提供集成的开发环境，包含电子商务系统所需的全部或大部分功能和性能的软件。与使用零散的应用软件集合起来开发系统不同，电子商务服务器软件包提供了一个集成的开发、应用环境，使开发和管理系统显得既方便快捷又经济。

（1）电子商务软件包的种类。电子商务软件包按照价格和功能的不同，一般可以分为三类。①基础软件包。它是针对基本电子商务企业应用的，其基本软件有：B-city、Yahoo! Store Geoshops、ShopBuilder、Virtual Spin Internet Store 等。②中档软件包。它同基本功能软件包在功能、价格、数据库连接能力、软件便利性、软件定制工具及对使用者的计算机知识要求等方面都有很多差别。中档软件包有多种功能，比低端系统运作起来更为有效，功能也更强。它可同复杂的数据库连接起来，并存储商品目录信息，将商品目录信息存储在数据库中使商品维护更为方便和简单。中档软件包和基础软件包之间最大的区别在于，它需要兼职或专职的程序设计人员，还需要有专家对软件包的功能和标准设置进行扩展。此类软件有：Intershop Merchant Edition（Intershop 通信公司）、Websphere Commerce Start（IBM 公司）、Commerce Server（Microsoft 公司）等。③高档软件包。它功能强大，包含支持企业间的商务系统需要的诸如加密、认证、数字签名和签名收据等工具，有的甚至包含 Eny 软件包。此类软件有：Broadvision One-to-One Enterprise、Blue Martini Customer Interaction System 等。

（2）选择电子商务软件包需要考虑的因素。每个企业的规模不同，所想要达到的效果也不一样，需要先评估这些软件工具然后做出选择，这也是建立电子商务系统所需要做的最重要的决策之一。需要注意的是，在购买软件包的时候企业还要考虑一些隐性成本，如培训员工使用这些软件的费用、将这些软件工具集成到企业过程和组织文化中的费用。以下是在选择电子商务软件包时需要考虑的一些主要因素。①业务目标。企业的近期或远景规划要实现什么，正在处理哪些业务流程，相关各方都有哪些有价值的建议。②功能。即使电子商务软件包已拥有强大的功能，但是企业可能还会需要一些特殊的功能，如有的企业的网络商店就需要流格式视频和音频服务。③性价比。软件包的性能和价格比是否能够达到最好，能否以最少的钱买到最实用的软件包。④与企业现有系统的连通性。需要与之连接的现存内部系统有哪些，这些连接如何实现。⑤对不同业务模式的支持。企业可能同时采用多种商业模式，如零售与 B2B 同时兼顾，或余额库存拍卖与固定价格销售兼而有之。因此，应确保所选用的软件能够支持企业的所有商业模式。⑥与各种标准的兼容性。由于技术环境变化迅速，尤其是移动商务平台的发展，弄清软件包目前所支持的标准，以及未来的技术迁移路线是非常重要的。⑦性能与可扩展性。随着系统（含网站）的访问量和交易量的快速增加,设计不好的软件包将极大地影响系统性能。故需要加强对软件包的测试,以检查该软件包的性能和可扩展性。⑧软件包生产商能力。例如厂商曾经服务过哪些市场,他们可以提供哪种支持,厂商几年内是否还会存在。

选择软件时应充分利用尽可能多的信息资源,这些信息资源包括实践经验、厂商示范、客户等级及分析报告。最重要的是,企业必须了解自身业务目标并规划电子商务体系结构,做出适当的选择。

3. 主机托管网站建设过程

主机托管,即企业购买或租用 Web 服务器(由企业自己完全控制服务器的运行)等设备,再把服务器放置在主机托管服务商的主机机房或数据中心,由服务商提供通信线路、配备电力以及机器设备的维护工作。企业的主机(或服务器群)托管在网络服务商的通信机房后,企业完全消除了组建通信机房、配备电力、高速上网、网络升级、需要值维人员等后顾之忧。同时企业的主机(或服务器群)托管在网络服务商的通信机房后,可获得至少 10Mbps 以上的联网速率。ISP 为客户提供优越的主机环境,客户通过远程控制进行网站服务器的配置、管理和维护。

7.3 设备的选择

7.3.1 服务器硬件的选择

首先要确定选购的服务器级别,包括入门级、工作组级、部门级和企业级,在确定服务器的级别后,接着就是权衡可管理性、可用性、可扩展性、安全性、高性能以及模块化等主要的性能指标。联想、浪潮、方正和长城等是国内知名的服务器厂商,他们的产品极具竞争力,是中小企业用户的理想供应商。国际著名品牌的 Compaq、IBM、HP 和 Dell 等厂商的服务器产品在高端应用中的优势更明显些。

7.3.2 操作系统的选择

操作系统是网站服务器软件系统的基础平台,目前市场上操作系统分成了三大主流:UNIX 系统,最大的特点是稳定;Windows 系统,最大的特点是好用;Linux 系统,最大的特点是免费。企业要根据自己的需要进行科学的选择。

7.3.3 数据库的选择

目前在中小企业的网站服务器系统中,数据库服务器广泛采用的是微软的 SQL Server、MySQL 和 Oracle 的 Oracle 9i(标准版)以及 IBM 的 DB2(工作组版)等。

7.3.4 Web 服务器软件的选择

Web 服务器软件是能够使 Web 服务器将用 HTML(或 XML)编写的网页,传送给客户机的软件。Web 服务器则是指运行 Web 服务器软件的计算机。除了响应客户机发出的

Web 页请求外,Web 服务器软件还具有以下的功能。

1. 检索引擎和索引程序

这是 WWW 服务器能提供的标准服务。检索引擎或检索工具可在本网站或整个 WWW 上检索所请求的文档。索引程序提供全文索引,即为存储在服务器上所有文档创建的索引。当浏览器请求网站检索时,检索引擎比较索引中的术语和请求者的检索术语,寻找与请求术语相匹配的文档。索引软件能够对多种文档形式建立索引。检索引擎一般只返回用户获准查看的文档(增强了网络的安全性)。

2. 安全性及验证服务

它可验证从因特网进入内部网服务器的员工身份。安全服务包括:用户名和口令的验证,认证和私有/公开密钥的处理,访问控制(可根据用户名或 IJRL 的情况决定同意或拒绝用户对文件的访问)等。

3. 获取访问者信息

需获取的访问者信息主要包括谁(访问者的 URL)正在访问网站,访问者浏览网站的时间有多长,每次访问的日期和时间,浏览了哪些页面等。其数据放在 WWW 运行日志文件里。

4. FTP

提供服务器之间的大型数据文件的传输服务。

5. 网站管理工具

专用的网站管理工具的功能比编辑工具所提供的网站管理功能要多很多。首先,网站管理工具提供链接检查,链接检查软件可检查网站的所有负面情况,并报告断开的、似乎断开的或有些不正常的 URL。另外还可以发现孤立文件,即网站中没有同任何页面建立链接的文件。网站管理的其他重要功能包括脚本检查和 HTML 验证,可以迅速浏览整个网站,找到出错的页面和代码,列出断开的链接,可以用电子邮件把网站维护的结果发到 WWW 上的任何地址上。

6. 电子邮件

发送、接收和存储电子邮件的功能。

7. 应用构造

使用 WWW 编辑软件和扩展软件生成静态或动态页面。

8. 动态网页生成工具

将网页的内容作为对象存储在数据库中,而不是编码成 HTML(或 XML),当用户发出请求后,该页的内容再从数据库中调出。所有的电子商务系统都需要安装基本的 Web 服务器软件,当前主要的服务器软件有:Apache HTTP(Apache)、MS IIS(Microsoft)、Netscape Enterprise(SUN)、zeus(Zeus Scientific)。典型的 Web 服务器软件如表 7-4 所示。

表 7-4 典型的 Web 服务器软件

Web 服务器	适用平台	开发公司	参考网站	简 介
Microsoft Internet Information	Windows NT/2000	微软	www.microsoft.com	著名的 Web 服务器,支持动态服务器主页 ASP、图形管理界面使用方便
IPlant Web Server Netscape Enterprise server	Windows NT BSD UNIX Solaris UNIX IRIX,AIX Linux	网景	home.netscape.com	网景公司的家传产品,支持:CGI、服务器端 JavaScript ServletsJSP 以及 NSAPI 等。支持多线程,可与 LDAP 集成
Apache http Server	Windows NT Solaris,AIX Linux,UNIX, HP-UX Novell NetWare Macintosh	阿帕奇	www.apache.org	由阿帕奇组织在 NCSA 的基础上创建了 Apache,Apache 的装机量很高,支持很多操作系统平台。目前拥有世界最高装机量
IBM WebSphere Commerce Suite	AIX,Solaris Windows NT	IBM	www.ibm.com	IBM WebSphere 家族是一种完善、开放的 Web 应用服务器,是 IBM 电子商务计划的核心部分

7.4 电子商务系统优化

电子商务系统的优化很大程度上是针对操作系统、网络和硬件平台的性能调节,它们是电子商务系统解决方案性能优化的一个很重要的部分。电子商务系统的性能衡量指标主要包括以下三个方面。

(1) 并发性能(many users at the same time)。指系统能承受大量并发用户访问的能力。

(2) 负载性能(large amount of data from each user)。指在大量并发用户访问的情况下,系统处理大量数据 I/O 的能力。

(3) 不间断性能(long period of continuous use)。指系统可靠和可用性的衡量指标,它主要指系统正常连续运转的能力,以及系统的故障恢复能力。

7.4.1 操作系统和网络的优化

一个商务网络站点获得的通信越多,其系统和网络资源的消费就越大。通信量过大使系统处于高负荷状态,会降低它的性能。如果一个网络站点很大,并且很繁忙,可以考虑下列解决方案。

1. 选择更快的操作系统

在 Windows NT 上，使用性能监视器监视 CPU 和 I/O 的工作，以发现资源瓶颈。如果系统资源正被过量使用，就应当考虑把数据库引擎移动到另一台分离的机器上。

2. 分离数据库服务器系统

如果性能减慢是由于一个大数据库中的大量、复杂的 SQL 查询所造成的，就可以通过把数据库放在一台分离的计算机上解决这一问题。单独用于数据库的机器将更好地处理数据库运行，而不会造成性能方面的损失。

3. 增加带宽

一个小型的、通信量较少的商务网络站点可以通过一个 ISDN（Integrated Services Digital Network，综合服务数字网）的连接就能工作得很好，而一个大型的商务网络站点则可能要求拥有它自己的 T3 线路。应定期测试网络站点的通信量，以确保使用高峰期有足够的带宽管理请求，并提供页面服务，而不会降低速度。

7.4.2 硬件平台的扩展

扩展性是指系统为了保证现有或者将来需求得到满足而不断扩大规模的能力。可以采取以下三种方法保证自己的系统能够满足服务的要求：垂直扩展硬件、水平扩展硬件和改进系统的处理结构，见表 7-5 所示。

表 7-5 扩展方式及说明

扩展方式	说明
垂直扩展	通过改变系统的硬件设备，但保持系统的物理设备和服务器数量提高系统的处理能力
水平扩展	通过增加服务器和物理设施的数量提高系统的处理信息的能力
改进处理结构	通过对系统的运行负载进行分类，并使用专用服务器处理特定类型负载的方式改进网站的处理能力

（1）垂直扩展方式如图 7-3 所示。它可以通过提高一台服务器的处理速度和增加处理器的数量两种方式，实现垂直扩展系统的目标。垂直扩展方法有两个缺点。第一，每一次扩展都要购买新机器，成本较高。第二，系统将完全依靠少数强大的服务器。如果有两台服务器，而其中一台出现故障，那么系统将处于半瘫痪状态，甚至整个系统都无法运作起来。

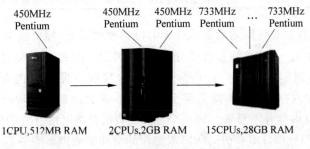

图 7-3 垂直扩展方式

（2）水平扩展是通过在系统中增加多台处理器设备，并在各服务器之间均衡负载，也可以分配系统的负载，使一些服务器只处理 HTML 或 ASP 页面请求，而另一些处理器则处理数据应用，如资金结算等。这时，就需要使用专门的负载均衡软件将接收到的请求直接分配给不同的服务器，如图 7-4 所示。

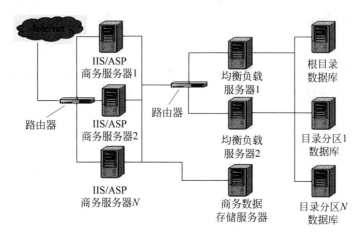

图 7-4　水平扩展方式

水平扩展方式有很多优点。首先是成本低，而且常常使用即将淘汰的旧计算机就能实现。水平扩展也为系统引入了冗余机制——如果一台服务器出现了故障，其他服务器能够动态承担它的负载。但是，当系统从一台服务器扩展到 10 台、甚至是 20 台服务器后，对系统设施（即放置场地）的需求将提高，同时，系统的管理复杂度也增加了。

（3）改进处理结构是垂直扩展和水平扩展的混合。表 7-6 列举了一些能够极大地提高网站性能的改进处理结构的基本方法。

表 7-6　构架改进方式及说明

构架改进	说明
从动态内容中分离静态内容	使用专用服务器处理不同类型的工作负载
缓冲静态内容	将服务器的内存增加至 GB 水平，把静态内容存放在内存中
缓冲数据库查询表	缓冲用于查询数据库记录的表单
合并专用服务器上的业务逻辑	将专用服务器上的购物车、信用卡结算和其他 CPU 强度型活动集成在一起
优化 ASP 代码	检测代码，以确保代码有效运行
优化数据库模式	检测数据库检索时间，采取措施减少数据存取时间

这些方法大多数都要将网站的负载分为 I/O 强度型活动（如提供 Web 页）和 CPU 强度型活动（如生成订单）。一旦这些负载被分离开，就可以针对每种负载对服务器进行少量的调整。最为廉价的调整方法之一只是简单地为少数服务器增加内存，并将网站所有的 HTML 网页存储在内存中。这将降低硬盘的负载。极大地提高处理速度。内存比硬盘的速度快几千倍，而且内存并不昂贵。另一个重要的方法是将网站中的 CPU 强度型活动（加订单生成），转移到专门处理订单和访问所需数据库的高端多处理器服务器上。例如，采取这些方法后，可以使网站处理 10 000 个并发用户所需的服务器数量，将从 100 台下降到 20 台。

本章小结

1. 从电子商务系统的结构和电子商务网站的设计要素方面介绍了电子商务系统的设计架构。从电子商务系统的开发周期、系统分析规划、系统设计、系统实施、系统的维护和主机网站建设方面分析了电子商务系统的建设过程。

2. 从服务器硬件、操作系统、数据库和 Web 服务器软件的选择方面介绍了软硬件设备的选择。从操作系统和网络的优化、硬件平台的扩展方面介绍了电子商务系统的优化。

思考与实践题

1. 电子商务系统包含哪些方面？
2. 电子商务网站的设计要素是什么？
3. 电子商务系统建设包括哪些方面？
4. 电子商务系统的设备如何选择？
5. 如何对电子商务系统进行优化？

第 8 章 创业哲学

学习目标

通过本章的学习,读者将能够:

- 了解什么是创业行动,如何发现、面对和创造机会;
- 熟悉在创业中面对危机如何行动;
- 理解什么是创客机制、如何在创业中进行微创新;
- 掌握什么是知行合一、如何打造百年老店;
- 理解在创业中什么是有智慧的行动和共赢行动;
- 了解在创业中挫折、成功和冒险有什么价值和意义。

8.1 创业行动

不论在什么年代,都会遇到对成功不屑的人。中国早年改革开放,一些人迫于生计闯了出来,成为中国第一批富豪(万元户),但是,他们的老朋友中会有 90%的人都认为自己如果做肯定比他强。其意思有两个,一是对方不是靠智力,也不是靠本事,而是靠胆子大;二是自己的能力很强,但不屑于做。这里面也包含着两个思考线索,一是对成功缺乏认同。在评论者看来,致富并不算什么有意义的事情,不值得追求。二是致富不是靠能力,而是靠胆量,而有意义的事情不能靠胆量,必须借助能力。

后来社会慢慢开始接受了致富也应该成为一种追求,不仅因为致富者们已经摆脱了财务不自由,形成了消费行为的示范效应,也因为在他们的带动之下,一些行动之人,也开始了自己的致富之路。但也会有人在做评论,认为这些致富是靠关系、靠脸皮、靠营销得到的。这些也是他们的不屑,他们不愿意与之为伍。

再后来,致富演化为社会的唯一追求了,但此时市场机会基本上已经没有了,所有地方都充满了竞争。那些"有本事"的人,才开始想起自己来,但当他们尝试着进入市场时,发现自己的那些本事或过时,或没有太多的用途,需要其他的本事配合才能发挥作用。

选对了时代主旋律,是一个人的人生战略,不论是从政、从学、从商都是如此。你如果有选择的机会,你做了某个方向的选择,就意味着你认同了那是你价值最大的方向。如果违背了时代潮流,即使你有兴趣,也做了许多努力,其结果可能都会很窘迫。

我们需要掌握主旋律,因为它决定了个人价值的大小,因而也决定了个人在社会中的作用与地位，也就是所有人都必须意识到，时代才是决定个人价值大小的最重要影响因素，而非个人天分与努力。在社会大变革时代，人们往往不容易做到独善其身，会形成随波逐流的价值观，因为多数人的价值观都处于过去时，缺少对新时代到来的警觉和预料。个人的行动很容易受到这种价值环境的影响，即使有了结果，也不为社会所理解，特别是那些亲近的人，他们对你的行动干扰最大，资源上不给予支持，精神上给予持续的瓦解，虽然失败时会给予同情，但面对风险却经常采取规避的态度。

不论是改革开放初期，还是我们现在面对的互联网时代，都存在着这样的现象。换言之，大变革中的最大机会来自于你价值观的率先转变，它取决于对价值环境的率先突破，但问题在于你如果转变了，或者你真的相信了会出现新价值环境，你是成为一个传播者，还是成为行动者，这也是成功与否的分水岭。

行动是思想验证的根据。不少人可能会教育别人去做，而自己却没有认真的行动，其实他并不真正地相信。也许有的人并没有一番大道理，却行动了，我们有理由相信他是真正相信了那些新思想的人。行动才能证明你信了，其他的都很难说是真相信。

8.2 创业机会的发现

机会的本质是什么和机会到底是怎么来的？对这两个问题，因国家经济、科技、国际地位不同，给出的答案也不大相同。其实，关于机会的认识是经济学和创业理论的重要进展，100多年来，持续取得进展，但直到最近几年才获得人们的重视。它正在成为一个新的领域的核心变量。

机会是以对人们面临问题的认识为背景的解决方案和条件，或称"是营造出对新产品、新服务或新业务需求的有利环境"。

从后面这个定义中你可以看到，以前没有机会这个概念。在传统经济学中，以需求和供给作为基本概念，以静态方法认识市场，认为需求是自然的，因此，顾客是先知先觉的，供给也是自然的，两者间的配合是天然的。所以，这种认识问题的方法是创业的结果，而不是形成市场的过程。

机会不是人们的不满，也不是人们的需求。人们经常会有不满，但是人们总不会把它集中成一个问题，更没有提出一个可靠的解决方案。前面我们说过，顾客是上帝，但作为上帝的顾客，他只会恍然大悟，只会说"正合朕意"。上帝没有智慧，他只会发难、骂人、发牢骚，甚至连问题都不会提，但他的地位无法动摇，企业只能接受。天下最好的事就是当上帝，因为只有上帝有权挑剔别人，这是因为现金在你的手中，买与不买都是你说了算。

上帝存在着不满，上帝甚至都不会说他自己有了不满，原因很多，一个重要原因就是他缺少对自己体验的敏感性。如果你遇到这样的上帝既是你幸运，也是你走向厄运的开始。他不说，你还以为上帝很满意，但是，其他上帝们在走掉、在消失。你得学会察言观色，使用各种方法发现上帝们的不满，而不是等待着上帝说话。这些发现如果确切地证明了的确是上帝的不满，才进入机会发现的流程。

因为乔布斯的苹果理念，人们又强化了一个新的上帝概念。上帝并非是不满，而是全部都满意，有点感受不到世间的进步。结果是一样的，你给他一件新鲜的东西，上帝恍然大悟，这个东西挺好玩。事后我们发现，这在本质上仍然是不满，因为上帝使用了苹果手机以后，发现它能够解决许多问题,而以前那些问题似乎不是问题。这些新鲜的东西给他的那瞬间之前,他很满足,他没有觉得有什么不满,这时提供给他的是挑逗、是刺激,是让他发现了一个新的世界。在乔布斯看来,你给上帝什么样的新鲜东西,上帝都会接受,因为他满意得实在无聊,需要所有新鲜东西。

机会的本质是什么呢?就是发现人们的不满,然后用一套方案将它解决,一旦合理解决,上帝便称"正合朕意",机会便出现了。上帝有很多,因为有一些上帝消费动作迟缓,但在前导消费行为带动之下,这些人会被刺激得纷纷过来大喊"正合朕意"。一个巨大的机会便到来了。

是谁启动了机会?不是上帝,而是上帝的子民,那些立志为上帝服务、讨好上帝的人们。不论是哪种不满,是上帝骂出来的,还是上帝闲出来的,都是子民们发现并解决的。

"机会到底是不是等来的?"到目前为止,还没有明确答案,原因是有人认为机会是等来的,而另外一些人认为机会是被发现的,也是等来的。

柯兹纳就是这样的观点。他认为,机会分散且弥漫在市场之中,发现机会的人是具有特殊才能的,这个特殊才能也不是别的,而是对机会的敏感性。柯兹纳认为企业家的本质特征是"警觉"或"发现"市场中存在的,但还没有被人发现的机会。

在他看来,企业家的才能是没有机会成本的,不是投资形成的,这和任何要素都有本质区别,企业家的才能是完全主观的活动。后来,在他1985年出版的《发现与资本主义过程》一书中,他区分了"单时期"的企业家警觉和"跨时期"的企业家警觉,认为**在单时期的企业家警觉主要是发现迄今被忽视的机会,而跨时期的企业家警觉则需要构造未来交易行为的创造性想象**,在他1992年出版的《市场过程的含义》一书中,他甚至更为明确地指出,"发现"即为"创造"。

当我们认识机会窗口时,那个窗口是别人打开的,事后你会发现,它早已打开,只是你没有想到市场会这么迅速地做出反应,而你还在那里坐而论道,到处听讲座,在听别人的评价是否可行。那条产业业绩曲线噌噌地蹿到了饱和区,这时你反应过来了,但是市场已经相当成熟了。那个窗口曾经是为你打开的,只是你没有行动,它就关闭了。所以说,机会是别人创造的,你发现的,因此,也可以认为是等来的,但是没有行动,没有发现,机会就是别人的,而不是自己的,更何况还有伴随着机会利用的行动。

什么人会有这种本领呢?这种本领是否可以训练出来呢?柯兹纳认为,这个本领是天生的,是一种稀缺的能力,他称其为警觉。在他的体系中,有警觉的人会发现机会,他利用机会获得收益是这种稀缺资源的租金,他的创业活动只不过是将这种稀缺资源投入后的套利行为。这种理论阻碍了许多人进入创业状态,所以我特别希望有边干边学的理论,使一些人想做,通过学习就可以获得能力,并且取得比较普通的成就。

我们初步的警觉是可以训练出来的。比如警犬,经过训练,它们警觉性会高了很多;人也是一样。比如长期做保安的,会有很好的警觉性,不然他一定会出现工作失误。在创业课堂上,用一些方法训练机警,应该是可以做得到的。

有了机警素质,他们发现市场中存在的机会,才有可能有创业行动。机会是被发现的,缺少警觉之人,不会发现机会,也无法获得创业成功。

8.3 如何面对和创造机会

戴尔是世界上许多人熟悉的企业家,他读大学期间有一件事情发生了,他警觉以后,立即停止了大学的学业,抓住了那个机会。

20世纪80年代初,IBM和王安公司竞争。王安作为华人,在美国这样的全西化的国家,东方人想出人头地有多么得困难,但是王安博士因其在博士期间发明的存储器,创办了一家公司,在20世纪80年代横扫美国,成为商用机器的新宠。一方面IBM作为传统商用机械公司有经营的压力,另一方面,美国公开和民间舆论认为公司如果再不奋起直追,就可能把一个新产业让位给华人了。

IBM头悬梁、锥刺骨、卧薪尝胆用一年的时间,开发了一个拥有巨大市场的电脑——PC,IBM拼命了,他们的打算是即使不做商用机器公司,也要把这个市场抢回来。他们拼命的第一点是花了巨资,跑到山里去做研发,而且要求时间短。第二点是选择了开放型设计,不仅公布了自己的设计,还公布了自己的供应商和商业模型,全社会配套微软是他们的供应商,英特尔也是。第三点是动员了所有美国企业资源来对付这个华人企业,怎么动员的呢?用标准,因为标准是市场概念,一旦在市场上普及了,它就是标准。

开始王安还坚持自己的标准,但不久,王安公司宣布接受IBM公司的标准,再不久王安得重病,儿子接班以后,又不断地失误,王安公司倒闭了。

这场商战谁是胜者呢?英特尔和微软,尤其是后者,但大家都忽略了一些搭便车的其他企业,包括戴尔。

开放型设计带来了什么?一个全新的概念叫组装机。这个概念的形成,让许多人挣了二十年的钱,但在戴尔和联想看来,那都是小钱。既然设计是公开的,供应链也是公开的,为何不做品牌呢?先是戴尔,然后是柳传志,率先明白了这个道理。什么是品牌?就是把所有供应链固定下来,形成高的保障。高保障是根本,因为品牌一定要价格相对较高,这个高价格是否用来作为增加利润呢?有些商业设计原则不是这样,他们的商业理论把利润当作成本,返还给顾客,而不给投资者。

以品牌为例,投入于品牌的高保障,可以用投入成本的方法获得顾客的充分信任,也可以投入于供给链的保障之中,通过优化和充分选择让供给链是高保障的后盾。**戴尔用比组装机高的价格,优化了自己的供给链,固定了自己的设计,传播了自己的品牌与理念**,在组装机众多的市场中,选择出一部分想对未来省事的顾客作为消费领袖,再扩大影响力。

试想,戴尔如果还在读大学,到大学毕业以后再去做,也可能还有机会在,但与他决策的时候相比,机会也许就没有了。戴尔从来没有意识到,他的行动具有的内涵。我们看材料,也没有发现有人从这个角度分析戴尔的。戴尔是搭载了这波浪潮,而发现了类似陈生做成的土猪一号一样的问题——为什么这个行业没有品牌?

面对机会,你要行动,但是行动有两种,一种是简单模仿,一种是略加改进的模仿,学习了戴尔的例子以后,各位读者就应该知道什么是利用所发现机会的商道了吧。

创业教育要求学生学会观察,以发现机会之后创业,做水到渠成的事情,但同时也赞成乔布斯的精神,创造一个未来的世界。

首先,一个逻辑是如果大家都在等待,那么谁来做机会的开创者呢?这会变成一个逻辑难题，即使柯兹纳活着，他也会承认这也是他的难题。

许多人以为做一个新产业，是一件不得了的事。开创性与风险并存，因为大家惧怕风险，希望得到低风险回报，所以谨慎之后再谨慎，所以做一个新产业需要一些英雄。做开创性的事也没有那么不容易，因为**产业概念可大可小，大到国家管的不到 30 个产业，几乎没有什么可以制造这样的产业概念，小到市场概念，一个产品，一个服务**。只要有差别的产品或服务，就是一个新的产业。这些人谨慎的原因是他们把国家管理的产业概念与市场概念混淆了，怕做了会有许多企业跟随，与其如此，莫不如跟随战略更优。但是，逻辑上谁来做这个领头者呢？

如果没人来做领头，那么跟随战略也无法奏效，因此，需要一些领先者。但是如何产生领先者和如何激励领先者以及领先者对创业机会形成的影响却是今天的大问题。

大家知道盖茨吗？这也是一个聪明绝顶的大学生，上课爱听不听的样子，老师一提问他全知道。他因为对大学失望，所以到目前为止，还没有捐赠过一所大学。他妈妈是 IBM 公司职员，当她听说 IBM 与王安公司竞争希望有一个操作系统时，回家告诉了她的儿子，盖茨利用自己掌握的信息，知道在西雅图有一个操作系统软件持有人，因为决斗而死了，软件版权给了他的家人。

他先是答应了 IBM，一个星期可提交一个操作系统，成交价格 3 万美元，然后就去了西雅图，3 万美元不容易谈下来，他为了信守承诺，用了 5 万美元一次性买下软件全部产权，然后回到 IBM 告诉对方他有多么难，订立了一个双方共同承担风险的销售合同，IBM 每出售一台电脑就要给微软 100 美元。这个合同成就了盖茨，因为他很快就从销量扩大上获得了巨大的收益，成就了绿色巨人。

就此产生两个话题，一是盖茨是科技企业家，还是一位商人？二是机会是什么？我的答案是，盖茨是科学企业家，因为他把那家企业的软件给盘活了，而且利用这个软件成就了自己的事业，是利用信息不对称做了一个合理更合法的签约，在承担一些风险的前提下，获得了持续收益。二是该出手时就出手，虽然大多数人会劝其坚持把大学读完，但是我也同时认为，如果你看准了一个项目，那么就全力投入，不要顾及短期利益。机会就是行动，肯于舍弃的决心。

没有人会知道未来会是什么样，这就是市场。市场如果是确定的，就不叫市场了，人们怕它，是因为它的不确定性，人们迷恋它的魅力，是因为它总是会给人们提供机会，而机会有可能就是一个没有什么资格的小人物发现的。

中国的微信现在已经走遍了全球，我不知道其他国家的公众是否会使用微信，但是华人社会都在使用，并且我听说，国外并没有一个类似的工具。比如据说 QQ 模仿的 MSN，微信是中国独立开发的。

微信的许多概念来自 QQ，比如群或者社区的概念，但它将其进一步扩大到方便建群，并且一开始群就可以容纳 500 人，形成了移动社区，许多朋友都在群里，甚至家人也用这个来联络，它也成了朋友的名册，一个共享的平台。里面有笑话、段子，也有转来转去的一些评论和短文，这样就让微信成了一个社交工具。**微信还有一些 QQ 不具备的功能，比如公众号，只有发布功能，这是短信群发的变种，甚至超过了短信群发，而成为公共信息发布**。

在支付方面，它设计了红包功能，这是华人社会极重要的特征；在安全上，它设计了二维码，使用了扫一扫就可以加好友的新方式，扩大了交友的手段，并且扫一扫可以用于公众号,这种功能使二维码快速得到了普及,其隐私、勿扰等功能,方便实用,它还有寻找附近朋友和摇一摇的交友功能。

春节许多人摇得胳膊发酸一是为了红包,二是因为摇更快。在实际交流的功能方面,设计了小视频、多语言、高速录音、视频聊天、语言输入,以及其他QQ上都有的功能比如漂流瓶。还有字体大小变化、与QQ联结的QQ邮箱提醒功能,语音记事本功能,可能还有许多没听说过的功能。

现在全球应该有十亿级的微信用户了,它还没有收费,但很明显,如果手机方便使用微信,手机就会好销售,如果微信哪天不高兴,自己生产手机,其他手机无法使用微信,不知道其他手机是否会受得了这种局面,因为几乎所有用户都已经为它的强大功能所征服。

中国为了3G标准费了许多年的周折,但没有开发出适用于这些标准的独立技术的手机,而失去了一波机会,在这波机会中,连前一波产业浪潮中抓住了机会的世界级手机企业——诺基亚也被3G浪潮推倒。

人们没有见过3G手机,但是微信却比较彻底地理解了3G手机,也理解了中国人会将固定通信概念与习惯移植到移动通信之中。他们与苹果公司一样具有充分的想象力,几乎把3G手机的社交功能发挥到了极致,并且成功地引导了电脑通信客户转移到移动通信。

想象力是资源,一个富有想象力的人或企业,他们是极有可能超过上帝的想象,为上帝们提供耳目一新的产品或服务的。但提供全新的产品或服务并不容易,借助于对已经发生的市场变化的理解,延展出新的服务,这种想象力更值得推崇,因为它通常最为可行。

不能把创造机会看得太过神秘,也不能把创造机会看得太过随意,机会可以创造,借势发挥最为重要。

史玉柱1992年在珠海曾经辉煌过,因为邓小平去了他们的公司,所以史玉柱把公司推向了一个新高潮,一下子加高了巨人大厦,没有赚钱却欠了珠海公众许多钱。他的汉卡也开始走下坡路,走投无路,他躲去了江苏农村,他手里除了汉卡技术,还有一个生物技术,他卧薪尝胆,开发了一款给高中生高考用的保健品,叫脑黄金,一时热闹,却不挣钱。这时的他特别有创业者气质,重新振奋,把脑黄金变成了脑白金。

脑黄金到脑白金有技术变化吗?没有。但是众所周知,脑黄金没有成功,脑白金却大获成功,为什么? 很多人都说是广告起了作用。但也有许多做广告的企业,为什么他们没有如此盈利和做一个事业?

中国有一个特殊的国情是历史上从来没有过的,也许未来也不会有,只在众多人口工业化初期才会出现的一个国情,它叫游子社会。这概念描述了子女主动与老人分离去谋求自己的事业,以图未来给老人们一个美好的前景。

不少故事就此结束了,但史玉柱并没有停止于此,他还欠着珠海人民许多钱要还,他必须励精图治,竭尽全力地挖掘脑黄金技术为市场服务,除了叫脑白金以区别前面产品外,他们做了一则反复投放的广告,"今年过年不收礼,收礼只收脑白金",它的意思有三个:第一,谁送礼?子女要送,原因是你们在外面打拼事业多年,现在可以回报一点点了吧?来表征一下你事业已经成功,因为事业成功的古人是回家修房,现在不让你修房,只让送点脑白金以尽孝。可以吗?没有人说不可以。

这个市场在他号召下,就开始启动了。第二,老人们相互攀比,他们攀比是因为广告"教育"的结果,如果谁的孩子没有寄,那么他就有点没有面子,他就会暗示,获得以后会高高举起,让大家看到他们家并不落后。第三,只有脑白金才值得送,因为广告说,收礼只收脑白金,不管是子女,还是替子女尽孝的别人。

本来技术上什么都没有进展,却找到了一个特殊的市场,这个市场有中国传统作为基础,有中国当代游子社会作为当前背景,有一个很有刺激作用的广告,就把本来老人也不会买——他们没有钱,年轻人也不会买,因为他们觉得里面有忽悠的成分,变成了双方都有积极性的行动。礼是一个中间工具,让客户群一起努力为这个产品提供支持。

有人认为他们的广告很花钱,因此就以为这是投入广告的孤注一掷,但是如果你仔细研究他的广告,会发现最费钱的那部分让他们给省掉了,因为他们策划了一个没有代言人的广告,然后把广告投入密度加大,形成了铺天盖地的营销效果。

机会从何处来?不完全是技术,而是重新定义产品为谁服务。

在"商"字的分析中,门是企业的招牌,是创业者设想的产品或服务,但在我看来,它更是一个寻找机会的窗口。

其实发现机会的理论并没有办法给出发现机会的方法,不论是从分散的资料中分析,还是偶然遇到,都是一件十分困难的事情,因此,发现机会变成了一种很神秘的活动,仅仅与人的素质有关了。但是,一个人开了一个店,他就有了一些吸收信息的机会,这样,他如果有警觉,就可以创造出机会了。

曾经有一位大学生,毕业以后做服装饰物设计,她的表妹鼓励她创业,她办了一家服饰店,有一天,她店里来了一位中年女人,转了一圈又一圈,她发现此人可能有不满意之处,上前询问。那女客人问她,怎么没有出售玉饰,并且给她讲了她所去的其他国家有多少人佩戴玉饰。她认真地听,关了店以后,她去查阅资料,发现真的是中国人与国外在佩戴玉饰方面还存在差距,她觉得这里面有机会,就找来一群朋友商量。

大家觉得她的发现有道理,但是大家又担心,这种产品采购、生产存在诸多方面的困难。头脑风暴以后,她决定去一下云南。因为,中国云南曾经是玉器的生产基地,她的目的是使用玉器厂加工后的边角余料来生产玉饰。没有任何关系就贸然前去的结果是找到了许多家工厂,但没有人理她。后来有一家工厂的副厂长接待了她,向她索要合作协议书,她觉得有门,就撒谎说忘记带来了,连夜写了一份计划和合作协议书,第二天就签订了合作协议。

那家工厂利用自己的边角余料和微缩的玉品式样,为她加工玉饰,她在家乡收货。她订购了多种式样,顾客可以有多种选择,策划了一个概念叫玉饰小超市,生意火得不得了,不断开办分店。

应该说,她不是信息的提供者,却是信息的发现者。她听了,认真地听取了顾客略带不满的建议,提炼成问题和思考线索。接着她查找资料,询问周围的人,并且立即放弃眼前的生意,前去与可能的合作者洽谈。如果她不行动,也不会有她后来的红火。她的一系列行动发现了机会,也创造了机会。

这个故事隐含了、存在着一个创造机会的方法,不管怎么样,先把店门打开,让一些顾客进来,他们就有可能提出建议,让你去创造那个机会。为什么顾客会这样?因为顾客有自己的事业追求和生活态度,只要你对顾客好,就有可能听到这样的建议,你如果要有捕捉意见的能力,你的事业可能就开始了。

因为机会被发现了,如果你也有行动能力,机会就被你创造出来了。开门有益,但是如果能够把门开到给你提出建议的顾客到来,你必须得能够活下去,所以你开的那门仍然很重要，如果开的不好，也不会有可能给你提建议的顾客登门造访。但是，先行动再边运行边发现机会，这应该成为一种方法。这种方法发现机会更可靠，因为你有机会接近顾客，比关起门来，凭借自己对生活的接触来发现机会要可靠得多。

不信你环顾周围，差不多所有的成功企业家现在的事业与当初创业时都有极大的差距，它正说明了行动本身是在发现机会的原理。

8.4 面对危机如何行动

面对危机企业做何种选择，是被动挨过，还是随大流地得过且过，还是主动行动，在既有的道路上做得更好？也就是面对危机，企业要不要主动行动起来？

星巴克是许多人熟悉的企业，2008年许多企业面临着危机，星巴克的危险更为严重，因为除了经济形势整体不好外，20多年的经营已经吸引了许多类似的咖啡店参与到市场中与其竞争。星巴克推出了公司的一个策划，借助于互联网，发布了第一个社会化媒体网站，叫"我的星巴克点子"（简称MSI）。

其初衷是为了营销，但作为流程，该网站是一个即时、互动的全球性客户意见箱，消费者不仅可以提出各类针对星巴克产品和服务的建议，对其他人的建议进行投票评选和讨论，而且可以看到星巴克对这些建议的反馈或采纳情况。他们的目的，是通过MSI网站与消费者进行交流，强化了广大消费者，特别是一些老顾客与星巴克的关系和归属感。

于是，星巴克必须从听取一些顾客意见入手进行经营，没有想到公司真的从消费者那里获得了一些极具价值的设想和创意，用来开发新的饮品、改进服务体验和提高公司的整体经营状况，它的主观效果是提高星巴克在顾客中的地位，而客观上却找到了增进消费者对自己进一步信任的办法，而这种方法使这家公司在广大消费者心目中形成了关注消费者和悉心倾听消费者心声的形象。

在创建的头6个月，MSI网站共收到了约75 000项建议，很多建议后面可以看到成百上千的相关评论和赞成票。在MSI网站上，星巴克目前派驻有大约40名"创意伙伴"，他们是公司内咖啡和食品、商店运营、社区管理、娱乐等许多领域的专家，负责在线听取消费者的建议、代表公司回答提出的问题、交流星巴克采纳的消费者建议和正在进行的其他项目。很快星巴克就甩掉了那些跟随的竞争对手。

面对危机，最经常听到的是抱团取暖，现金为王，很多人到处讲课，并且使这些说法变成了一些流行语和社会观念。但是，星巴克的例子并不是这样。首先，他们希望改进自己，只是在此前没有如此大的动力，现在有了。其次他们充分地利用了当时的技术，因为2008年互联网已经有了脸谱这样的社交网站的成功案例，初步在试探众包的商业模式，而星巴克无疑是看到这里面先机的企业。第三，尽管他们的初衷并不一定是真正想改进企业，但是这种姿态，以及他们所做的各种资源投入获得的回报说明，不管怎么样，有方案我们就可先行动，而后会发现这些行动会带来意想不到的结果。

行动的意义在于发现这些改进的意见和改进意见的人，让他们成为企业支持者，有了他们，企业就可以立于不败之地。谁先行动，谁的行动更真诚，就更有效。让有效的企业活得更好，对顾客、对社会没有坏处，因此，基本的社会制度应该支持这种行动。

8.5 行动的积累

水滴石穿。一滴水的力量并不大,但是当这些水滴汇集起来,持续不断做一件事情,会带来什么结果呢?

从社会角度看,一个产品不断地出售,会从一个、两个以及众多个消费者接受产品并使用这个产品的过程,改变整个市场,也通过改变人们的消费行为来改变人们的生活,这个改变是一点点形成的。

从企业角度看,企业持续出售某种产品,市场就会给企业做出定位,相当于企业对市场做出承诺,市场逐渐会依赖这个企业,企业在市场中被慢慢地树立起品牌。

所有这些都不是一天完成的,都需要一点点积累,而积累的背后需要的是行动,是持续的行动。

1998年腾讯成立,在此后六、七年时间里,马云在到处讲课,他已经成为一个商业人物,是一个互联网的宠儿,马云也从来不会低调,大家记得马云,却从来不知道腾讯的马化腾是谁。相比马云,他太年轻了,他太低调不爱讲话,真的像潮汕人。他的竞争对手,也是他的模仿对象,有MSN,也有越洋的电话公司,但是在中国加入WTO前后,中国人对模仿创新还有着很大反感,一些来自国外的中国人也认为这是中国人抄袭。

许多人第一次听说QQ的时候,都把它看成是打便宜的国际长途的工具,用MSN时旁边的人偶尔会说,中国也有一个类似的,叫QQ。但打国际长途毕竟是偶然的事情,激励的强度不够大,只有那些家里有在国外的亲人的家庭会有足够的热情使用这些工具。后来听说QQ可以用来聊天,许多人都受到正统的教育,认为人的天性是工作,聊天会耽误工作,无聊之人才会总在网上聊天呢!

所以,许多人并非不知道QQ,而是不屑于参与QQ,虽然基础设施,比如网速具备,但对QQ的认知,即人们的知识水平,比如下载QQ软件及其渠道,QQ有什么功能,给人们带来什么好处,都存在一些障碍,这些也成为一个个的小门槛,积累起来,许多人十分缓慢地接受着QQ。

2003年,腾讯已成为深圳市领导关注的重点企业,当一些国家领导视察时,他们的高峰点击率已经达到400万,据腾讯里面的员工说,这时他们对未来可以说明白了。在此前五年多时间里,腾讯根本无法风光,据说他们的前身是OICQ,后来或者被挤出了市场,或者演变成了QQ的一个组成部分,QQ艰难地一边扩大着、教育着市场,一边应对着竞争对手。

而事实上,许多类似的软件开发者并不知道未来会有如此庞大的财富在等待着他们,他们有的放弃了,只有QQ在不断积累。当他们的用户点击率积累到400万时,他们说,可以盈利了。

人们很不愿意做这种积累性的行动,因为实在太慢了。但是,这个慢经常是必需的,因为这个市场的规律就是这样,必须从慢开始。

当达到一定数量时,你想让它减速,也无法做到。这说明什么?说明行动本身可能具有很大的盲目性,就如同中国工农红军在雪山、草地里坚苦地跋涉,只有行动,因为不动就意味着死亡、放弃。何况商业中,只有行动才会形成积累,没有行动,什么也不可能有。

8.6 创客机制

在很大程度上摸着石头过河就是行动哲学。行动哲学更加强调行动的意义,认为探索、发现、认识以及未来都来自于实践,它是实践哲学的一种,但更加强调行动本身的意义,而不是强调实践与认识的联系。行动哲学强调即使没有理论指导也要先行动,行动具有探索价值,通过探索发现正确、发现未来,通过持续发现积累成一种能力。

行动哲学还强调及时纠正、及时控制、及时调整,以避免犯错,并通过这种纠错获得经验积累,减少甚至避免个体和社会犯整体性、持续性错误。因为行动哲学不依赖于先验知识,可以由人们的直接体验完成,它对人们前期的知识积累没有过多的要求,因此,具有社会的广泛性和普及性。

创客(Maker)是指出于兴趣与爱好,努力把各种创意转变为现实的人。这些人不基于物质资产,也不基于个人利益动机,只基于创造性行动获得满足。创客的行为是人类善良行为中的一种,因为人类对未知世界探求与改造的愿望需要一种没有功利的精神,但其结果却可能带来世界的巨大变化。社会应该对这种行为给予鼓励和赞扬,为此,社会不仅需要形成相应的文化,还要帮助承担相关行为的成本,以此来激励更多的人参与创造和投入更多的时间用于创造,这些构成了创客机制,创客空间是创客机制中的重要组成部分。

创客机制是国家和社会代表人类诱发人们参与创造的机制,它有别于传统的知识产权这种利益机制,也有别于基于组织的技术创新机制,这意味着,它是一种全新的机制,是社会性机制,而非经济性机制。这种性质决定了它的组织活动并非要借助于现代商业制度,同时对社会制度提出新的要求,在这样的制度下,形成了新的运行机制。

创客机制的前提是人人都有可能参与创意,正如英国创意经济之父霍金斯所说,"人人都有创意,只是没有表达",同时,创客机制也以人人都有动力让自己的创意变成行动为前提,因为人类除了探索自然的愿望以外,还有利用自然、让自然为人类服务的潜在愿望。探索知识并非是人类的全部文明活动,也不是所有的人文精神,而让自己的发现发挥作用、产生效果,为人类服务的追求可能更具有根本性,它构成了人类文明活动的重要组成部分。创客以创意为基础,而非以特别的专门化知识为基础,其体验性更强,人们的参与性更强,对人们的限制也更少。

显然,人们只有体验到生活才有可能参与体验性的创意,同时,也只有愿意把创意共享,通过自己或者社会的努力行动才能将其变成现实,行动在其间的作用决定了全部活动的内容与质量。行动的重要性不言而喻,先有行动,而后有体会和认识。

8.7 微创新

人们都说,这个世界没有最优,只有更优;没有最好,只有更好。但是如何才能实现更优和更好呢?如果一步到位了,并且不允许改变了,还有更优、更好吗?没有了。除非是基础设施,此外几乎所有东西都应该有不断完善的机制。

有没有这种可能呢?我们观察了许多创业项目,都是在前人的基础上不断完善的成果。

MSN 比 QQ 进入中国早，却没有取得真正的成功，原因是 QQ 在其前身 OICQ 的基础上不断完善，更加贴近人们的上网需要，而 MSN 改进得却没有那么及时。

前面说的星巴克也使用一种持续改进的方法，只不过星巴克把顾客的意见和建议疏通成企业的改进动力，那些改进想法没有转换为创业行动。出现这种原因可能在于，凡一个产品、一款服务最初进入市场时多只是完成了基本功能，而人们在使用过程中会体验到许多问题，这些问题没有妨碍基本功能，却影响着人们的感受，这些感受会转换为人们的"痛点"。本来，这些痛点并不存在，是因为人们先使用了这些产品或接受服务，才感受到这些问题。

这里，发现问题的起点是使用，而不是生产，发现问题的过程是消费，而发现的人是消费者。这是以体验和感受找到问题的，所发现的问题并不一定是原创，但却是真正的问题，因此，这样的问题改进极其容易为市场所接受，同时这样的改进所要求的技术通常并不是很高，甚至可能很普通，只是那些生产企业没有注意到，或者不想改进。

什么是微创新呢？就是以小的改进让人们满意的创新，它具有技术低、体验性强、问题真和需求明确等特征。

人们可能以为生产企业的小改进也是微创新。这不一定，如果生产企业的改进并非是针对着体验性的问题，没有找准痛点，就不能算做是微创新。只有针对着消费者使用过程感受到的难题的解决才算是微创新。这样，生产企业就不一定会感受到这种需求，其固化了的生产体系也可能让微创新无法实现，甚至有些企业可能总是把基本功能看的很重要，而忽略了更好是改进出来的，而不是事先确定出来的这一现实。

人们在生活中的消费与使用产品过程中所产生的不满，在一些人眼里变成顾客痛点，进而在一些人手中会转变成为改进点，如果他们能够设法改进，他们就快成为创客了，进一步他们就可能成为创业者。从消费者转变为创业者需要有四个行动能力：一是体验能力。许多人即使同样消费，他们却看不到消费给他们带来的不便，比如厕所人人上，但是中国人没有觉得座便有什么问题，即使有点反感，也多采取个体方法解决，更不要说在厨房里如火炉、如蒸笼，让做饭的人大汗淋漓。这是一种来自消费者的麻木，也是社会性的麻木。如果一个人想通过改进型创新成为创业者，先要当好消费者。二是问题提炼能力，就是把消费中感受到的不便概括为明确的问题，厨房热的原因是什么？如果找不到关键，你也解决不好这个问题。这需要思考，也是一种行动力。三是设计能力，发现关键问题以后，从原理上改变，或者局部上纠正，仍然可以完成原来的功能，却是否定之否定的全新产品，如放弃抽排油烟机向上抽的原理，改为向下抽。四是生产经营的组织能力，即创业行动能力。如果有人同时具备这四个能力，你快点行动吧，如果你不同时具备，也开始行动吧，用团队把欠缺的能力补足，也开始行动吧。

8.8 行动哲学与知行合一

到目前为止，除《实践论》很强调实践的作用外，也只有阳明先生和继承者陶行知先生强调了了行，而且他们还是提倡知行合一。什么叫知行合一呢？这是指客体顺应主体，知是指科学知识，行是指人的实践，知与行的合一，既不是以知来吞并行，认为知便是行，也不是以行来吞并知，认为行便是知。而是指认识事物的道理与在现实中运用此道理，是密不可分的一回事。中国古代哲学中认识论和实践论的命题的认知主要是关于道德修养、道德实践方面的阐述,他们认为,只有把"知"和"行"统一起来,才能称得上"善",才会致良知,此为知行合一的核心含义。

阳明先生只是止于善的知与行的关系讨论,而此足以让国人警醒并产生教育的作用,因为中国求善,以至于极致,因此,以善诱导,诱导作用足矣。然,善并非有持,经济学认为,人之初,虽有性本善,但也有性本恶,且性相近,习相远。所以,向善是一种号召,如何建立一些制度把持着人类向善的行为呢?仅有知行合一的一般号召并不可取,还应该有更明确的到底是"知为先,还是行为先"的哲学理念。

我认为行为先。几乎所有人都接受了下意识,这种东西是遗传的。猴子是聪明的灵长类动物,但是当一群猴子抢香蕉的时候,它先有利己行为——"谁先看到了就是谁的",但是当它们受到惩罚以后,它们会变得十分老实,并遵守社会规则。这个实验是将十个猴子关在笼子里,把香蕉放在笼子顶上,并在上面放一桶热水,哪个猴子去取香蕉就会让它和其他猴子都淋得浑身热水,猴子们打它,它可能也很自责,但总有一些猴子记不住教训,还去取,结果还是一样的,循环往复以后,再也没有猴子敢去取香蕉了。

实验人员看猴子们不再动作了,就换了一只猴子进来,这个不懂规则的猴子,上去还去取,其实上面已经没有热水了,但是所有猴子都来打它,就怕上面的热水淋下来。实验人员再换,换到第二十一个以后,所有经历过热水淋湿的猴子都不在了,但新进入的猴子只要敢于去取的,就会挨打。

大家知道这个故事的意思了吗?猴子在动作时并不知道猴子群体的感受,但如果猴子群体感受自身利益,感受到所承担的成本,进而形成了惩罚机制,寸步难行就开始了。大家明白吗?许多中国人并不明白这个道理,在起步时不断利用规则的漏洞,以为自己聪明,但是一旦触犯了人们规则的底线,人们就会警惕是否触犯了他们规则的底线,并立即采取惩罚措施。行在前,进行试错和探索,错了重新建立规则;体会在后,体会就接近知了,如果许多感受进化到知一样的道理,可能会形成一套与规则并行的潜规则进行应对,使知上升到一个层面。

如何建立潜规制并允许潜规制运行下去呢?就是"不能触犯社会底线",以此建立新的行为规则。

知的最高境界是规则,但这个境界是拿猴子被热水淋湿才换来的建立起规则,规则不能被践踏"是人类文明持久的底线",中华文明几千年历史,如果不知道底线,这个文明可能传承?先行而后知,或曰先知而后行,何也?

8.9 行动哲学与百年老店

"到底是培养些一时辉煌的公司,还是培养百年老店",这是我们研究管理和创业长期深入思考的问题,最近有了答案。

我们的答案是培养百年老店,甚至是千年老店,因为对社会来说,无形资产也是一种重要的资产,只要能不在竞争中失败,那么百年老店不会损失无形资产,社会损失也不会太多。这样,社会得到了进步,而不会以牺牲为前提。

其他任何方式都不比这个方式更优,比如在激烈竞争中的你死我活,必然会损害品牌,死的企业前期的投入就算白投入了,这让社会进步的代价过高;在没有竞争的经济形态,比如计划经济或垄断保护社会中，社会进步无从谈起，有无牺牲更没有意义，即使没有牺牲，但社会没有进步，这种没有牺牲的稳定是没有意义的社会稳定。

但问题是，百年老店从何而来？我们的答案是从不断改进中来。只要没有中断进取的基因和持续进步的动力，它就比外部企业有更强的发展可能。

能够成就百年老店的并非是企业目前的老板素质、能力水平和行为，而是公司能否建立起一种不断纠正自我的机制，让自己真正成为顾客伙伴的制度与办法。这样企业的老总可能的行动或表达是倾向于这样的发展轨道的。但如果没有建立起规则，就没有保障，最后的结果仍然是一时进步，或者短期进步而不可能形成持续进步的文化，更不可能建立起持续不断进步的制度。

一个好的企业制度的标准是什么？我们认为，是可以让企业成就百年老店的制度，这样的制度让大家不断进步而不需要先行让它倒闭再重新让员工自己再找工作。这个原则许多人并不清楚，他们用劲骂自己受雇的机构，就差不骂倒不为止，但是，却缺少有意义的制度建设之骂和文化之骂，最后机构被这些不作为只会骂的人给搞散伙了，大家才明白，原来能够自我改造才是最根本性的行为，后悔已经来不及了。

按这样的标准去考核和咨询企业，优秀企业应该是建立起能够吸收顾客建议、重视顾客意见的制度的企业，如果没有精力去建立和运行这种制度，那么可以请外部顾客公司来管理，规模达到一定程度以后也可以内部管理。

评价企业的行动的优劣，一是建立这样的运行规则，或能够自我顾客管理，或允许外部第三方顾客管理，二是是否按顾客管理企业的建议真正去兑现面向顾客的承诺，这两种行动如果能够基本实现，百年老店的基础就具备了。

这就是行动哲学最根本的含义。不怕慢，就怕站——怕改和不想改，慢慢改，动作小一点，但却持续改进；不怕最初设计有问题，就怕不听顾客劝告而停止转型。

8.10　行动哲学与坚持

不论怎么样，坚持往往是产生结果最根本的办法。许多时候，人们并没有想好，只是从新问题出发，并且把它做了出来，但是当你发现销售出了问题时，你已经投入了许多，时间和资源都消耗掉了，这时会把你牢牢地困住，但这时的你不是进一步地把东西做好，而是需要重新回头想想，到底给客户带来了什么。此时你才有了巨大的压力，让你自己的行动有了一个指南。换言之，坚持就是等待着这一天，你终于明白了，你需要重新想一下，你的价值主张是什么，然后才回到原点，重新开始。

为什么不能一开始就把价值主张设计好呢？因为你根本不知道什么是你的价值主张，真正的顾客是谁，他们的体验到底是什么？比如，你本来做的是A，想卖给甲类客户，却不成功，没有想到乙类顾客却特别需要，但他们需要的并不是A，而是与A有关的B。市场的奇妙就在于有心栽花花不活，无心插柳柳成荫。

这并不是说开始的设计不重要，恰好相反，开始的设计特别重要，正因为开始的设计特别重要，达到目标并不容易。如果一件很重要的工作它十分重要，你却无法真正做到，你怎么办呢？或者反复求真，直到觉得可以达到目标的境界了为止，这很重要，它需要思考力，也需要坚持与周围的人，特别是顾客讨论这项工作的意义。虽然这会损失许多时间，但它仍然是十分必要的。还有一种办法是求其次——先行动,再边行动边寻找或明确意义,关键要马上行动,即使你没有那么深刻而清楚的描绘,也要开始行动,在行动中坚持思考,坚持寻找。

在这种情况下,坚持的价值在于找到意义,因为你还没有找到意义,你需要时间,但仅仅时间是不够的,你还需要增加信息量,而行动才是最根本的获得直接信息的方法。

有的人很认死理,他们认为,坚持就是坚持自己的价值主张。其实,人们经常会错误地认识自己的价值主张,认为那是正确的,但经营业绩会证明你的坚持是否是正确的。所有没有业绩的经营情况,都需要反思,而不是简单地坚持你先前设计的意义,不是以形式来重新明确意义,反复宣传以前确定的意义,让顾客接受你的"意义"。

创业者需要不断反思意义,一边行动、一边思考,这是创业者的日子。如果你有思考力,你会变得很机警,从一些顾客行为发现新的意义,根据意义调整,实现转变。这意味着你要否定原来定义的意义,实践新的意义,当在新的意义下的行动获得了业绩时,你就可以肯定了这个意义,并且逐渐稳定下来,变成未来相当长时间的企业宗旨。如果你没有转变,仍然坚持原来的意义,等于你绕过了机会,机会与你擦肩而过,其原因在于你坚持的不是行动,而是一些可能没有什么价值的意义。

创业者的两难在于你到底是否坚持意义?如果有业绩,多数人也许会以为他所做的已经十分有意义了,企业不需要再思考了,这是否正确?对企业来说这也是一个考验。一般来说,停止思考,大多会让企业陷于停止进步,未来可能是危险的。但是,如果企业没有业绩,可能会促使企业对原来意义的怀疑,并导致放弃那个意义,但事实是,也许那个意义正在慢慢变成共识,正在为市场所接受,你再坚持一下,前途就光明了。这让企业的前景变得扑朔迷离,而不是有着绝对肯定的前途,这随时都在考验着企业的未来和企业家们的思考能力。

不论如何,企业都需要坚持,边行动、边思考。只行动不思考,会变得盲目;只思考不行动会使思考虚假。

8.11 行动哲学与顺应潮流

行动起来凭什么?有人行动凭资源,他们认为,资源多者不怕损失,损失是积累经验的必要条件,不能接受损失,就无法行动,也不可能积累经验,更不可能找到成功之路。但也有人说,没有资源,只有一身力气,也不怕损失,原因是没有什么可以损失的,革命党人就是这种理论,其含义是革命。两边的说法都能够成立,原因是一个事物有两个方面,而目标也有多种实现方法,有资源的行动与没有资源的行动可能目标一样,但方法并不一样,可见它不是行动的前提。

有人行动是凭自然规律、本能或直觉,周围人行动了,他也觉得应该行动,或者年龄到了,就行动了。周围人有行动就刺激了他的行动是攀比心理的正向效应。一个人是社会人,面对社会人们的反应并非都那么消极,如果是积极行为,就应该鼓励、赞扬、促动,这也是一种教育的方法。年龄到了就要行动是自然的反应,因为说来说去,有历练是经历,虽然年龄并不等于经历,但年龄与经历有极大的关系,一些人到了这个年龄就去做自己应该做的事情,也是一种积极和稳妥的行为,值得鼓励。

所谓拔苗助长是超越,而想超越并未实现超越最后的结果多会很悲惨,企业家应为本人负责,也为人类整体负责。总体上说最好少一些超越,多一些按部就班的成长。

还有一些人的行动是受到潮流引导与激励。有时一些人会选择特立独行，专门逆潮流而动，事实证明这种行动多是没有意义的。今天主题是讨论如何顺势而动，成大事者为时势所造，并非以个体的聪明或者匹夫之勇。

为何要顺势而为之？ 古人把道理已经讲透了，但还是要强调，原因是它对行动效果的影响特别重要。许多人的行动是盲目的，不论从资源出发，还是从自然规律出发，都是在讲一句话，我该行动了。但行动是否可以有结果呢？其行动并没有这个方面的依据。顺势可以提供这个方面的依据。**第一，顺势可以节约成本。** 在我们经济学家来看，逆者则要支出额外的能量和消耗，还不一定有任何的结果，除非这个逆有着重要的意义，否则就不要做这种无谓的投入，结论不是经济学的，但分析方法是经济学的。相比而言，顺者就可以省力，可以减少自己的投入，如果顺并发扬之，就可能会昌盛，会繁衍，会发展。你可以坚持原则，以自己的原则不去顺应，但是，你应该顺的时候，你却在沉睡，却在逗留，却在徘徊，却在犹豫，你应该行动的时候，你没有行动，你能怪别人吗？**第二，势者在于强加，而不在于削弱。** 你不借势，就失去了力量，你借助于势，成为势的一部分，参与其中，会让势更加浩荡。不论停顿，还是逆势而动，都会遭致损害。许多人在势面前往往表现得十分麻木，经常用"没有什么""可能失败""等等再看""不值一提"等来延缓自己的行动，把自己标榜成"众人皆醉我独醒"的典型。曾经的电子商务大潮，继而现在的互联网大潮之中，许多人跟不上形势，自我麻木，多有否定议论或论证之高明之见识，独缺少行动，即便现在的"互联网＋"也在受到一些人置疑。除非你有一些精力不够，否则应该尝试着相信这些趋势，不要做观望者，更不要做阻碍者。

8.12 有智慧的行动

有一则故事，讲的是一家出售苹果的公司是如何借助苹果公司来做生意的。故事中讲，伦敦的博罗市场有 1000 年的历史，快到它 1000 岁生日的时候，许多人都在打它的主意，认为这个意义非凡的日子蕴含着巨大的商机，策划各种促销活动以吸引人们的眼球。

博罗市场位于英国伦敦的伦敦桥下，有上百个店面，主要出售水果、蔬菜、肉类、海鲜、红酒以及各种餐具等食品和相关物品，每周只开放周四到周六 3 天，是历史悠久、广受赞誉的专业食品市场，许多国内外游人也常观光，成为一个富有特色的旅游景点。

博罗市场的食品以新鲜、优质而出名，每家店的食品都要经过严格的品质测试。它们依靠专业精神，店长和店员必须是对食物和美食有深入研究的食物专家、美食达人。

有一位叫马切特的人，是博罗市场里一家苹果店的老板，对每种苹果的脆性、风味非常熟悉，称为苹果专家，他掌握每种苹果的含糖量、酸度和丹宁含量等数据，当顾客征求他的意见时，他能够解答顾客提出的所有问题，也会给客人提供一些非常棒的食用建议。

正是因为他的博学和风趣，面积并不算大的苹果店里常常人流如织。马切特的店面不算大，一直以其专家优势获得好评。他深入研究过英国人的饮食习惯，知道英国人钟爱苹果，除了最通常的直接食用的吃法，英国人还喜欢把苹果作为厨房的食材，比如制作成点心馅、烤饼馅等，炸苹果常与香肠、猪排等菜肴同食。英国人也喜欢喝苹果酒，有很多苹果的品种专门用于酿酒。

在这个市场中各式的水果店有十多家，他想借助于市场的 1000 岁生日，让自己的店更加突出、鲜亮、独树一帜。

偶然一天,马切特在手里把玩着刚刚从"苹果"零售店里抢购来的"爱疯6",心想,如果店里的苹果能够跟手里的这个"苹果"一样,引起顾客的疯狂抢购,不仅可让自己赚翻了,也让自己更加知名,想到这里觉得真是太爽了,就好像看到众多疯狂的"果粉"在自己的苹果店里玩命抢购的场景。

一个美妙的灵感从他的心底迸发出来。于是,他把自己的构想,画在了图纸上,同时给装修公司打了电话。他让装修公司仿照"苹果"零售店的风格和布局重新把自己的苹果店装修了一遍。不久,苹果店装修一新,从外到内洋溢着浓郁的"苹果"气息。

他觉得还不够,他将店里1000多个品种苹果进行了分类整理,把苹果像"苹果"手机那样摆放在展示台上,在每个苹果的前面,都放着一张制作精美的卡片,上面详细地写着这种苹果的口味、历史以及食用建议等信息。他在卡片上特别标注了那些濒临消失的苹果品种,以唤起人们保护苹果的意识。更让人叫绝的是,他还仿照着"苹果"手机的说明书,设计了一张介绍苹果的说明书,上面印着苹果的图片以及发展史、品种、营养价值等文字信息,还有苹果被人们赋予的智慧、创新、平安等象征意味的诠释。

苹果和"苹果"的珠联璧合,为博罗市场打造了一道独具特色的风景。很快,这家带着浓郁"苹果"烙印的苹果店火了,如潮的顾客蜂拥而至。

许多人都知道这个道理,会利用车马的人,才能抵达千里之外;会利用船只的人,才能横渡江河。懂得借助外物之形,或者借助外物之力,你才会离成功更近。这种行动叫有智慧的行动。

8.13 共赢行动

一个人的创业,只能去摆个摊。在电子商务时代,一个人的创业可以不在大街上摆摊了,而是在电脑和网络上摆摊,但也仍然如此。如果你还有一技之长,比如会写字,你可以给人们写对联,如果会画画,也可以给人们画像,在有些年代,这样的技能有可能养家糊口,但现在恐怕连这个也难做到了。电子商务活动的背后有大把物流、生产等环节,并不是似这些艺人们连生产带销售全包含了。这说明什么呢?说明没有共赢根本无法行动。

但是,这并没有成为所有创业者的基本理念,甚至可以用这个理念来评价创业者,如果一个没有共赢理念的创业方案,最好不要理它,因为这样的方案通常不会有什么好结果的;而那些只想到自己盈利的创业者也同样不受到关注,因为他早晚会把你给害了。

能够达到共赢行动并不容易。一要训练人格。你愿意为他人做嫁衣吗?如果不愿意,多就不具备共赢的人格。只有你愿意为别人做嫁衣,别人才肯为你做嫁衣。主动、诚恳、自觉地为他人做嫁衣,这种境界真的不是自然而然的,必须要不断地自我训练。幼儿之始,就有护物之意,欲夺则哭,甚难。一个不贪之人多是后天反复教育的结果,更何况共赢比不贪要多出几倍的智慧,而不是简单地舍弃。二要筹谋策划,运筹帷幄。与人为善,还不能达到共赢,零和博弈的结果是你赢我输,这种结果除非是你肯让步,你为了表现大度,图谋立足长远或者其他,否则你很难持久接受这种结果。多数情况是你能够找到一些剩余资源,让你的资源与对方的需求,或者你的需求与对方的资源配合起来,双方的合作可以实现增益,在打破了零和博弈的前提下,大家都可以得到收益,何乐而不为呢?以这种标准衡量,参与筹划者越多，谋划的内容会越复杂，许多人看不到，能够实现多赢者并非是以其他方法取胜，而是这种筹划能力取胜。这种筹划还需要将其持久化，能够在循环之中，参与者多获得发展，积累资源，也不会受到资源限制。三要行动。筹划方案再好，缺少行动也没有意义，越是复杂的商业方案，越会难以控制。

因此，行动的第一步往往是签订合同。这需要先谈判，在谈判中要把人格魅力表现出来，要舍得投入、舍得利益，还要考虑周密，不留陷阱，也不留漏洞。签约以后，就得马上行动，在技术允许的情况下，要快速完成。两种行动都非常重要，没有签订合同，就盲目行动，或者签订合同，却迟迟不见行动，遇到困难就推迟或修改了时间表，不仅会失去商机，也会失信于合作的众人。这是实现共赢的三个基本条件。

分众传媒曾经给媒体界带来了冲击。这家公司给自己的定位是新型传媒企业，而不是广告公司，起始时是注意到人们乘坐电梯很无聊，眼睛无处可看，有人设计了公共品——一面镜子，而他们注意到如果换成一个电视画面，就可以将电视广告引入。此时，广告还没有通过这种电子方式以分散的布点来播放的先例，而这家公司却注意到电梯间和野外都是很好的广告安放点。他们发现写字楼有此需要，显示屏生产企业有足够的产能供给，广告公司有动力，或者广告公司没有动力，他们自己则可以成立一家广告公司，专门设计适用于电梯间的电子广告。

他们发现其中都是市场性资源，相对比较容易获得，一旦运行，他们自己可以获利。写字楼可以获利，并且写字楼方不需要投入，甚至可能会增加顾客满意度（在等待电梯时减少了无聊）以及美化了墙面和电梯墙壁。技术不复杂，而供应链上的电视屏幕供应商也很高兴，这是一个多赢方案，但也是一个商业模型创新，缺少足够的门槛控制。所以他们在方案实施之前，与写字楼先签订合同，把上海的写字楼签了大半以后才开始安装和广告投放，一举获得了成功。公司的老总曾经是中国 2006 年的财富前十名。

商业名家或者在商场上摸爬滚打二十年的创业者无不是以共赢的心态，他们的人生经历多有着前期合作共赢的体验或教育，把自己定位为好人，用好人的标准去参与商业，特别是在做大了以后，这种心态更加重要。这样的企业就可以持久。

8.14 创业成功需要持久努力

罗马不是一天建成的。这是人们经常说的谚语，起源于一个古代传说：原意是"罗马不是在一个白天建成的"，not "in a day"，应该是在晚上"in a night"。后来，随着时间的推移，这句话的意思慢慢转变，由于古罗马城建筑先进、繁复、建筑技术高超、设计精湛，后人用"罗马不是一天建成的"，表示很多先进技术、物质文明、甚至一个成就，都不是简单达成的，而是经由很多人或者很多努力才能够完成的，用来告诫人们做事必须持久。

如果把这句话用来告诫创业者，或者用来说明创业，其含义是创业不是一代人的事，创立事业是几代人的事。世界知名的大公司无一不是经过了许多代人的持续努力。当乔布斯去世的时候，人们很担忧苹果公司是否会坚持下去，但是，现在看，似乎乔布斯的继任者并不比乔布斯干得差。到目前为止，苹果公司已经经历了四代，乔布斯创业时自己算是一代，他被同伴挤出苹果十几年，但苹果仍然坚持了当年的传统算是第二代，乔布斯回来成为第三代领导人，继续将传统发扬光大，并且将他自己在外部经营的成果与理念也整合到新的苹果公司,乔布斯去世的苹果到今天算是第四代。

与许多家庭企业相比,苹果公司作为一家公众公司,其领导人的更迭是由董事会决定的,每次更迭就应该代表了一代。但是反复更换领导的企业是否就意味着换代了呢?有时不尽然。这要看企业经营者的在职时间,以苹果公司为样本,从1976年开始,9年以后乔布斯离开苹果,12年以后,他又回来,经过13年他在任内去世,大概10年至12年算是一个周期。这个周期与家族企业相比,可能会短一些,但应该足以将一位领导人的作用发挥出来。如果这些领导人既能够发挥自己的风格,又能够坚持企业的传统,不论现代制度式的企业,还是家族企业,都是在继承中创业。

这里,我们把创业的概念扩大了,把创业成功放大为创立事业,按这样的标准,创业成功的表现应该是企业已经真正地成为伟大的公司,达到了家喻户晓、深入人心。做到这种程度,需要对市场有益,也需要业绩,使之保持了增长和足够的规模,更需要时间,使之持久地影响了市场。

能够做到这一点,需要创业者做好这种观念上的准备。所谓观念上的准备就是一定要意识到,伟大的公司需要几代人的持续努力,如果一家公司仅靠一位杰出的创业者,他的离任会给公司带来灭顶之灾,那么这家公司还不能算做是成功创业。

许多创业者不以为然,特别是那些创业企业进入稳定经营以后,创业者开始享受自己作为一个机构——一个巨大的行政体系的权力满足,以为这样的企业会永远存在下去。我可以肯定地说,这家企业正麻木着自己,用不了多久,这家企业可能就会消失。也就是说,在创立事业的标准下,创业将是一个持续永远的话题。

去一家企业谋职,你应该具有创业者的心态,理解这家企业的基本精神,并用创业者心态和行动去改造这家企业,让这家企业能够保持创业状态,事业才可以得以创立。

8.15 挫折的价值

在《企业家》杂志的封面上,有一段写了八十多年的话,大致是"我要做有意义的冒险,我要梦想,我要创造,我要失败,我更要成功"。这段话作为一个经营八十多年杂志的封面语,说明杂志的经营风格八十年没有改变,杂志经营八十年还有生命力,这已经是一个奇迹了,更为奇迹的是它的封面语也没有改变过,这让那些经常以变求生的企业不解。是否这句话有着如此生命力,成为杂志八十多年的灵魂,恰恰是这样的话,让杂志找到了自己可以多年不变的精神和方向呢?一个重要的解释是,封面语恰好体现了美国人的精神。

美国因其在教育、科技、经济、军事上的实力雄居世界老大,而不得不让人们学习其精神,其精神是什么?虽然层面有许多,但核心应该是创业精神。那些话能够成为杂志的封面语长达八十余年,正是它号召了这种精神,也可能反映了这种精神。

人们可以从不同角度理解这句话,也因此理解什么是创业的精神。这句话一个最显眼的地方是对挫折有着极高的重视,从挫折走向成功。

人们渴望成功,拒绝失败,但是,那句"失败是成功之母"究竟是一句激励,还是表达一种规律呢?或二者兼而有之。

没有失败便没有成功。几乎所有成功人士的个人经历都可以证明这一点,这样它就变成了规律。如果有人拿出了反例,相信这句话的人们还会继续观察,并且用"成功"的重新定义来说明，没有失败的成功是脆弱的，缺少根基的；而经历了失败以后的成功，则会被认为这种成功是坚实的，有根据的。相信它会成为规律的占大多数，并且多是先入为主地这样认识，然后用这样的规律去激励自己。

就人类整体而言，失败是成功之母也是一条重要的规律，因为人类积累失败的经验，不再重复过去的失败，人类的传承，主要传承的是成功的经验，它叫知识或规律；同时，也不自觉地在传承失败的教训，使之成为法律、道德，甚至是人类的基因，那些还不能确认的因果关系，变成了科学问题，让人们探索。

这句话作为规律已经成为人们的信条，人们相信，失败、努力、再失败、再努力，直到成功可以成为规律，一代不行，还有一代，成功总会到来的，由此激励了人们不怕失败。它是一句激励语，但更是一条规律的总结，是人们认为它可以成为规律，并因为可以激励人们努力下去，而成为一种特殊的规律。

为什么这样讲呢？因为的确有许多人一生都在努力，却总是没有达到他所期望的结果，相反，他却不断地面对失败。这种反例到处可见，但正因为有这样的规律做激励，他不肯降低成功的标准，最后并没有把失败变成成功。临终时，他没有什么可以交待的，只有一句话，"我的一生是努力的一生，却是失败的一生"。人们在解释这样的事例时，通常把成功目标设置过高作为理由，或者偷换概念，从人类角度看待他的失败，在于后人可以继承他的教训。也有一种解释是从失败到成功需要机会的配合，是时势造英雄，努力固然重要，但没有机会，仍然无法产生伟大的成功者。

把它作为一个规律，其重要的原因是它可以激励人们积极，它是一个积极的人生哲学。如果接受了这个哲学，人们就不怕失败，甚至主动寻找失败。

有人会主动寻找失败吗？人们都在追求成功，但是成功并不是财富的继承，拥有财富与成功没有关系。成功是指人们付出努力后的结果。然而努力并不一定会成功，努力的结果可能是失败，这样"我要失败"的根本含义是"我要努力，不怕失败"，其主动寻找失败的过程是努力。正因为不怕失败，敢于努力，所以，才可能在成功与失败几率各半时，人们获得了成功。

创业精神是不怕失败、不怕挫折的精神，挫折的重要价值在于其行动具有极大的或然性，利用这种努力以后的或然，排除了许多规避风险的人，从竞争或进化的角度上说，主动寻找失败的努力精神是一种优势，这种优势可以让一个人，也可以让一个种群处于竞争优势。

科学史上有许多以数字作为产品名的故事，那些数字多很大，它表示了科学实验有了那么多次的失败。给小学生讲的时候，多是讲科学家们有多么的不畏失败，科学多么来之不易，让科学家们的形象高大起来。而他们的实验背后的活动多没有变成故事，其寓意是那些失败的活动是简单枯燥的，只有那些失败中恍惚间的成功才变成了后人传颂的故事。比如有人把硫黄不小心掉到熔化的橡胶中，又硬又脆的橡胶有了弹性；做胶水没有成功，有人将其开发成了不粘帖。

人们以为那些失败的商业故事多会为人们所记住传颂，其实，如果不是他们成功，他们的失败、挫折和苦难，也不会被记载。这是人类的毛病，人类在传颂时，往往做出故事性的选择，而不是失败本身。不论何时、何事，人类所遇到的失败，都是大量的和经常的。人们没有做记载，是因为人类建立了一个准则，把失败后的结果归于一个知识，让人们走向正确。但是，这样做却带来了一个损失，就是人类缺少了失败的记载。

然而，在失败记录消失面前，人们是如何走向成功的呢？先看科学家的工作，他们必须把自己的失败记录下来并加以分析，这就是科学家，他们有一个习惯叫记录，记录他们的所有看到和听到的，仔细观察、留心所有的事件，然后才有了他们的发现。这种品质会带来什么呢？会带来积累，是数据的积累，也许会带来故事的积累和情景的积累，但是他们专注于观察和记录，不苟言笑，严于律己。

至于他们的家庭生活除少数人被曝光，比如一些获得诺贝尔科学奖的科学家，其他科学家的故事多不会被记得。但是，这些科学家以其严谨记录着自己的科学生涯，让自己的学生不再犯相同的错误。失败变成了私人记录，而且是以非情节的方式。

而企业家们则是经常以情节的方式反思自己，他会让自己的团队知道，也是私人方式让周围的人知道什么是正确的方式，什么是错误的方式。然而，人的基本特征是张扬正确、成就，隐藏错误、失败，所以这些失败的信息仍然是以私密信息为主，挫折的价值主要是以私人经验方式存在于组织内部甚至只局限于私人。

因此，挫折的价值只对有一些人有意义，他们是偏爱分析、发现失败的原因并从反向中获取新的可能的那些人，也是善于从不利寻到有利的那群人。不直接行动者，往往不能获得这种信息，因为坚持行动，从行动的结果中获得经验和教训，挫折才变得有意义。

我要失败，是因为可以从失败中获得知识，这是成功者基本素质之一，挫折的价值在于给那些善于利用失败的人以新的机会和资源。换言之，如果不具备将失败转换为知识的智慧，你最好不要去寻求失败，因为失败对你没有价值。在这样的前提下，教育所起的作用并不仅仅是从规律中获得应用的认识，更为重要的是掌握从失败中概括知识的方法。比如记录失败、分析失败，从失败中提炼成功的思维。

8.16 成功的含义

人们对成功的追求几乎是全部行动的动力，除非是看破红尘的人，也许他们也有一个战胜自我的成功追求，比如信奉伊斯兰教的人追求一生终于去了麦加，那就是他的成功的含义。所以，对人来说成功几乎是不需要激励的，但"我更要成功"这种口号为什么还能够激励美国人呢？

我想可能有下列一些原因：第一，虽然追求成功的动力人们都有，但是差异还是存在的，如果缺少外部的鞭策，也许人们也不会那么持久地保持着动力。用那样的一些话激励人们，就是为了让社会持久地保持追求成功的动力；第二，人各有志是说成功的说法相同，但是方向和内容却不尽然。激励大家追求探索中的成功，就要允许人们志向存有差异。

这就意味着，对不同的人，不同社会导向，成功的含义有所不同。成功的含义是有许多许多的钱吗？不论什么人都不会这样去讲，但却会这样去做，特别是当社会缺少正确金钱观教育的时候，炫富、比富、斗富变成社会常态，不论媒体还是文艺作品都不能对这种行为给予抑制，个人也会被这些社会思潮所裹挟，甚至不自觉地成为这个社会中的一分子。

成功应该是有益于人类。乔布斯性格暴戾，但他去世后，没有人会骂他，因为他的追求是社会。盖茨把财富中的大部分都奉献给了基金会，他本人也花了许多精力做慈善，但这并不是他伟大的原因，人们称颂他不是因为他是世界首富，而是因为他获得这些财富的过程却又在推进着社会的进步。

成功也不是自我评价,自我评价有时会得过且过,自得其乐,没有固定的准则,而是用现在的状态结果来制定标准,这很难出意义。而且自我评价多是自利性评价,缺少外部约束,无法让社会真正接受。

成功更不能让子孙去评价。虽然中华民族有一些传统,但从目前孩子们身上你会发现,给他们金钱获得的正面评价,不及给他们以做人道理的评价。

成功可以由朋友评价,因为其标准是"取义",一个人不论挣钱多少,官当得有多大,但朋友不认可,你活的很没有意思。因为当你退休了,没有多少力气了,你抬起头,发现没有什么人理你,你不应该反思,你的辉煌之时做人刻薄、小气、残暴吗?

成功更多是由社会评价,做教师的主要是由学生来评价,而且时间不可以太短。

8.17 有意义的冒险

我要做有意义的冒险,在那个《企业家》封面语写了快一百年的话中,有一句就是它。什么叫做有意义的冒险呢?

首先,要冒险。人生需要冒险,如果谨慎你不要出门,但即使在家里,也有地震、台风、洪水等天灾,还有土匪、暴徒、外强,你想躲恐怕躲不及,也躲不起。唯一的办法是铤而走险,去主动冒险。只要做人就是一件辛苦的事情,像赫鲁晓夫不想面对风险,但想躲避根本就不可能。以前号召大家做老实人,不少人把这个理解歪了。

诚信、诚恳都做老实人,但老实人仍然可以冒险,仍然可以在勇于担当前提下冒险地承担责任。冒险是一种担当,四平八稳的一生或许自得其乐,但却于人类无益,因为他们要克服自己的惰性。

其次,冒险要有意义。关于这个话题,已经多次讨论。还没有将冒险与意义结合起来。冒险是一种牺牲,但是这个牺牲是否有意义?成功是意义的基本内容,有意义与追求成功是相同含义的不同表达。

先有意义,还是先有临危冒险的行动呢?尽管我提倡行动,但是意义还必须为先,没有意义的行动是疯子和傻子的行动,一个有理智的人都把意义放在第一位,把行动放在第二位。行动哲学强调的不要瞻前顾后,不要舍本求末,人之本,是善,是关爱,它应该变成人类的普适价值,与之对立的有阶级斗争学说,并且用斗争学说统治人类,几乎没有人同意。因为人类多数的世界情况是和谐,而不是斗争;如果斗争,人类早就不是现在这个样子。

人们行动的意义是推动人类进步,不论是科技进步,还是文化进步,还是人类和谐以及取得哪怕一点点和平的进展,也算是对人类做了贡献,行动才有了那么一些意义。斗争是唯恐天下不安,唯恐天下不乱然后又用一个哲学,你怕乱,阶级敌人不怕乱,结果就得更不怕乱,才有了这个斗争的哲学。斗争让世界遭到破坏,让人类也遭遇挫折,斗争并不是有意义的东西,相反不斗争而争取到结果才是好方法。

人生价值需要追求,但是什么是人生价值呢?做有意义的冒险是其中的一种。所谓人生自古谁无死,留取丹心照汗青。冒险的代价是什么?最大的冒险是去送死,能够以性命去冒险,那个险的意义就会变得无穷大。

这里面最重要的是对意义的认识。有人活着是为传宗接代,并且是有相当一部分人,当代人应该没有多少这种情结,但是从行为上看只增未减。

为了孩子的教育而牺牲乡情,奔走于他国、他乡,为了孩子就学而不惜全家血本购买学区房,为了孩子所谓不再受他所受的苦去贪腐,为了孩子家长忍受着病体打工。少数是让孩子娶妻生子,但更多是为了教育,他们还有的为了孩子而全家举债,送去读书,结果因学至贫。其实,这些在当今的年代多是没有什么意义的。试想一个家庭,一个民族,只会索取,不会奉献,只会享受,不知担责,这个民族还有希望吗?如果还要把这种行为看成是有意义的,那么我们不是纵容这种行为吗?

最大的意义在于推进人类进步和民族生存与发展,通常后者比前者更重要。人类世界经常有敌对,也有民族世代冤仇,还有文化冲突,也有经济利益,虽然民族内部会有一些矛盾,但民族存亡之际,内部矛盾就不算什么。所以,意义的第一位是让民族站起来,有志向地生存和发展,从而才能为人类做更大的贡献。从这个意义上说,民族利益处于第一位,它是最有意义的。

中华民族的利益是国家统一、民族和谐,为富者施仁,而不是为富者只有自己的享乐,或者是让子孙不再需要奋斗。在这样的前提下,才应该提倡致富,而不是先致富,而后建立均贫富的制度。

在计划经济时期,大锅饭让中国人受穷了几十年,总结教训时以为再有均贫富的制度就会挫伤致富的积极性,并导致了国家挨打。其实,真正致富的制度是市场经济,有了人们可以致富的自由,你可以用小政府、低纳税解决致富的动力问题,而不是彻底否定了计划经济中均贫富的制度积极方面。

尽管国家没有这样的制度,甚至致富者扶贫和慈善也不为人们所理解,但仍然需要明确致富是意义的主流,特别是用创新创业的方式致富,如果能够自觉地将致富以后的财富投入于社会有效率的慈善和公益事业,那么就做到了有意义。

8.18 创造是成就事业的基本方法

事业能够建立,在于其对人类的意义,用商业的方法惠及百姓,获得百姓的承认,而建立事业。最初的汽车只是用于娱乐的跑车,福特是汽车修理工,他意识到汽车走入寻常百姓家才能让这项技术为人类服务。当时的美国多是农民,为农民开发用于运输的汽车成了他的梦想。作为修理工的他,钻研一个时期后,开发出在功能上比较适合于农民使用的汽车,起名叫"T"型车,但是成本要上万元,而农民能够接受的价格只有800美元。如此巨大的差价使当时的汽车只能供富人用于汽车比赛,而无法真正进入农户。

福特为了他的梦想,两次创业失败,他第三次创业时,找到了合作伙伴库兹恩,他们合作在生产工艺上进行管理变革,建立了后人大量使用的"流水线"概念,用部件标准化扩大部件生产规模,用操作强制化提高效率,用渠道分销降低营销成本。福特成功地将汽车引入美国市场,为美国人民提供了全新的生活方式,美国迅速进入了汽车时代,开创了福特时代,而他们开发的"福特制"成为管理的典范。

福特的成功并非是产品开发的成功,他两次创业失败,产品没有改变,改变的只是他的管理理念与工作方法。许多人把创造等同于发明,以硬件的技术作为创造的全部,这是十分有害的,大部分的创造是日常的、微小的,这样的技术不仅可以解决成本问题、渠道问题,从根本上还经常决定着一个硬的技术是否具有市场竞争能力。所有创业者必须看到创造的意义在于解决问题,对创业者来说根本是解决市场问题。

创造发生在随时随地,这是创业者的基本态度。首先,问题随时都在发生,创业者面对问题,不能轻易放过,得过且过地容忍问题存在是不负责任。应当灵活地利用手边的资源、条件,去解决问题,通过创造获得领先优势,使问题迅速转变为企业竞争能力;其次,许多问题长期存在或者人们以固有的态度认为无法解决。麻木地面对长期存在的问题是缺少责任,即便所有人都认为不能解决的问题,也不能回避。从新的视角,新的定义,新的途径提出解决问题的思路,跳出习惯思维的循环是创业者获得快速发展的根本办法。

创业者经常要使用模仿的方法,它可以让创造活动变得简单,但是要知道,简单的模仿会让市场变得竞争激烈,你的加入会让这个产业利润下降,但是如果你采取了模仿下的改进,或许你可以摆脱竞争,更为重要的是你可能获得多次利润。通信产业特别是移动通信设备不断更新,有的是向对手学习,也有的是向自己学习,模仿了前面的技术但有所改进,形成了新一代产品;汽车、白色家电、厨房设备中,这种改进、模仿、创新的现象也十分普遍。一项技术形成初期,创业者层出不穷,原因是他们可以通过模仿创造获得优势。

一些根本性的创造并非是技术性的,也不是管理上的改进,而是改变了或者明确了的价值主张。这是商业模式上的调整。海尔曾经注意到农民在用洗衣机洗地瓜和土豆,他们就生产了专门的洗瓜机,在技术上没有太多的变化,却大大地扩展了洗衣机的市场。

创造力是人们生存和发展的基本能力,创业者是人类中的优秀分子,更需要这种能力。正因为创造是创业者的核心能力,创业者要经常训练自己这个能力,或者去学习时也要突出这种能力。

8.19 未来的商业发展

今天,我们生活中每一项显著变化的核心都是某种科技。科技是人类的催化剂。因为科技,我们制造的所有东西都处在"形成"的过程中,每样东西都在成为别的东西,从"可能"中催生出"当前"。万物不息,万物不止,万物未竟。这场永无止境的变迁是现代社会的枢轴。我们完全无法预测30年后身边有哪些产品、品牌和公司,但产品和服务的总趋势已清晰可见。新兴技术正在席卷全球,这股迅猛的大潮会潜移默化且坚定地改变我们的文化,下述力量将会得到凸显。

1. 形成(Becoming)

升级=方式变化的演进。世界上所有文档都是其他文档的注脚,计算机只是让这些联系变得清晰了。奇迹在一点点积攒出来。2015年每分钟都会发出300个小时长的视频,制作它们的时间、能量和资源从哪来?来自受众。40%是商业制造的,其余则是激情创造的,不是责任使然。

互联网刚刚处于开端,到2050年,人类将生活在伟大的产品中,那时人们会回忆,2016年有多棒,随意找一个东西加上人工智能传到云端都是一片处女地。2016年就是创业的最佳时机,没有哪一天比今天更适合发明创造,没有哪一天比今天更有机会、更加开放、更低壁垒、更高利益和回报,具有更积极的环境。

2．知化（Cognfyjing）

很难想象如六欲、强大、无处不在的人工智能，可以改变一切，它可以让没有生气的东西变得好处很多。(1)人工智能不是在超级电脑上，而是在云端-网络间的互动。(2)《科学》杂志有篇文章写道，一款游戏会学着自己不断提高分数，进步速度惊人，300局后做到零失误。如同电气化时代让所有东西都有了动力和控制，现在的机器则有了学习能力。①虚拟实验：化学（找更希望成功的配方）、语言学（创造新词，用于商标设计）、法学（证据、案件矛盾、适用法律）；②知化投资（智能运算）、避税方案、投资组合；③知化音乐（个性化音乐）、洗衣、营销、房产、护理、建造、伦理、玩具、体育……(3)三大变化：廉价的并行计算（神经网络）、大数据、更好的算法（学习能力）。(4)新的心智模式有25种之多。(5)社会问题：机器会巩固自己的地位，如仓库中、农田里、药剂房、清扫工，都会通过不断学习提高自己地位。比如谷歌的网上可视机，对网上图片会自动给出说明，不知疲倦，不打退堂鼓地夜以继日地工作。类似的律师、建筑设计师和记者都可以利用这个工作原理减轻工作量；避免碰撞的机器人具备环境化-反馈力，价格已经大幅下降，从50万美元下降到2万美元，这意味着机器人的驾驶更安全。机器人更佳的表现体现在人不能从事的工作，人没有想到的工作，人类想做却还不知道做什么的工作。未来（就现在来看），人类只能做那些人类需要做的工作，如数学家、职业音乐家、运动员、设计师、瑜伽大师。

3．流动（Flowing）

流动—数字经济，就是信息在运转，复制技术普遍化，让复制品在河流之中。这就是流动。

工业时代，公司通过提高自己的效率和生产力来最大化利益，它们的目标是节省自己的时间。但今天，他们还要节省顾客与公民的时间。当你的复制品上传到云端，就可以大幅度节约顾客的时间了。第一个被破坏掉的是音乐产业。把云端的音乐符号整合起来，就是新的音乐，就有可能流动起来。智能化的音乐创造是因为智能化过程知道人们会在什么场合喜欢什么，然后提炼了一些元素，再整合一下。如果第一款不那么让人喜欢，就会产生第二款，第三款……

经济学有一条颠扑不破的定理，一旦某样事物变得免费，变得无所不在，那么它的经济地位就会下降，但是同时会出现突然反转，如同电力照明是罕见的新生事物时，只有穷人才会用蜡烛，此后，穷人大量使用电力的时候，只有非常稀少的店里蜡烛变得非常昂贵。免费让人们的喜好快速翻转，烛光晚宴反而成为奢侈的标志。

复制可以达到免费的程度，但人类创造财富的方法变得有所改变，大约有八种比免费更好的原生性特征，或者称为盈利构造原则。第一，及时性。先睹为快是人性决定的，先后消费差别存在着价值差，可以借此获得财富增加，让人感觉到物有所值。第二，个性化。每个人体验不同，期望不同，效果不同，因此，总有一些特效的预期，就是根据个人的需求进行订制，那就要交费。第三，实体化。也许下载软件是免费的，但是，那个手册是很贵的。有个笑话说，软件下载免费，但用户手册要1万美元。第四，可靠性。许多产品可以免费，甚至你不需要看说明书，但是你要考虑这个软件，有没有缺陷，是不是恶意病毒或垃圾软件？你需要为可靠性服务付费。第五，获取性。有人帮助你照料，如同我们对一本书目做解释以后，让别人方便掌握。第六,实体化。实体化是真切的。音乐免费,但看现场演出确实很贵。所谓耳听为虚,眼见为实,这个可以增加财富。第七,可赞助性。你对倾慕的对象,想建立联系,不论是网上还是私下约会,都希望通过花钱解决。其商业条件是,支付超级简单,支付金额比例合理,可以看到支付后的收益,也能够让捐赠者看到创造者获益。第八,可寻性。那事哪里来,人们好奇心,也是一种需求。这些可能是免费时代最重要的财富创造原则。

4. 屏读(Screening)

传统的书籍是规范的,无论是行、页、还是书,但是现在呢?书可以用自动的方式生成一本全新的书,比如一本万能的书。在这样的环境中,一是边缘作品,因为你有猎奇需要;二是线索链接;三是权威指导;四是阅读工具。屏幕可以按你的指令改变内容。屏幕在移动化,屏幕正在变得更大、更轻盈、更强大,我们会用来观察出现机会更多的。不仅如此,你能读这本书,这本书也能读到你、所有无处不在的屏幕,形成了互动,每天我们到处都遇到这种环境。当你到办公室里,椅子或房间就会回应,它们认出了我,为我准备好了一切,包括前天工作的文档、饮料,即使在马路上,对面一栋大楼也会因为认识你及你的汽车而改变广告内容。你到厨房时,也差不多就是这样的结果。那些屏幕可能会劝阻你,不要太累,不要太沉迷,不要太纵容自己。

5. 使用(Accessing)

对事物的占有,不再像曾经那样重要,而对事物的使用,却比以往更重要。**第一,减物质化**。减物质化已经成为趋势,许多的东西都在变轻。比如现在人们频繁使用的电脑,已经非常轻便。在 150 年当中,人类产出一个单位的 GDP 所需要的投入量一直在减少。在 1870 年需要花费 4 公斤重的物质才能产出一美元的 GDP,而最近每公斤的物质投入所产生的 GDP 价值从 1977 年的 1.264 美元,增长到 2000 年的 3.258 美元。现在进一步的方式是减量,不需要你拥有,人类正在从拥有你所购买的,到使用你所订阅的转变,这推翻了一些传统,特别是所有权,如果有更好的东西出现,那就抓住新的、丢掉旧的,它不需要所有权。订阅,提供了一个有关更新发布和版本,永不停歇的服务流程,促使生产者和消费者之间保持永久联系,服务不是一次性事件,而是一种不间断的关系。在最近几年,我们将旅店做成了服务公司,将工具做成了服务公司,将衣服也做成了服务,其他还有玩具服务、家具服务、健康服务、收容服务、度假服务、学校服务。**第二,按需使用的即时性**。使用性也意味着在使用新事物时要做到近乎即时的传递。这就是精确,精确到位置,精确到时间,精确到内容。共享与租赁没有太大的不同,在租赁关系中,租赁者可以享有所有权人的部分权益,而不用去承担昂贵的资产购置费用或维护费用。对于短期行为来讲,分享所有权,真是明智之举。**第三,去中心化**。现在我们正处在长达 100 年的伟大的,去中心化进程的中点。各种机构在进行大量的去中心化工作时,将这些机构与进程连接起来,则是更便宜也无处不在的通信技术。去中心化的组织,更为扁平化的互联网世界转变的后果是,每一个事物无论是有形的还是无形的,都必须更快地流动起来,以保证整体在一起移动。包括货币在内都在去中心化,它不需要一个中央银行,类似比特币一样。一个区块链,便借用点对点系统建立了货币信任。从对政府的信任,转变为对数学的信任。没有人真正拥有它,因为人人都拥有它。**第四,平台协同**。平台是一个由企业创建的基地,使得其他企业可以在共同基础上创建产品和服务。第一代是微软,第二代是苹果。供应商可以在虚拟货架上,销售自己的APP,而苹果公司负责调节这个市场,会淘汰一些垃圾的、占用资源的或者无效的应用程序。第三代平台进一步拓展了市场的力量。已经不是双边市场,今天最富有破坏力的组织机构,几乎都是多边平台,比如苹果微软,谷歌脸谱,这些企业的巨头都借用第三方供应商来增加其平台价值,并且普遍开放来促进和鼓励他人参与,如优步、阿里巴巴、安卓。他们都是各自一家公司运作,促进生成由衍生但相互依赖的产品和服务构成的强劲的生态系统。在一个平台的几乎各个水平上,共享,都是默认设置。这是竞争的规则,你的成功取决于他人的成功,平台是提供服务的工厂。第五,云端。由于云端的核心是动态分布的,所以一个云端要比一台传统的超级电脑更为强大。云端的优势变得越来越大,我们的设备变得越来越小,小巧轻薄。

在未来的30年里,减物质化,去中心化,即时性平台系统和云端的发展,将继续强劲发展。只要科技进步使得通信成本、计算成本继续下降,这些趋势都是必然的,这是通信网络扩张到全球的每一个角落所带来的结果,而且随着网络的加深而加深。

6. 共享(Sharing)

共享被嘲笑成为共产主义,但这本书里讲的是数据共产主义。分享是数据共产主义中最温和的表现形式,也是整个网络世界基本的构成部分。当个体们为实现一个更大目标而共同工作的时候,群体层面的结果就会涌现出来,这就是合作。数以千计的聚合网站都会采用类似的社交模式,以实现三重收益。首先面向社交的技术,可以帮助用户根据自身的需要来为他们所找到的东西分门别类地添加评价和收藏;其次,这些标注可以使其他用户获益,帮助他们更方便地找到相似材料;第三,集体行为可以创造出只有群体作为一个整体时才会有的附加值,比如大量、由不同游客在不同时间、以不同角度为埃菲尔铁塔拍摄的照片汇聚起来,并且每一张照片都有详细的标注,那么就可以将这些照片整合出令人惊叹的3D全景和全景结构图。这远比个体拍摄更为复杂也更有价值。这也远远超出社会主义许诺的各尽所能、按需分配,因为它做到了对付出有了超额回报。

协作是有组织的协作取得的成果,要超出临时合作。一位热心参与者可能要花几个月来为项目的子程序写代码,而项目的全面应用则是几年以后的事,事实上以自由市场观念看这种劳动报酬是不正常的。网上的工作者做出了巨大且市场价值很高的工作,却不索取任何报酬。这种写作方式是资本主义所不能理解的。人们以激情工作,而不是为了钱。集体主义观念,大多数西方人包括我自己,都被灌输了这样一种观点,个人权力扩张,必然会削弱国家权力。第三条道路就是企业的员工就是企业的主人。

去中心化以后的写作。跟踪研究开源产业的开源中心表示,大约有65万人在做至少50万个项目工作。尽管他们并非是全职工作,但这是通用公司职工总数的3倍,如果通用公司全体雇员得不到报酬,他们还能继续生产汽车吗?这样一种趋势会把开源的大众生产的社会拉得多近?不仅是照片,甚至是病历、教材也会共享。谷歌之所以击败了当时搜索引擎行业的领头者,就是利用了业余网页制作者所创建的各种链接:每当有人在网站上添加超链接时,谷歌就会把这一链接,记作被链接网页的信任票,并根据这一票,伸向网络所有链接赋予的权重。那么该页面就会获得较高的可靠性排位,这一神奇的循环并非由谷歌建立,而是由数百万个网页上共享的公共链接所构成。谷歌是第一家从消费者点击共享搜索结果中获利的公司。另外的如脸谱网是构建朋友圈,鼓励人们共享;推特仅用140个字符把最新状态推送给老相识。

在过去构建一个既能充分利用等级制度,又能最大化集体主义的组织几乎是不可能的,因为管理事务成本是巨大的,今天数字网络为我们提供了廉价的、点对点通信,网络使得专注于产品的组织能够以集体化方式运作,同时保留一定等级制度。再微弱的等级制度也会让某些人受益而让另外一些人受损,像脸谱、互联网或民主这样的平台旨在为生产商品和服务提供大厅场所。当有强势活动者在这些系统中占据支配地位时,整个系统就会遭殃,另一方面那些旨在制造产品而非提供平台的机构则往往需要强势领导,以及构建在时间尺度上的等级结构。

虚拟、陌生人、跳蚤市场,本不被人看好,但尽管还不算完美,它的变化也远远超出了人们当初的预期。优步的点对点按需出租车服务也比权威和许多风投基金们最初认为的发展得要好得多,只要给予足够的时间,那些去中心化的、相互链接起来的愚笨的事物,终将会变得比我们预想的更为聪明。即使这种完全去中心化的力量不能解决我们所有的问题,但它几乎总是开始解决问题的最佳方式。它快速廉价,却不为所有人所控制,其中一个新的众包服务的门槛很低,而且还在变得更低。

我们生活在一个黄金时代。未来10年,创造创作量,将会超过过去50年的总和。例如,韩国流行歌手的视频,被观看了24亿次。每一个类似的例子,市场都是小众的,但是存在着数千万个不同的利基市场,在这海量的利基市场中,即便每一个小众爱好,只能吸引几百个粉丝,一个潜在的新粉丝,只要谷歌一下,就能找到组织。

在共享经济下,谁支付创作者们的报酬呢?当中介机构弱小的时候谁来出资支持他们的创作活动呢?答案令人惊奇,是另一种新的共享技术:众筹。一家众筹企业七年来已经有900万粉丝资助了88 000个项目,它是遍布世界的450个众筹平台之一。追加的第三方担保服务保证所有筹款只有在达到募集目标以后,才会被转交给创作者,在第30天募集期结束,哪怕只差一美元,所有筹款都会立即返还给资助人,发起人得不到一分钱。这样的保护,使得粉丝成为营销主力,他们一旦参与进来就会拉着他们的朋友也参与进来,以确保自己目标的实现。照顾粉丝成为一项全职工作。到2050年最大、发展最迅速、盈利最多的企业,将是掌握了当下还不可见、尚未受到重视的共享要素的企业,任何可以被共享的事物,思想、情绪、金钱、健康、时间,都将在适当的调节和适当的回报下被共享,任何被共享的元素都可能被分享上百万次,我们今天尚未实现的共享方式会变得更好、更快、更便利、更长久。

这是一种事物增值的最可靠方式。我们共享的不仅是最终的成品,还包括整个过程,以及我和其他想要做好工作的人的所有不成熟的想法。尝试过的痛,已经跌倒和爬起都是有价值的,把整个过程都开放以后,你想自欺欺人都很难。未来科学研究也会采取这种方法。

7. 过滤(Filtering)

每年都有如雪片似的大量新事物被创造出来。每年我们出八百万首新歌,200万本新书,1.6万部新电影,30亿个博客帖子,1821亿条推特。我们需要借助各种眼花缭乱的选项进行选择,需要守门人如父母牧师和老师进行教诲,需要出版商和电影工作室制作否定掉了一些项目,我们还需要通过管理者、零售店、博物馆、图书馆过滤,还需品牌的过滤,以及文化过滤,我们需要通过朋友过滤,还要通过自身喜好过滤。过滤之后呢?是重混。

面对大量信息,我们试图将这些大量丰富的信息缩减到令人满意的程度,首先,人们会查收认为我喜欢的东西,这种个人过滤器早已经有了,比如亚马逊。其次是我想知道我的朋友喜欢什么,还有哪些喜欢的,还有哪些我不了解的。推特和脸谱网,它们的服务帮助你通过关注自己的朋友,可以毫不费力地获取你朋友的状态和更新信息,通常就是他们认为酷炫到足以飞翔的事情。理想过滤器的第三代,将是一种会向你建议某些你现在不喜欢,但是想尝试着喜欢的东西的信息流。

现在没有人会注册申请任何类型的过滤器,因为这些过滤器已经内置到各个平台里了,网上每个用户平均有 200 个关注的朋友,而这些朋友会发布状态,更新大量心情以至于脸谱网认为这些信息需要提醒、剪辑编辑、收藏并将收到的信息进行过滤,以达到一个更容易管理的状态。亚马逊会使用过滤器来优化销售方式,以便实现销售额最大化。谷歌是最主要的过滤器,会对你看到的搜索结果进行复杂的判断。比如我的档案跟我的化身一样,必须得有一个管理的系统。这个系统当然知道我在度假旅行时喜欢预订便宜的旅社,又要带有私人浴室和最大的网络带宽,而且永远都要在城镇中最老旧的地区,否则就要紧靠公交站。他还会与一个人工智能系统配合,为我安排行程,预订最佳的国际机票。

我们的注意力是唯一有价值的资源,是我们每个人无须训练就能产出的资源,它的供应是短缺的,每个人都是独立的,你可以完全停止睡眠,但你每天只有 24 小时的简单注意力。尽管他是那么昂贵,但是我们的注意力却是相当的廉价,从某种程度上讲,我们每天不得不花掉它,无法节省,他无法将其储存起来,我们不得不看一下把它交出,也不得停歇。

一个完全去中心化的、对等网络的用户制作的众筹广告网络,将会允许用户创作广告,然后让作为发行方的用户来决定,他们想让哪一个广告,放置在他们网站上。你想雇佣昂贵的工作室,让其利用最佳猜测,来构想一个活动方案,还是找一千个类似的呢?

8. 重混(Remixing)

罗默这些经济学家们认为,经济增长并非是新的资源的发现和利用,而是源于已有资源重新安排后产生的更大价值。创新者将早期简单的媒介形式和后期复杂的媒介形式重新组合,产生出无数新的媒介形式,媒体形式越多,我们就越能将他们重混为更多的新型的方式,促使媒介形式生活方式增长。我们生活在新媒介的黄金时代,在过去几十年里诞生出数百种新的美剧形式。媒体的发明不仅执着于制作,还使得任何一个识字的人,可以剪切并形成各种观点,用自己的想法去组合这些材料,将他们的相关的观点联系起来,在浩如烟海的作品中检索,迅速浏览主题重排文本,提炼材料,重混观点,引入专家的观点和喜好的艺术作品片段,形成作品。如果读写流利,意味着一个人可以理解文字,并灵活运用。那么新媒介流,就意味着一个人可以同样轻松地离去,动态生成影像并灵活的运用。但到目前为止,用于可视化阅读的工具还未能推广到大众有了可用的成熟的可视化技术,比如为一部电影中的任何物体画面或者场景添加注脚素材。可视化的窍门在于可检索性,也就是我们有能力像谷歌搜索页面一样,搜索电影,并找到某个具体的镜头,这和书签一样。

谷歌的云,人工智能正在快速地提升可视化智能水平。几年以后,我们将能随意地通过人工智能来搜索视频,比如找到"孩子在泥泞道路上骑摩托车"的片段。媒体中正在发生的另一项变革可总结为,可回放性。一句话一旦说完就消失了,没有备份,不能回放。现在我们的视频新闻,不可避免地具有了回放功能,电视新闻作为短暂视频流人们不曾指望记录和分析他们,现在也可以被回放。

重混就是对已有事物重新排列和再利用,对于传统的财产观念和所有权概念产生了巨大的破坏,如果一段旋律是你的财产,就像你的房子一样,那么未经授权或支付相应的报酬的话,对它的使用权就会产生极大的限制。现行的知识产权法律,与未来网络这一实际特点不完全相符。全球都在远离物质世界,向比特世界靠拢,也在远离所有权,向使用权靠拢,也在远离复制价值,向网络价值靠拢,同时奔向一个未必会到来的世界。

9. 互动（Interacting）

完全逼真可信的虚拟现实即将实现。人们现在追求的是现场感和互动效果,这是推动虚拟现实的基本动力。现场展示虚拟现实技术每一周都会进步,屏幕的分辨率在增加,帧数率在提升,对比度在加深色彩空间,拓宽高保真的声音在变锐,所有的提升的速度,要比大屏幕上的变化更快。第二代虚拟现实的设备或依靠一种新研发的投射技术呈现,这种场景的叠加会"增强现实"。因为人工场景是添加到你通常看到的现实世界中,比先前将这些场景放在眼前的屏幕上,让你的眼睛更深层次地聚焦,以至于这种技术引发的错觉,更有很强的现场感,你会发誓说那些东西真的在那里。

不仅是电脑,所有的设备都需要互动,如果什么东西不能适应互动,人们一定会认为它已经"坏了"。一位朋友把照片放在桌面上,他两岁的女儿上去努力想把它放大,尝试着拖放几次都没有成功,然后困惑地看着她爸爸说"可能是坏了"。即使我们能够想到的最死气沉沉的设备,为他们加上感官功能,使得他们变得可以互动,就会获得巨大的改善。无论是监控燃气炉,或者是其他的什么设备？未来的几十年里,我们将继续拓展更多可以与之互动的事物。

人类将沿着三个方向推进：第一,我们会继续给制造的事物添加新的传感器和感光功能；第二,互动发生的区域将会继续向我们靠近；第三,最大的互动会要求我们进入技术本身,这也是虚拟现实技术允许我们实现的。

最近参加了一群无人机爱好者的活动。他们在无人机前头加装了一个小摄像头,观看者戴上眼罩来虚拟现实,这些人如同和飞行员一样驾驶穿梭在各种各样的建筑物,像星球大战一样。现在如此众多的电子游戏是这种探索型互动方式的先驱,没有无际的事业带来的互动自由只是一种假象,游戏设计者负责调整这种平衡,但真正玩家把它推向某个方向,无形的力量也是一种人工智能。

在人类短短几十年的寿命期限中,就能经历扰乱社会发展的第一个技术平台是个人电脑,移动电话是第二个平台,它们都是在短短的几十年里引发了社会中间一切事物的变革,下一代颠覆的平台就是虚拟现实,它已经到来了。无论是出门,还是在学校里,还是在办公室里。虚拟现实还为顾客带来以下好处,使得原本相互矛盾对立的特征放大,变成了可以现场试试看,使我们可以在虚假的世界找到真实的感受,这也许没有那么可怕,这正是游戏和电影的目标,同时它又支持了虚构,将假想发挥到极致。这会引发一个问题,那就是想要确定网络上一个人的真实性别变得很困难。

10. 追踪（Tracking）

我们已经进入用数字而不是文字表达的时代,这叫量化自我。有人追踪自己的习惯,如拖拉行为,喝咖啡的量,打喷嚏的厕所,进行追踪在不久的将来会变成常态。又如一个极其个人化的身体记录数据库,可以用来打造个人治疗方案和个人需要,如个性化医疗。长远来看,我们身体传感器中许多数据流将不再是数字,而是新的身体感觉,它将涵盖我们的生活,微型可穿戴的数字"眼睛"和"耳朵",能够记录我们一天中,每分每秒所见所闻,从而帮助我们记忆。我们的邮件、听过的音乐、读过的书和文章以及去过的地方,我们经常的走动和会面,或非常规的时间和经验中的重要细节,都可能被数据化。事实上,我们已经在使用一款生活流产品,就是脸谱网,你的脸谱网流,包括照片、新消息链接提醒,以及生活中的其他文件在内的流动信息,都被作为新的内容不断添加到流的前端,如果你愿意,你可以在脸谱网中加入能捕捉你正在听的音乐或正在播放的电影的小控件。

生活流是一种主动且有意识的追踪。无意识且不主动的追踪同样重要,它成为小生活记录,也就是简单机械、不动脑筋地完整记录下一切或者不偏不倚地记录生活中所有可以记录的事物。创建完整的回忆,是生活记录的重点,一份生活记录记载了生活中的每件事情,因此他可以帮你恢复那些大脑可能忘记的情况。实用生活记录有 4 点好处,一是能一年 365 天,一周七天,每大 24 小时全时段监控身体测量数据。二是它能提供包括你遇见的人,和他人的对话,去过的地方,有我的事情,内在的互动记忆等全部记忆。三是能提供包括你所生产的东西、写下的文字和说过的话在内的完整的存档,提升你的效率和创造力。四是能提供一种组织构造以及自身独立生活的方式。

互联网的设计是用来追踪数据的,这也是他所处的云端的本质属性。以美国人生活为例,如汽车活动、高速公路交通、拼车软件、长途旅行、邮政信件、公共设施、手机位置和通话记录、商用和私人空间、私人家居、家居监控、互动设备、商场、会员卡、电子零售商、国家税务局、信用卡、电子钱包和电子银行、人脸识别、网络活动、社交媒体、搜索浏览器流媒体服务、读书、健康,所有这些都涉及数据追踪。但是,还不够,我们将不断追踪自己,追踪朋友,以及被朋友公司和政府追踪,最终会是产生不常见的昂贵学费,因此给公民带来的深深的困扰。

本章案例

这 50 家创业公司真正改变世界

2016 年最有前景的 50 家创业企业,主要集中在技术领域和互联网领域。其介绍如下所述。

1. Docker:创造了一个全新的行业

企业名称:Docker。总部地址:旧金山。迄今融资:总共 5 轮融资,1.8 亿美元。

Docker 出现于 2014 年,一经出现就展现出了惊人的影响力,到 2015 年更是一发不可收。一切只因 Docker 创造出了一个新的行业——"containers(容器)。"有了 Docker,程序员可以直接把代码放到"容器"里面,然后方便地在各个云端或者设备上运行。几乎所有的大型云服务供应商都支持 Docker。继 Docker 之后,"容器"行业突然火了起来,大到 Google 小到各种不知名的创业公司都想在这个全新领域分一杯羹。但是 Docker 的地位依然无人可撼动。

2. Cloudera：企业最爱的大数据软件

企业名称：Cloudera。总部地址：加州帕洛阿尔托。迄今融资：总共8轮融资，10.4亿美元。

Hadoop是大数据领域中一个十分热门的开源框架，优势在于低成本存储大量的数据。Cloudera是该领域中的佼佼者。Cloudera最近的一次融资在两年前，由Intel公司以近50亿估值投资了7.4亿美元。在2015年该公司依旧发展得如火如荼。在其他投资者摇摆不定的情况下，Fidelity Investments毫不犹豫地提高了对Cloudera的估值和投资。

3. Nutanix：颠覆了人们购买数据中心硬件的方式

企业名称：Nutanix。总部地址：加州圣何塞。迄今融资：总共5轮融资，3.122亿美元。

Nutanix去年估值20亿，创造了一个新型的硬件市场——"高聚合基础设施（hyperconverged infrastructure）"。它把计算、存储以及所谓的"虚拟软件"结合在一起打包成一个简单易用的大型数据中心硬件产品出售给其他企业。起初Nutanix与虚拟软件巨头VMware合作紧密，但是渐渐地VMware感受到了来自Nutanix的巨大竞争压力。虽然这对VMware来说有点糟糕，但是Nutanix却是求职者的福音。

4. Docusign：取代了纸质签名

企业名称：Docusign。总部地址：旧金山。迄今融资：总共14轮融资，5.081亿美元。

如果哪天你的公司变成了一个常用动词，那就说明这辈子真值了。Docusign就是这样一家"这辈子值了"的公司。在电子文档领域，Docusign已然成为一个常用动词。当我们搜索的时候常说Google一下，同理处理电子文档时就可以说"Docusign一下"。说来简单，但Docusign就是让在线文档签名变得简单安全了。如今它的应用领域十分广泛，从房地产到汽车保险到技术和旅游服务等，需要Docusing的地方就有它。如此成功的公司投资者也竞相投资，仅过去两年之内Docusign就融资4亿美元。

5. Mirantis：云操作系统巨头

企业名称：Mirantis。总部地址：加州山景城。迄今融资：总共4轮融资，2200万美元。

Mirantis是热门云计算OpenStack领域的软件与服务供应商。只因OpenStack不易处理，好的OpenStack开发者又很稀缺，Mirantis便成了这一领域的咨询专家，并提供自己的商业软件版本。2015年，该公司与Intel达成了一项前景不错的合作协议。

6. Zuora：云计算计费服务产品领导者

企业名称：Zuora。总部地址：加州福斯特市。迄今融资：总共6轮融资，2.425亿美元。

Zuora主打云服务中订阅收费这一块。Zuora的联合创始人也是公司首席执行官Tien Tzuo是Salesforce的前明星高管，当他决定离开公司创业后，Salesforce首席执行官Mark

Benioff 大方地为其提供了种子轮资金。

随着云计算市场的发展势如破竹,Zuora 搭着顺风车一路走来如日中天,因为越来越多的云服务供应商需要给订阅客户开具收费账单。年初,该公司单轮融资 115 亿美元,过 10 亿的估值使其跻身为独角兽行列。

7. Tenable：打破融资纪录

企业名称：Tenable Network Security。总部地址：马里兰州哥伦比亚。迄今融资：总共 3 轮融资,3.0984 亿美元。

2016 年 11 月份 Tenable 成功完成了 2.5 亿美元的一轮融资,打破了网络安全公司有史以来的最高融资纪录。自 2002 年成立以来,该公司一共融资 3 亿多美元。Tenable 提供的服务被称为"持续威胁监测",并且公司宣称拥有超过 2 万多客户,其中包括微软、IBM、苹果和 Addidas。

8. Okta：云计算时代密码与安全服务领导者

企业名称：Okta。总部地址：旧金山。迄今融资：总共 8 轮融资,2.3 亿美元。

Okta 提供的云服务旨在帮助企业安全地管理其员工的其他云服务账号。Okta 的两名联合创始人同是 Salesforce 的前高管——Todd Mckinnon 和 Frederic Kerrest。风投公司 Andreessen Horowitz 于 2010 年在云服务领域的第一笔投资即给了 Okta,自此之后 Okta 的发展再无人能挡。2016 年秋季 Okta 再融资 7500 万美元,以 12 亿估值跻身独角兽行列。

9. Slack：迄今为止成长最快的企业应用

企业名称：Slack。总部地址：旧金山。迄今融资：总共 7 轮融资,约 3.4 亿美元。

Slack 的发展震惊了整个硅谷创业圈,两年内公司估值迅速攀升至 28 亿美元。Slack 的工作交流应用不仅仅是用作同事之间的信息传递工具——它还兼容了各种不同的应用功能,比如 Twitter 的自动推送和 Lyft 订车或者查找附近的餐馆等功能。目前 Slack 的日活跃用户数有 170 万。

10. GitHub：软件开发者的必备网站

企业名称：GitHub。总部地址：旧金山。迄今融资：总共 2 轮融资,3.5 亿美元。

只要是个软件开发者,就会用 GitHub。GitHub 不仅是一个人们的软件工程共享网站,它也是程序员眼中的 LinkedIn——一个可以展示自己作品、技能和兴趣的地方。公司需要寻找程序员,GitHub 再合适不过。2012 年 GitHub 首轮融资获 1 亿美元,打破有史以来单个风投公司投资最高纪录。该风投公司正是资本雄厚的 Andreessen Horowitz。到 2015 年,GitHub 以 20 亿估值又获新一轮 2.5 亿美元融资。在 GitHub 公司内部,其独特的企业文化令人心向往之——没有严格的头衔也没有等级制度,程序员可以在任何地方工作,其总部办公室则把美国总统办公室"搬了过来"。

11. Databricks：十年来最重要项目的守护者

企业名称：Databricks。总部地址：旧金山。迄今融资：总共 2 轮融资,4700 万美元。

2015 年 IBM 砸了 3 亿美元在 Spark 项目上之后，IBM 表示这个被称为 Spark 的新生技术项目将会是"未来十年里最具有意义的开源项目。"Spark 可以有效快速地筛选大量数据，也可以用来存储各种形式的数据，逐渐地 Spark 有替代 Hadoop 的趋势。然而开发这个重要项目的并不是 IBM，而是 Databricks 的联合创始人 Matei Zaharia（也是公司首席技术官）。目前，Databricks 为 Spark 提供商业支持。它的 4700 万美元融资分别来自 Andreessen Horowitz 和 NEA。

12．Checkmarx：帮助开发人员撰写更加安全稳定的应用

企业名称：Checkmarx。总部地址：纽约特拉维夫市。迄今融资：总共 3 轮融资，9200 万美元。

Checkmarx 主要帮助软件程序员检查他们应用的安全漏洞。2016 年 6 月份该公司融资 8400 万美元，Salesforce.com、SAP、三星、可口可乐还有美国军队都是其客户，并且该公司在全世界拥有 130 名员工。

13．Illumio：最令人放心的数据保护专家

企业名称：Illumio。总部地址：加州森尼维尔市。迄今融资：总共 3 轮融资，1.425 亿美元。

2015 年初 Illumio 的估值达 10 亿美元刚好成为独角兽创业公司，此时距公司首次公开露面才 6 个月不到，距种子轮融资刚 27 个月时间。Illumio 开发的安全保护产品可以在应用内部的数据中心网络受到黑客攻击时依然死守数据安全的阵地。公司背后的金主有 Salesforce.com 的首席执行官 Marc Benioff、雅虎创始人 Jerry Yang、Box 的首席执行官 Aaron Levie、Andreessen Horowitz 的 Ben Horowitz 等。

14．MuleSoft：干掉了大块头

企业名称：MuleSoft。总部地址：旧金山。迄今融资：总共 7 轮融资，2.59 亿美元。

你知道创业公司通常是怎么对付行业内实力雄厚的竞争对手吗？虽然难度略大，但 MuleSoft 做到了，2015 年这家公司连续杠杆收购了两家强大的竞争对手 Tibco 和 Informatica。MuleSoft 的主要业务是提供简化企业间交流和数据分享的技术。随着两大竞争对手相继离开公众市场，投资者把更多的目光聚焦在了 MuleSoft 上。2016 年 5 月，MuleSoft 以 15 亿美元估值获得 1.28 亿美元融资。

15．Blue Jeans Network：让在线视频会议更加简单

企业名称：Blue Jeans Network。总部地址：加州山景城。迄今融资：总共 5 轮融资，1.75 亿美元。

Blue Jeans 几乎成为了企业视频会议界家喻户晓的名字。它创造的云服务平台可以让来自不同在线视频服务的人们共同对话。除此之外，它还有自己的基于浏览器的服务，以及最近刚扩张的广播服务。在线视频会议可能不是技术领域的热门词汇，但是 Blue Jeans 正成为越来越多投资者的宠儿。

16．Qualtrics：商业云调查平台

企业名称：Qualtrics。总部地址：犹他州普洛佛市。迄今融资：总共2轮融资，2.2亿美元。

Qualtrics为在线员工或者客户调查提供服务。最近这家公司突然火了起来，过去三年里一共融资2.2亿美元。Qualtrics最初的目标用户主要瞄准于学术圈，特别是商学院。这些用户在毕业后又把Qualtrics带到了自己的新工作中。现在100家顶尖商学院中99家是Qualtrics的用户，并且全球有数千家公司也在使用Qualtrics的服务。Qualtrics的首席执行官Ryan Smith对公司的未来尤其有信心，曾经拒绝了5亿美元的收购条件。如今该公司的估值已经超过10亿。

17．Insidesales：销售人员的预测引擎

企业名称：Insidesales。总部地址：犹他州普洛佛市。迄今融资：总共4轮融资，约2亿美元。

Insidesales造福了千千万万的销售人员。通过机器学习和数据智能，它可以预测销售电话的最佳时机和最佳人选。公司在销售加速软件领域一直名声大噪，过去两年里融资2亿美元，如今估值又在15亿美元左右。曾经还有人将Insidesales与Salesforce相比较，因为许多前Salesforce的高管最后都去了Insidesales。而且Salesforce也是该公司的投资方之一。

18．Tanium：黑客发起攻击时第一时间发出警报

企业名称：Tanium。总部地址：加州埃默里维尔市。迄今融资：总共5轮融资，3.02亿美元。

2015年，投资者争先恐后地想给这家父子创业公司Tanium砸钱。凭借不足100万美元的种子轮资金，Tanium已经建立了盈利业务。紧接着公司创始人遇到了现在是Andreessen Horowitz的顾问，前微软元老Steven Sinofsky。2016年夏季，Andreessen Horowitz在多轮融资中给Tanium投资了1.42亿美元。9月份，Tanium又以45亿美元估值获得新一轮1.47亿美元融资。Tanium打动Sinofsky之处在于Tanium能在黑客发起攻击时立即发出警报，而不是事后再做修补。

19．Optimizely：让优化服务更简单

企业名称：Optimizely。总部地址：旧金山。迄今融资：总共6轮融资，1.462亿美元。

Optimizely并不是发明创造了A/B测试法，只不过它让这个测试法对每个人来说都变得更加简单而已。虽然大多数人觉得A/B测试法是一个常见的工具，但是资源限制和专家缺失常常让许多公司难以实现最基础的优化职能。但是Optimizely开发的软件似乎正是为了解决这些问题。随着销售业绩逐年翻倍，投资者对其越来越有信心，显然Optimizely已经大获成功。

20．Xamarin：快速简单制作企业移动应用

企业名称：Xamarin。总部地址：旧金山。迄今融资：总共3轮融资，8200万美元。

Xamarin为开发企业移动应用提供工具,去年迅速蹿红。它的联合创始人在突然遭到原公司解雇后愤然创办了这家创业公司,结果大家都知道的。Xamarin最值得引人注意之处在于它和微软以及微软的云服务Azure之间的紧密合作关系。不过今年初Xamarin又与Oracle和其云服务建立了强大的伙伴关系,Oracle的巨大Java开发者网络同时也对Xamarin开放。

21. CloudFlare:互联网的"数字保镖"

企业名称:CloudFlare。总部地址:旧金山。迄今融资:总共4轮融资,约1.82亿美元。

CloudFlare是一家网络安全公司,一直以来扮演者全球数以万计的网站的"数字保镖"角色。最初CloudFlare主要为中小型企业服务,但是现在CloudFlare正打算进军大企业市场,已经签下Goldman Sachs、Salesforce还有美国国务院等大客户。

22. Apttus:简化销售报价流程

企业名称:Apttus。总部地址:加州圣马特奥市。迄今融资:总共5轮融资,1.08亿美元。

Apttus是简化销售报价市场的领导者之一。通过一系列自动化操作并兼顾其中的文书工作来简化销售报价流程已经成为多数企业不可或缺的一部分工作。事实上,Apttus先前曾表示到2015年底公司预计达到1.2亿美元的利润运行率。而最近一轮融资让Apttus得以跻身估值10亿的独角兽创业公司行列。部分大企业如通用电气、惠普和Salesforce都是Apttus的客户。

23. Stripe:主宰在线支付的隐形公司

企业名称:Stripe。总部地址:旧金山。迄今融资:总共7轮融资,2.8亿美元。

Stripe的软件让网站或者应用接受付款变得尤其简单,它支持多种支付方式,比如信用卡、比特币、Apple Pay等。而且它特别容易嵌入到在线支付服务或者应用内部,因此Stripe常被称为"主宰了在线经济的隐形公司。"虽然Stripe没有消费者应用,但如果你用过Lyft、OpenTable或者SurveyMonkey等服务的话,你必然会用到Stripe。从Y Combinator到Peter Thiel还有Andreessen Horowitz,几乎所有在硅谷响当当的风投公司都投资过Stripe。

24. Gainsight:让企业更了解客户

企业名称:Gainsight。总部地址:加州雷德伍德城。迄今融资:总共6轮融资,约1.04亿美元。

Gainsight以提供帮助企业追踪他们的客户从而确保用户忠实度的解决方案而获得硅谷投资者的大力青睐。惠普、Workday还有Adobe都在使用Gainsight来管理他们的客户合同,使得不同的部分如产品部、销售部、市场部等部门更好地了解自己的客户特点。2015年11月,Gainsight在新一轮融资中获得5000万美元。

25. Adaptive Insights:取代Excel电子表格

企业名称:Adaptive Insights。总部地址:加州帕洛阿尔托市。迄今融资:总共7轮融资,约 1.76 亿美元。

Adaptive Insights 的发展在企业绩效管理(CPM)市场上备受瞩目。简言之,Adaptive Insights 就是要取代传统 Excel 电子表格在金融领域的地位。2016 年 6 月,该公司融资 7500 万美元,据报道该公司过 10 亿的估值已经使其跻身独角兽行列。

26. DigitalOcean:与 Amazon Web Services 分庭抗礼

企业名称:DigitalOcean。总部地址:纽约。迄今融资:总共 3 轮融资,1.23 亿美元。

DigitalOcean 位于纽约市,是一家成功与云计算巨头 Amazon Web Services 分庭抗礼的创业公司。2015 年,DigitalOcean 管理运行了超过 163 000 个网站,成为世界第二大托管公司,当然第一是亚马逊。2016 年 7 月份,该公司融资 8300 万美元。

27. Tidemark:让海量数据条理清晰

企业名称:Tidemark。总部地址:加州雷德伍德城。迄今融资:总共 8 轮融资,1.18 亿美元。

Tidemark 首席执行官 Christian Gheorghe 是硅谷行走着的传奇,20 世纪 90 年代独闯美国,不会说英语,名下只有 26 美元。如今,Tidemark 已是他的第四家公司。Tidemark 允许用户就他们的数据进行提问,各种问题都可以,然后可以在任何设备上查看答案。2015 年 Tidemark 又获得 2500 万美元投资,公司前途无限。

28. Sprinklr:帮助企业管理社交媒体

企业名称:Sprinklr。总部地址:纽约。迄今融资:总共 5 轮融资,1.235 亿美元。

Sprinklr 服务于大公司,帮他们管理各大网络上的社交媒体。2015 年 4 月,Sprinklr 以 11.7 亿美元的估值融资 4600 万,当然无可非议地成为了技术独角兽创业公司中的一员。然而公司最瞩目的成就还要数 2014 年 4 月份公司被报估值 5.2 亿美元,也就是说仅仅 12 个月,Sprinklr 的估值就翻了一倍。

29. AppAnnie:把应用分析提升到一个全新的水平

企业名称:AppAnnie。总部地址:旧金山。迄今融资:总共 5 轮融资,9400 万美元。

别看公司名字好玩,AppAnnie 可是一家正儿八经的应用分析公司。它提供的服务平台被来自世界 60 多个国家的应用开发人员广泛使用。从某种程度上来说,AppAnnie 已然成为跟踪应用使用情况的标准。AppAnnie 在全球范围内的成功可能还应归功于其多样化的背景。公司首席执行官 Bertrand Schmitt 来自法国,公司一开始起步于中国,之后又搬到了旧金山。如今,该公司仍在中国保留了较大的工程师团队,子办公室也在其他 11 个国家相继成立。

30. Tintri:为大企业提供更快的数据存储解决方案

企业名称:Tintri。总部地址:加州山景城。迄今融资:总共 6 轮融资,2.6 亿美元。

Tintri 以构建"存储应用"而声名远播。所谓"存储应用"其实就是一种特殊的计算机存储设备,企业在他们的数据存储中心安装了该设备之后可以使其他服务器的运行速度大大提高。通用电气、Toyota 和 NASA 都是 Tintri 的客户。2016 年,该公司融资 1.25 亿美元,未来大有看头。

31. Udacity：只要有决心,人人都可以成为程序员

企业名称：Udacity。总部地址：加州山景城。迄今融资：总共 4 轮融资,1.6 亿美元。

这是一个程序员稀缺的年代。Udacity 从中看到了商机——颠覆传统大学教育模式,提供一系列在线编程教育项目,通常这些项目都由大型技术公司比如 Google、Facebook 等来设计。2015 年 11 月,Udacity 融资 1.05 亿美元,毫无疑问我们真的需要这样的项目来"生产"更多的程序员。

32. Bracket：帮助企业管理多云端平台

企业名称：Bracket Computing。总部地址：加州森尼维尔市。迄今融资：总共 3 轮融资,1.317 亿美元。

Bracket Computing 三年磨一剑,2015 年正式进入市场后立即获得广泛认可。Bracket 提供的软件服务可以帮助企业在多个云端安全运行应用和数据,且把管理麻烦降到最低。

33. Qumulo：让大数据尽在掌握之中

企业名称：Qumulo。总部地址：西雅图。迄今融资：总共 3 轮融资,6680 万美元。

Qumulo 的首席执行官兼联合创始人 Peter Godman 原先是 Isilon 的顶级工程师。Isilon 于 2010 年以 22.5 亿美元被 EMC 收购。另外一位联合创始人 Neal Fachan 也曾在 Isilon 工作,后来又在亚马逊的数据服务中心工作了一段时间。俩人之后又回到了存储技术领域,一起创办了这家创业公司,专为大数据开发软件,帮助企业确保数据不冗余且易于管理。Qumulo 2015 年春季一进入市场就获得了 4000 万美元投资。

34. Hedvig：Facebook 数据开发者的数据存储公司

企业名称：Hedvig。总部地址：加州圣克拉拉。迄今融资：总共 3 轮融资,3050 万美元。

当 Avinash Lakshman 还是 Facebook 的一名工程师时,他设计过一个名为 Apache Cassandra 的"大数据"数据库,原本打算用于帮助实现 Facebook 收件箱内的搜索功能。但是 Facebook 把 Cassandra 变成了一个免费的开源软件项目,如今被许多公司使用。之后 Lakshman 成立了自己的公司 Hedvig,为企业客户提供软件解决方案,让他们公司的计算机存储系统可以像大型硬盘那样高速运作。

35. Cumulus Networks：改变计算机网络行业

企业名称：Cumulus Networks。总部地址：加州山景城。迄今融资：总共 2 轮融资,5100 万美元。

Cumulus Networks 为数据中心搭建合作网络开发软件,一定程度上推动了"软件定义网络"的发展新趋势,改变了企业构建关系网络的方式。虽然该市场上竞争者繁多,但 Cumulus 的亮点在于其创始人是前思科工程师 JR Rivers——戴尔的首席执行官 Michael

Dell 曾特地致电给他寻求合作机会。2016 年初，Rivers 与惠普也建立了类似的合作关系，而且他也是 Facebook 计划成为通信网络设备行业巨头战略中重要的合作伙伴之一。

36. CrowdStrike：提供更智能的企业网络安全

企业名称：CrowdStrike。总部地址：加州欧文市。迄今融资：总共 4 轮融资，1.56 亿美元。

CrowdStrike 成立于 2011 年，创始人为两名前 McAfee 高管。该公司旨在为企业提供更加智能可靠的网络安全。网络安全问题远比想象的更难以解决，通常黑客攻击一眨眼就发生了。然而 CrowdStrike 凭借其独创的智能技术为其在通信行业、石油业以及金融服务业等行业赢得了良好的口碑。事实上，该公司的潜力还远没有被完全发掘。2015 年夏，CrowdStrike 获得了由 Google Capital 领投的 1 亿美元投资。

37. 6sense：精准预测谁会买你的产品

企业名称：6sense。总部地址：旧金山。迄今融资：总共 2 轮融资，4100 万美元。

成立于 2013 年，6sense 为销售人员提供"预测分析"服务，帮助他们找到最有潜力的客户。它通过分析"B2B 网络"来找到对某一产品有兴趣的人群，并且分析他们的购买行为——而这些人一般都不在零售商的数据库里。6sense 一经推出后市场反响出奇的好，以至于思科、NetApp、VMware、NetSuite、联想、ADP、Blue Jeans Network 等都成为了其客户，2016 年初 6sense 从 Salesforce 那里拿到了不少投资。

38. Confluent：实时的大数据决策

企业名称：Confluent。总部地址：加州山景城。迄今融资：总共 2 轮融资，3.09 亿美元。

当 LinkedIn 打算搞一个大数据项目用来读取自己网络中的数据并用这些数据做实时决策时，他们的工程师团队不负众望地开发出了公司想要的技术解决方案。之后，这个方案以开源项目发布，名为 Kafka。而开发了这个项目的工程师们后来也离开了 LinkedIn，自立门户创办了 Confluent，专门提供商业版本的 Kafka。

39. Internan：用 Facebook 管理好友的方式帮助企业管理数据

企业名称：Internan。总部地址：加州门洛帕克市。迄今融资：总共 2 轮融资，2.82 亿美元。

Internan 的两名联合创始人——Bobby Johnson 和 Lior Abraham 夫妇曾是 Facebook 的员工，为 Facebook 开发过极其热门好用的数据分析工具。开源工具 Scribe 和 Haystack 就出自他们之手。对于这家创业公司，他们的愿景是用 Facebook 管理好友的方式帮助每个企业管理数据：在几秒钟之内分析大量事件来获得相关信息。

40. Twillo：应用交流背后的神秘 API

企业名称：Twillo。总部地址：旧金山。迄今融资：总共 6 轮融资，约 2.33 亿美元。

如果你用过 Uber，那么很有可能你也用过 Twillo 的服务。其他的应用比如 Lyft、

Airbnb 等也一样。这些应用内置了 Twillo 的服务来提供应用之间的交流功能,比如短信、电话、视频聊天等。目前,Twillo 已经成为应用开发者的首选工具。

41．Mixpanel：发现参与指标

企业名称：Mixpanel。总部地址：旧金山。迄今融资：总共 5 轮融资,7702 万美元。

Mixpanel 是一个可以在网络和移动端使用的分析平台,可以帮助公司了解自己的应用使用情况。最近 Mixpanel 又添加了新一层服务——预测分析,用来帮助企业和开发人员为应用做决策。在过去的三年里,公司的员工从 27 名发展到 230 多名。如今 Mixpanel 拥有超过 3500 个付费用户。

42．Payoneer：让小型企业的跨国支付更加简便

企业名称：Payoneer。总部地址：纽约。迄今融资：总共 8 轮融资,9000 万美元。

Payoneer 为拥有海外雇员和合同的中小型企业解决了一个大麻烦：让货币的跨境支付变得更为简便。据公司称,Payoneer 在 20 多个国家有数以百万计的企业和专业用户。公司总融资 9000 万美元,其中包括了 2015 年 8 月份的一轮 5000 万美元融资,其名下 500 名员工遍布世界各地。

43．Stack Exchange：专为专家提供帮助

企业名称：Stack Exchange。总部地址：纽约。迄今融资：总共 4 轮融资,6800 万美元。

Stack Exchange 成立于 2008 年,如今已经从程序员的问答网站发展为专门提供专家级帮助与建议的网站。随着软件在我们的生活中越来越重要,解决程序员疑难杂症的市场也日益火热起来。

44．SimilarWeb：网络-移动应用分析世界的大明星

企业名称：SimilarWeb。总部地址：以色列特拉维夫市。迄今融资：总共 7 轮融资,6500 万美元。

几年前默默无名的 SimilarWeb 不知怎的突然间就变成了网络-移动应用分析世界的大明星。该公司从长期战略投资者那里获得了超过 6500 万美元的投资,其中包括英国亿万富豪 David Alliance 和非洲大型互联网投资集团 Naspers。虽然公司估值未公开,但人们猜测它应该在以色列独角兽公司之列。

45．Mesosphere：把操作系统带入数据中心

企业名称：Mesosphere。总部地址：旧金山。迄今融资：总共 3 轮融资,4875 万美元。

Mesosphere 开发了一款名为数据中心操作系统(DCOS)的产品。DCOS 是使用日渐广泛的免费开源项目 Mesos 的商业版本。同时 Mesosphere 也是 2015 年发展最快的数据中心创业公司之一,Mesosphere 对自己未来的发展极有信心,甚至婉言谢绝了微软提供的 1.5 亿美元的收购请求。

46. HackerOne：软件里的守望者

企业名称：HackerOne。总部地址：旧金山。迄今融资：总共 2 轮融资，3400 万美元。

HackerOne 在软件安全领域独辟蹊径：它给发现其客户软件安全漏洞的黑客提供现金奖励。自 2012 年公司成立以来，HackerOne 表示已经给 2000 多名黑客支付了 500 万美元以上的奖金。技术巨头 Twitter、Adobe 和雅虎都是 HackerOne 的客户。最近，前惠普企业高管 Marten Mickos 签约成为 HackerOne 的新任首席执行官。

47. Realm：移动应用数据库

企业名称：Realm。总部地址：旧金山。迄今融资：总共 3 轮融资，2900 万美元。

Y Combinator 的毕业生 Realm 在 2015 年初推出了移动应用数据库，随后立即引来大批忠实的开发人员用户。在 Realm 推出的第一年前几个月，有大约 1 亿台设备在运行 Realm。一年之后，使用 Realm 的设备增加到 5 亿台。当今最流行的几款移动应用的开发都少不了 Realm，比如 Pinterest、Groupon 还有 BBC 等。Realm 的联合创始人 Alexander Stigsen 和 Bjarne Christiansen 是儿时好友，他们还在诺基亚工作的时候就已经萌生了创办 Realm 的想法。

48. CoreOS：Docker 的劲敌

企业名称：CoreOS。总部地址：旧金山。迄今融资：总共 4 轮融资，2000 万美元。

CoreOS 曾是 Docker 的亲密合作伙伴之一。但是当二者貌合神离之后，CoreOS 成为了 Docker 的竞争对手，于是促进了一个全新市场的产生。在 CoreOS 与 Docker 产生裂隙之前，硅谷已经注意到了这家大有前景的公司。CoreOS 提供了一个超轻量级版本的免费 Linux 操作系统。凭借该操作系统，CoreOS 召集了一批重量级的合作伙伴，其中有 Google、VMware 和 Red Hat。

49. AtScale：让大数据的使用更简单

企业名称：AtScale。总部地址：加州圣马特奥市。迄今融资：总共 2 轮融资，900 万美元。

前雅虎员工和连续创业者 Dave Mariani 在 2015 年带着新公司 AtScale 重回人们视野。虽然 AtScale 还没有获得大量的风投资金，不过其支持者已经说明了一切：雅虎创始人 Jerry Yang 和 Cloudera 的联合创始人 Amr Awadallah。AtScale 的未来值得期待。本质上，AtScale 是一个悄然植入到 Hadoop 中的引擎，可以让企业管理者更加简便地使用分析工具，比如 Excel、Tableau Software 等。

50. GitLab：让程序员团结起来

企业名称：GitLab。总部地址：旧金山。迄今融资：总共 3 轮融资，732 万美元。

尽管 GitHub 的成功毋庸置疑，但是它还不够完美。于是 2011 年，来自荷兰的程序员 Dmitriy Zaporozhets 开发了另一个代码管理工具——"GitLab"，起初这个工具只被他自己用来解决现有工具处理不了的问题。之后考虑到别人可能也有类似的问题，Zaporozhets 便把 GitLab 的源代码免费发布到网上。2013 年，GitLab 建立起了自己的免费软件交流社区，之后 Zaporozhets 与现任首席执行官 Sytse "Sid" Sijbrandij 一起把 GitLab 发展成为正式的公司。时至今日，GitLab 已经成为不少财富 500 强企业的首选代码存储库。加强的安全性和管理控制与迎合 IT 部门的软件环境为 GitLab 赢得了大批企业粉丝。

本章小结

1. 从创业行动、创业机会的发现、如何面对和创造机会等方面介绍了为什么需要创业，如何发现、面对和创造机会。

2. 从行动的积累、创客机制、微创新、行动哲学和知行合一等方面阐释了行动的意义。

3. 从行动哲学与百年老店、行动哲学与坚持、行动哲学与顺应潮流、有智慧的行动、共赢行动、创业成功需要持久动力等方面分析了如何通过创业打造百年老店。

4. 从挫折的价值、成功的含义、有意义的冒险、创造是成就事业的基本方法等方面介绍了挫折、成功和冒险对于创业的重要意义。

思考与实践题

1. 什么是创业行动？
2. 如何发现、面对和创造机会？
3. 在创业中面对危机如何行动？
4. 什么是创客机制？
5. 如何在创业中进行微创新？
6. 什么是知行合一？如何打造百年老店？
7. 在创业中什么是有智慧的行动和共赢行动？
8. 在创业中挫折、成功和冒险有什么价值和意义？
9. 从 50 家创业公司的案例中得到什么启发？

附录 A
电子商务专业术语(英汉对照)

英 文 术 语	中 文 术 语
Application Service Provider	应用服务提供商
board system	电子公告牌
Business to Business	企业对企业的电子商务
Business to Customer	企业对消费者的电子商务
Business to Government	企业对政府的电子商务
Business-to-administrations	商业机构对行政机构
Collaborative Commerce	协同商务
Electronic Commerce	电子商务
Electronic Business	电子业务
E-Marketplace	电子集市
ManagementMobile Commerce(M-Commerce)	移动电子商务
Search Engine Optimization	搜索引擎优化
small payment	小额支付
smart card	智能卡
direct marketing online	网上直销
ERP(Enterprise Resource Planning systems)	企业资源计划系统
virtual banking	虚拟银行
virtual community	虚拟社区
digital certificate	数字凭证
Electronic money	电子货币
E-Marketplace	电子交易市场
E-logistics	电子物流
AOL(America on line)	美国在线网络
info-tree	信息树
digital certificate	数字证书
supply chain	供应链
cognifying	知化
network effect	网络效应
flowing	流动
streams	信息流
immediacy	即时性

续表

英 文 术 语	中 文 术 语
authenticity	可靠性
screening	屏读
dematerialization	减物质化
platform synergy	平台协同
clouds	云端
intercloud	互联云
sharing	共享
filtering	过滤
interacting	互动
tracking	追踪
innovation	创新性
novelty	功能新颖性

参 考 文 献

[1] Lee H,et al. Building a Sustainable Supply Chain：Starbucks'Cofee and Farm Equity Program[M]// Lee HL,Lee CY,ed. Building Supply ChainExcellence in Emerging Economies,New York：Springer, 2007.
[2] Garnsey E,Leong Y Y. Combining Resource-based and Evolutionary Theory to Explain the Genesis of Bio-networks[J]. Industry & Innovation,2008(6).
[3] Osterwalder，Alexander，Pigneur，Yves. Designing Business Models and Similar Strategic Objects：The Contribution of IS[J]. Journal of the Association for Information Systems,2013(5).
[4] Cleeren K,Van Heerde H J,Dekimpe M G. Rising from the Ashes：How Brands and Categories Can Overcome Product-harm Crises[J]. Journal of Marketing. 2013.
[5] Scott M. Shafer, H. Jeff Smith, Jane C. Linder. The Power of Business Models[J]. Business Horizons. 2004(3).
[6] 李强,揭筱纹.基于商业生态系统的企业战略新模型研究[J].管理学报.2012(02).
[7] 孙连才.商业生态系统视角下的企业动态能力与商业模式互动研究[D].武汉：华中科技大学,2013.
[8] 魏炜,朱武祥,林桂平.商业模式的经济解释[M].北京：机械工业出版社,2012.
[9] 侯赟慧,杨琛珠.网络平台商务生态系统商业模式选择策略研究[J].软科学.2015(11).
[10] 白长虹,刘春华.基于扎根理论的海尔、华为公司国际化战略案例相似性对比研究[J].科研管理.2014(3).
[11] 莫易娴.互联网时代金融业的发展格局[J].财经科学.2014(4).
[12] 罗珉,李亮宇.互联网时代的商业模式创新：价值创造视角[J].中国工业经济.2015(1).
[13] 李长云.创新商业模式的机理与实现路径[J].中国软科学.2012(4).
[14] 翁君奕.商务模式创新[M].北京：经济管理出版社,2004.
[15] 孙建勇,赵道致,何龙飞.供应链金融模式研究[J].西安电子科技大学学报：社会科学版.2009(05).
[16] 尹贻童.互联网金融下商业银行小微企业信贷模式研究[D].沈阳：东北财经大学,2013.

图书资源支持

感谢您一直以来对清华版图书的支持和爱护。为了配合本书的使用,本书提供配套的素材,有需求的用户请到清华大学出版社主页(http://www.tup.com.cn)上查询和下载,也可以拨打电话或发送电子邮件咨询。

如果您在使用本书的过程中遇到了什么问题,或者有相关图书出版计划,也请您发邮件告诉我们,以便我们更好地为您服务。

我们的联系方式:

地　　址: 北京海淀区双清路学研大厦 A 座 707

邮　　编: 100084

电　　话: 010-62770175-4604

资源下载: http://www.tup.com.cn

电子邮件: weijj@tup.tsinghua.edu.cn

QQ: 883604(请写明您的单位和姓名)

用微信扫一扫右边的二维码,即可关注清华大学出版社公众号"书圈"。

扫一扫
资源下载、样书申请
新书推荐、技术交流